文学理论与批评实践

主　编　何懿
副主编　任合生　苏　婷
编写者　王玲玲　任合生　齐晓坤
　　　　苏　婷　何　懿　陈海燕
　　　　邵君秋　钱　雯　常　娟

图书在版编目(CIP)数据

文学理论与批评实践/何懿主编.—合肥:安徽大学出版社,2012.8
应用型高等院校"十二五"规划教材
ISBN 978-7-5664-0549-4

Ⅰ.①文… Ⅱ.①何… Ⅲ.①文学理论—高等学校—教材 ②文学评论—高等学校—教材 Ⅳ.①I0

中国版本图书馆 CIP 数据核字(2012)第 184275 号

文学理论与批评实践

何 懿 主编

出版发行:	安徽大学出版社
	(安徽省合肥市肥西路 3 号 邮编 230039)
	www.ahupress.com.cn
印　　刷:	合肥现代印务有限公司
经　　销:	全国新华书店
开　　本:	184mm×260mm
印　　张:	13
字　　数:	272 千字
版　　次:	2012 年 8 月第 1 版
印　　次:	2012 年 8 月第 1 次印刷
定　　价:	30.00 元

ISBN 978-7-5664-0549-4

策划统筹:朱丽琴	责任编辑:卢　坡
装帧设计:戴　丽　李　军	责任印制:陈　如

版权所有　侵权必究

反盗版、侵权举报电话:0551—5106311
外埠邮购电话:0551—5107716
本书如有印装质量问题,请与印制管理部联系调换。
印制管理部电话:0551—5106311

目 录

上篇 文学理论

第一章　什么是文学 …………………………………………… 3
　第一节　文学的主体性 ………………………………………… 3
　第二节　文学与生活 …………………………………………… 7
　第三节　文学与语言 …………………………………………… 12
　第四节　文学与道德 …………………………………………… 17

第二章　文学文本 ……………………………………………… 24
　第一节　文学话语的审美特征 ………………………………… 24
　第二节　文学文本的意蕴 ……………………………………… 38

第三章　文学意境 ……………………………………………… 47
　第一节　意境概说 ……………………………………………… 47
　第二节　庄子审美思想对意境理论的影响 …………………… 51

第四章　文学与叙事 …………………………………………… 57
　第一节　文学叙事与时间 ……………………………………… 57
　第二节　文学叙事与视角 ……………………………………… 64

第五章　文学与抒情 …………………………………………… 72
　第一节　抒情界定 ……………………………………………… 72
　第二节　抒情诗与音乐 ………………………………………… 77

第六章　文学风格 ……………………………………………… 84
　第一节　风格界定 ……………………………………………… 84
　第二节　风格的特征 …………………………………………… 88
　第三节　风格中的文化因子 …………………………………… 92

第七章　文学接受与鉴赏 ········· 98
第一节　读者的期待视野 ········· 98
第二节　接受心境 ········· 106
第三节　文学鉴赏的再创造 ········· 109

第八章　文学批评 ········· 113
第一节　文学批评价值取向的多元化 ········· 113
第二节　文学批评视角的多层次与多方位 ········· 117
第三节　文学批评方法之意象批评 ········· 120

下篇　批评实践

现实型文学的典范——以《红与黑》为例 ········· 125

理想、夸张和美丑对照——以《巴黎圣母院》为例 ········· 130

象征型文学——以《忧郁第四》为例 ········· 135

文学形象——以《高老头》为例 ········· 139

文学典型的艺术魅力——以《邦斯舅舅》为例 ········· 145

司汤达与雨果的小说艺术手法比较分析——以其笔下的滑铁卢战役为例 ········· 148

自由与命运：一种存在主义解读——以《项链》中玛蒂尔德形象为例 ········· 154

现代性与民族性的张力——以老舍《断魂枪》为例 ········· 160

细节真实、创作理念与艺术魅力——以《红岩》为例 ········· 165

小说短论一组 ········· 183

后　记 ········· 201

上 篇

文学理论

第一章
什么是文学

第一节 文学的主体性

"文学是什么"？这个问题其实不容易回答。尽管以往有许多关于"文学"的界定，比如："文学是人学"、"文学是一种社会意识形态"、"文学是语言艺术"等等，谁又能仅凭这些简明扼要的判断句就能清晰、深刻地理解"文学"的本质呢？

与其单纯从理论层面界定"文学是什么"，不如先从实例入手，辨明什么是文学，什么不是文学。

当下使用范围颇广的高等教育出版社出版的面向 21 世纪课程教材《文学理论教程》引用美国诗人威廉斯（William Carlos Williams，1883~1963）的一首题为《便条》的诗"我吃了/放在/冰箱里的/梅子/它们/大概是你/留着/早餐吃的/请原谅/它们太可口了/那么甜/又那么凉"，认为其中回荡着诗意，因为"这首诗巧妙地引进日常实用语言，描写了我与你、冰箱与梅子、甜蜜与冰凉之间的对立和对话，使读者可能体味到人的生理满足（吃梅子）与社会礼俗（未经允许吃他人的梅子）之间的冲突与和解意义，或者领略现代社会人际关系的冷漠以及寻求沟通的努力"。① 教材的编撰者提出，假如这首诗的内容不是分行排列，而以便条的形式出现，它就是一张"似乎毫无审美意味或诗意"的便条，"显然应当归入非文学的应用文类"。这么说，似乎语句的排列方式成了分辨文学与非文学的重要依据。

姑且不论上述说法是否恰当。倒很想说说由威廉斯的诗所想到的我国唐代诗人白居易的另一首诗《问刘十九》："绿蚁新醅酒，红泥小火炉。晚来天欲雪，能饮一杯无？"毫无疑问，这是一首诗。诗中充满了诗意的生活情趣，回荡着朋友间温暖动人的情谊。假如用现代日常生活的话语将此诗的内容写成一张便条："我家有新酿的好酒，炉中的火烧得正旺，傍晚看来要下雪了，过来喝一杯吧！"它就不是诗了吗？从形式上看，确乎不是。但它所蕴含的诗意的生活情趣和温馨的友情并未因形式的改变而消减。美国诗人威廉斯的《便条》也可作如是观。

上两个例子告诉我们：形式似乎是界定"文学"与"非文学"的一条重要标准。

又想起别林斯基的一段名言:"人们看到,艺术和科学不是同一件东西,却没有看到它们之间的差别根本不在内容,而在处理特定内容时所用的方法。哲学家用三段论法说话,诗人则用形象和图画说话,然而他们说的都是同一件事。政治经济学家被统计材料武装着,诉诸读者或听众的理智,证明社会中某一阶级的状况,由于某些原因,业已大为改善,或者大为恶化。诗人被生动而鲜明的现实描绘武装着,诉诸读者的想象,在真实的图画里面显示社会中某一阶级的状况,由于某些原因,业已大为改善,或者大为恶化。一个是证明,另一个是显示,可是他们都是说服。所不同的只是一个用逻辑结论,另一个用图画而已。"② 别林斯基的这段话,也是在说文学与哲学、政治经济学的区别"根本不在内容",而只是表现方法的不同:一个是证明,一个是显示;一个用逻辑结论,一个用图画。

上述论断是否成立呢? 如果仅仅从理论上进行辨析,很难具有使所有人信服的说服力。最好的办法是从实际出发,以作品和作者的创作经验为依据,来回答"文学是什么"的问题。

2010年12月31日"人民网"上刊载了于当天凌晨3点左右去世的著名作家史铁生的《写作四谈》,对我们理解"文学是什么"很有启发。史铁生的文章是这样的:

《写作四谈》

1. 我其实未必合适当作家,只不过命运把我弄到这一条路上来了。左右苍茫时,总也得有条路走,这路又不能再用腿去走,便用笔去找。而这样的找,后来发现利于此一铁生,利于世间一颗最为躁动的心走向宁静。

我的写作因此与文学关系疏浅,或者竟是无关也可能。我只是走得不明不白,不由得唠叨;走得孤单寂寞,四下里张望;走得怵目惊心,便向着不知所终的方向祈祷。我仅仅算是一个写作者吧,与任何"学"都不沾边儿。学,是挺讲究的东西,尤其需要公认。数学、哲学、美学,还有文学,都不是打打闹闹的事。写作不然,没那么多规矩,痴人说梦也可,捕风捉影也行,满腹狐疑终无所归都能算数。当然,文责自负。

2. 我想,何妨就把"文学"与"写作"分开,文学留给作家,写作单让给一些不守规矩的寻觅者。文学或有其更为高深广大的使命,值得仰望,写作则可平易些个,无辜而落生斯世者,尤其生来长去还是不大通透的一类,都可以不管不顾地走一走这条路。没别的意思,只是说写作可以跟文学不一样,不必拿种种成习去勉强它。

3. 写作者,未必能够塑造真实的他人,只可能塑造真实的自己。——前人也这么说过。你靠什么来塑造他人? 你只可能像我一样,以史铁生之心度他人之腹,以自己心中的阴暗去追查张三的阴暗,以自己心中的光明去拓展张三的光明,你只能以自己的血肉和心智去塑造。那么,与其说这是塑造,倒不如说是受造,与其说是写作者塑造了张三,莫如说是写作者经由张三而有了新在。

4. 因此我向往着这样的写作——史铁生曾称之为"写作之夜"。当白昼的一切明智与迷障都消散了以后,黑夜要我用另一种眼睛看这世界。很可能是第五只眼睛,第三他不是外来者,第四他也没有特异功能,他是对生命意义不肯放松的累人的眼睛。如果还有什么别的眼睛,尽可都排在他面前,总之这是最后的眼睛,是对白昼表示怀疑而对黑夜素有期盼的眼睛。这样的写作或这样的眼睛,不看重成品,看重的是受造之中的那缕游魂,看重那游魂之种种可能的去向,看重那徘徊所携带的消息。因为,在这样的消息里,才能看清一个人,一个犹豫、困惑的人,一个受造者;比如说我才有可能看看史铁生到底是什么,并由此对他的未来保持住兴趣和信心。

幸亏写作可以这样,否则他轮椅下的路早也就走完了。有很多人问过我:史铁生从20岁上就困在屋子里,他哪儿来的那么多可写的?借此机会我也算作出回答:白昼的清晰是有限的,黑夜确实辽阔无边。

(史铁生自选于《病隙碎笔2》一文,见《对话练习》)

史铁生的"四谈",意味深长。不妨对之逐条分析,以增加我们对文学的体悟。

1.史铁生说自己"仅仅算是一个写作者",在人生旅途上,"走得不明不白,不由得唠叨;走得孤单寂寞,四下里张望;走得怵目惊心,便向着不知所终的方向祈祷","我的写作因此与文学关系疏浅,或者竟是无关也可能"。但谁也不能否认他是当代优秀作家,这与他20岁因病瘫痪从此无法用脚走向外面的世界无关。肢体的残疾并不代表心灵的残缺。于是,史铁生在感到"不明不白"时的"唠叨"、"孤单寂寞"时的"张望"、"怵目惊心"时的"祈祷",就是他的作品表达的内容。这些"唠叨"、"张望"和"祈祷"引起了他人的共鸣,具有普遍性,因为身体的健全并不表明人生之路便走得顺风顺水,一路波澜不惊。史铁生在生命旅途中遭遇的"不明不白"、"孤单寂寞"、"怵目惊心",所有人,无论残疾还是健全的人都有可能碰上。故而,他的作品得到众多读者的喜爱,具有令人震撼、引人深思的魅力。换个角度说,史铁生写的是自己的人生感受、体悟,而不是用形象和图画在"显示"现实生活状况。

史铁生为什么说自己的写作与"文学"关系"疏浅"呢?请注意他的解释:"学,是挺讲究的东西,尤其需要公认。数学、哲学、美学,还有文学,都不是打打闹闹的事。写作不然,没那么多规矩,痴人说梦也可,捕风捉影也行,满腹狐疑终无所归都能算数。"我将这段话理解为当别人赋予文学太多的公共色彩的时候,作家宁可认为文学是私人事件,与数学、哲学、美学等学科不同。这不仅让人想起"文学是一种社会意识形态"、"文学是革命机器上的齿轮和螺丝钉"之类的说法,看来作家对此是不接受的。从理论上来说,文学也确实不同于数学、哲学、美学,这些都属于自然科学或社会科学;文学是艺术。科学探究真理,其研究成果必须也应该得到公认;艺术讲究独创性,因而,"痴人说梦"、"捕风捉影"、"满腹狐疑终无所归"无所不能,只要"文责自负"。"文责自负",就是强调作家应该有责任感,对自己负责,也是对社会负责。因为如果脱离了社会,个人是无所谓责任的。

2.第二点可以说是对第一点的补充和强调。为什么不想将自己的写作与"文学"联系在一起呢?因为历来有人为文学定下了太多的成规,赋予文学太多太神圣的使命。而文学创作是一件个性、创造性极强的事情。如果硬要拿成规和"使命"去约束它,作者就宁愿自动与文学脱钩,称自己的创作为写作,为的是守住自己创作的自由和独立性。

3. 史铁生谈的第三点是作品与作者的关系，准确地说，是作品中的艺术形象与作者的关系。以往的文论教材、文学批评总习惯说是作者塑造了典型（或不够典型）的艺术形象；真实地反映了生活或反映了生活的真实，达到了艺术真实的高度，等等。史铁生显然不这样看。他认为作品中的人物，是作者用自己的心智和血肉创造出来的，是作者心灵的外化。史铁生创造了一个词："受造"。如何理解这个新词呢？"与其说是写作者塑造了张三，莫如说是写作者经由张三而有了新在"，这位受人尊敬的作家是在说，作者凭借他的作品、他所创造的艺术形象，实现了自己的价值，丰富了自己生命的意义。从此一角度看，读者在作品中最应该读出的是作者的精神世界，而不是生活本身。

4. 史铁生又提出了一个概念："第五只眼睛"——"当白昼的一切明智与迷障都消散之后"，在黑夜里"对生命意义不肯放松的累人的眼睛"。必须理清一些关系，才能深刻理解作家所提出的这个概念。首先，白昼和黑夜不是毫不相干的，相反，它们互相延续，循环往复。而作者在此用它们，其实是一种隐喻。其次，对生命的意义的追寻，在"黑夜"里进行，也与白昼有着密切的关系。更准确地说，它是作者人生体验及其经历的生活的衍生物。于是，写作——作者追寻生命意义的生活活动，与生活便有了不可分割的联系。再次，作者说，这是一只"对白昼表示怀疑而对黑夜素有期盼的眼睛"，既表明白昼与黑夜与文学创作的关系，也表明它们在其中各自扮演的角色。这里的"白昼"，可以读作"现实生活"；"黑夜"，则是作者"精神生活"的代名词。对"白昼表示怀疑"，就不可能以真实地再现"白昼"作为创作目的；"对黑夜素有期盼"，就会将对生命意义的追寻作为终极追求。因而这样的写作"不看重成品，看重的是受造之中的那缕游魂，看重那游魂之种种可能的去向，看重那徘徊所携带的消息"。也就是说，不是为了写作而写作，写作是在精神劳动中的自我实现。作品中所显示的作者的精神世界的种种状态、种种可能的去向，作者灵魂徘徊所携带的消息，与现实生活有着千丝万缕的联系，因为作者的第五只眼睛"不是外来者"，"也没有特异功能"，它不是从旁观的角度，也不具备非常的功能，而只能是透过生活种种表层现象去追寻生命的意义的眼睛。但现实生活不是作家表现的内容，作家所写的是他用另一种眼睛所看到的世界。作家的目标是赋予生命以意义。生命意义的追寻是无止境的，因而，作者说："白昼的清晰是有限的，黑夜确实辽阔无边。"

上述解读，不禁让人对"文学具有反映生活的功能"及别林斯基所说的艺术和科学"说的都是同一件事"产生怀疑。"反映"，本是认知领域的术语，指的是对事物的反照。文学活动的本质是创造，而非对客体的反映。科学旨在揭示客观世界的奥秘，文学艺术传达的则是作者个人对生命意义的追寻，他们说的确实不是一回事。且前者具有公共性、普遍性，后者则具有独创性、唯一性。史铁生的《写作四谈》着重强调的是文学主体性。

注释：

① 童庆炳：《文学理论教程》第四版，第 50—51 页，高等教育出版社 2008 版。
② 伍蠡甫主编：《西方文论选》下卷，第 390 页，上海译文出版社 1979 版。

第二节 文学与生活

史铁生说写作是在"白昼的一切明智与迷障都消散了以后",作者在黑夜里用"第五只眼睛"追寻"生命的意义",强调的是文学创作的主体性,对文学与生活的关系未作详说。

文学与生活的关系究竟如何呢?

毛泽东《在延安文艺座谈会上的讲话》有一六个"更"的说法,曾被当作认识文学与生活关系的指南。他说:"人类的社会生活虽是文学艺术的唯一源泉,虽是较之后者有不可比拟的生动丰富的内容,但是人民还是不满足于前者而要求后者。这是为什么呢?因为虽然两者都是美,但是文艺作品中反映出来的生活却是可以而且应该比普通的实际生活更高,更强烈,更有集中性,更典型,更理想,因此就更带普遍性。"这段话可分以下几个层次来解读。

一是人类的社会生活是文学艺术的唯一源泉;二是社会生活比文学艺术有不可比拟的生动丰富的内容;三是人不满足于现实生活而对文学艺术有需求,是因为文学艺术具有六个"更"。

先说文学艺术的源泉。社会生活是不是文学艺术的唯一源泉呢?无论从作者创作实践还是作品实际角度来看,社会生活都是文学艺术的源泉。即以史铁生为例,他的写作是在黑夜里用第五只眼睛看世界。"世界"是什么?不是渺无一人的时空,而是上演了各种人间悲喜剧的历史时空。他的"唠叨"、"四下里张望"和"祈祷"都是因此而发,或者说,是生活在当下(此当下是人类生活的历史时空的现在进行时)的生命个体对生命意义的思考、追寻和祈望。于是,他的写作与社会生活有着割裂不开的联系。

再看王安忆在复旦大学讲课的讲稿《心灵世界》如何谈小说创作与生活的关系。第一章开篇对全章内容的提示是:"小说是什么?小说不是现实,它是个人的心灵世界,这个世界有着另一种规律、原则、起源和归宿。但是筑造心灵世界的材料却是我们所赖以生存的现实世界。小说的价值是开拓一个人类的神界。"[①]此说与史铁生的观点颇为相契。王安忆用"材料和建筑"来比喻现实世界与小说的关系。认为现实生活为作家构筑心灵世界提供材料,但"这个材料世界是一堆杂乱无章的东西,在我们眼睛里不是有序的、逻辑的,而是凌乱孤立的,是由作家自己去组合的"。

两位作家都指出艺术世界不是社会生活的翻版,更不是社会生活本身;也都强调,创作主体在文学创作中的主导作用,但同样都没有否认现实生活在文艺创作中不可或缺的作用。没有"材料",如何"筑造"?没有生活,作者"第五只眼睛"只能望向浩渺虚空,唠叨、祈祷都将成为无源之水、无本之木。准确地说,根本就不会产生!从这个角度看,说社会生活是文学创作的源泉是没有错的。请看古今中外为读者提供了丰富的精神享受的那些优秀文学作品,无论抒情还是叙事,哪一件没有生活的影子?远古神话"女娲补天"、"羿射九日"、"夸父逐日"、"精卫填海",表现的是祖先遭受地震、干旱、洪水等自然灾害时不屈不挠、顽强抗争的意志和战胜自然灾害的勇气、信心和毅力。没有自然灾害的侵袭,便没有对之尚无法作出科学解释的远古人类对灾害的神性解说和对战胜灾害的美好憧憬。都说《诗经》、《楚辞》是我国现实主义文学和浪漫主义文学的源头。即以脍炙人口的《关雎》和家喻户晓的《离骚》为例,"窈窕淑女,君子好逑"之所以让千百年来的读者喜爱、传诵,难道不是因为诗人吟出的是社会生活中的普遍现象,表达了人类共同的美好情感?"虽九死其犹未悔兮,吾将上下而求索"之所以引起古往今来为理想而奋斗不已的仁人志士的强烈共鸣,难道不是因为屈原喊出了他们共同的心声?而这种声音产生的根源正是理想实现的路途上荆棘丛生、阻力重重的社会生活。熟悉中国文学史的人都知道,无论是陶渊明低唱"采菊东篱下,悠然见南山",还是王维慢吟"行到水穷处,坐看云起时",都蕴含着他们对心为形所役的社会生活的厌烦和疏离。更别说,陈子昂的"念天地之悠悠,独怆然而泣下"、李白的"安能摧眉折腰事权贵,使我不得开心颜"和杜甫的"安得广厦千万间,大庇天下寒士俱欢颜",他们的呼喊,哪一声、哪一句不是对生活发出的怒号或诉求?长篇叙事性文学作品更是如此。曹雪芹花了十数年心血写成的《红楼梦》,书前自称"满纸荒唐言,一把辛酸泪。都言作者痴,谁解其中味"。且不说,他的"满纸荒唐言",有自己生活的影子,也为读者展示了中国封建社会后期封建贵族大家庭的生活画卷;《红楼梦》中所浸润的"辛酸泪"哪一滴不与作者的生活感受密切相关?弥漫于小说中的那种浓浓的宿命之"味",不正是作者对生活的解读么?再把镜头拉近了来看,近年来颇受观众喜爱的电视剧《蜗居》,不正是因为触及了社会上高房价,老百姓、尤其是刚刚踏入职场的青年人无房住、买房难的敏感神经,表现了底层百姓的生存困境么?

无数事实表明,生活是文学创作的源泉,即使那些写神魔题材、历史题材、或貌似现实题材但纯属作者虚构的作品也与生活有着千丝万缕割不断的联系。《西游记》中唐僧师徒各自的性格、他们在取经途上遇到的妖魔神怪,甚至最后不得不行贿才能取得真经、修成正果的情节,哪一桩没有现实生活的影子?这些年清宫戏在荧屏频频出现,康熙皇帝的雄才大略、雍正皇帝惩治贪官,哪一部不寄托着作者对现实生活的感慨和期盼?王安忆和苏童都是上个世纪50年代出生的作家,他们的作品可不都是写近60年的事情。如果说,王安忆写的《小鲍庄》多少带有其当下放知青的生活痕迹,那获得茅盾文学奖的《长恨歌》中的主人公王琦瑶则只能是作者对比自己早生几十年、生活经历完全不同的上海某一类女人生活体验的猜测和遐想了。然而,由于作者对生于斯、长于斯、生活于斯的上海生活气息的了解和体悟,她虚构的人物及其生活的故事,并不让人觉着虚幻而不真实。苏童写《妻妾成群》,并不因为他自己没有生活在那个家庭夫妻关系极其复杂的时代而捉襟见肘,漏洞百出。原因是,他写的是在复杂的家庭关系中不同人物的性格和命运。而对人物性格的揣摩和人生命运的思索,则是所有作家的必修课、基本功。功力的深浅,决定了他作品的优劣,故事只是展示人物性格的条件或曰平台而已。问题是,无论是体悟生活气息,还是揣摩人物性格,都离不开对现实生活的感受和体验,从此一角度来说,生活是文学创作的源泉也是不错的。

再说社会生活有文学艺术作品不可比拟的丰富生动的内容。这一点,不难理解。一篇或一部文艺作品,无论多么丰富,多么深刻,都只能表现生活的某一方面,表达某一作者独特的生活感悟,它不会也不可能将生活的方方面面,巨细无遗地表现出来。生活包罗万象,文艺作品只能表现其中之一或与此一相联系的有关方面。有一则比喻:文艺作品是生活的一面"镜子"。说这个比喻不恰当,是因为"镜子"只能映照出事物的表面形状,而看不出事物内在的精、气、神,文艺作品则将精、气、神作为重点表现的对象。但这个比喻也有合理的一面,即镜子照见的只能是事物的某一角度、某一方面,而不可能是立体的、全方位的。任何一部文艺作品都不可能对林林总总的生活作立体的全方位的表现。从这个角度说,社会生活有文艺作品不可比拟的丰富生动的内容,是文艺创作取之不尽、用之不竭的源泉,是无可置疑的。

以上说的是文学源于生活,是从发生学角度谈文学与社会生活的关系。再说文学"高于生活",从价值论的角度谈两者之间的关系。

首先应该看到,毛泽东在提出的"六个更"前有一个修饰语——"可以而且应该"。指出这一点非常重要。"可以"是说,文艺作品能够达到这样的价值高度;"应该"则是要求作家艺术家将这种的价值高度作为自己的追求目标。这就表明,并非所有的文艺作品都具有"六个更"的价值特征,只有优秀、杰出、伟大的文艺作品才具有这些特质。

其次,文学作品为什么可能会比普通实际生活"更高、更强烈、更有集中性、更典型、更理想,因此就更带普遍性"呢?这与上篇所说的作家创作不是刻板地、客观地模仿现实生活;而是用"第五只眼睛"透过尘世的喧嚣去追寻生活的真谛、生命的意义,是用现实材料构筑心灵世界、创造"人类的神界"有关。不必做太多的理论剖析,中外文论著作对此有充分的阐述。只想以作品为例,说明文学既源于生活又高于生活的现象确实存在及其产生的缘由。

阎连科有一篇小说叫《耙耧天歌》,颇具魔幻色彩。写的是上个世纪50年代初期,一对农村青年夫妇,生了三个女儿和一个儿子,都是痴呆。到医院求医,医生告知,因男方的遗传基因,孩子的病无法治愈。丈夫承受不了这样的打击,在回家的路上投河自尽。年轻的妻子含辛茹苦将几个孩子拉扯成人。孩子到了谈婚论嫁的年龄,母亲先后赔上了一头牛、几亩地和一年的全部收入将三个傻女儿嫁了出去。儿子成年后生理上的躁动,使母亲意识到为其娶妻是亟须解决又无法解决的问题。一天晚上,母亲梦见亡夫对她说,孩子们只要喝了亲人的血,吃了亲人的骨头,就能成为正常人。于是,她夜里扒开了亡夫的坟,取了他的骨殖,回家碾成粉,做成馍让孩子们吃,但没有见效。最后,这个母亲让傻儿子吃了给他做的玉米饼,盼咐他睡醒后到自己屋里去,无论发生什么事,都要将放在桌上的三个红布包分别送给三个姐姐。傻儿子吃了妈妈给他做的既干又咸的饼,醒来后到处找水喝,可所有的容器都是空的。他闯进母亲的屋里,发现桌上有一碗冒着热气的液体,仰头喝光,原来那是他妈妈的血!喝下那碗血之后,他看见了放在桌上的红布包,想起了母亲的吩咐,于是撒开脚,将红布包送给了姐姐们。故事的结尾是恢复为正常人的姐弟们给母亲举行了一个这个村子有史以来最隆重的葬礼。不用分析都知道,这小说写的是最无私、最圣洁的母爱。这种爱惊天地、泣鬼神,让天下所有的儿女为之心颤。作者曾经在一篇创作谈中说,写这篇小说,源于一个朋友转述给他的一个真实的故事:炎热的夏季,一个年逾花甲的老汉带着自己三个成年的傻儿子拉着板车卖西瓜。日近正午,车上还剩几个瓜没卖掉。几个人口渴得受不了,老汉决定爷几个自己吃了这几个瓜解渴。当老汉借刀回来切瓜之时,几个傻儿子已经用拳头将瓜砸烂,吃光,瓜皮狼藉一片。听了这样一个让人欷歔不已的故事,阎连科心情久久不能平静,于是就有了《耙耧天歌》的创作。将小说和现实生活中的真故事相比较,不难发现,作者对母爱的感悟、歌颂和礼赞正是小说高于生活本身的根源。世上的母爱的表现有千万种,无私、圣洁、倾其所有是其共同的特征。阎连科在小说的结尾将这种伟大的爱的表现推向了极致,虽说具有魔幻色彩,却具有普遍意义。

再以《活着》为例。不用概述小说的情节,只需用余华自己的话就可以说明问题。在《我能否相信自己》一书中他写道:

> 随着时间的推移,我内心的愤怒渐渐平息,我开始意识到一个真正的作家所寻找的是真理,是一种排斥判断的真理。作家的使命不是发泄,不是控诉或者揭露,他应该向人们展示高尚。这里所说的高尚不是那种单纯的美好,而是对一切事物理解之后的超然。对善和恶一视同仁,用同情的眼光看待世界。
>
> 正是在这样的心态下,我听到了一首美国民歌《老黑奴》,歌中那位老黑奴经历了一生的苦难,家人都先他而去,而他依然友好地对待这个世界,没有一句抱怨的话。这首歌深深地打动了我,我决定写一篇这样的小说,就是这篇《活着》,写人对苦难的承受能力,对世界乐观的态度。写作过程让我明白,人是为活着本身而活着,而不是为活着之外的任何事物所活着。我感到自己写下了高尚的作品。[②]

像《活着》的主人公福贵那样,一生承受那么多的苦难,眼睁睁地看着身边的亲人、包括晚辈一个个先他而去的人,现实生活中并不多见。但文学形象的创造并非对命运概率的抽取。余华写得很明白,他写《活着》,就是"写人对苦难的承受能力",表达自己对"人是为活着本身而活着"的人生意义的领悟。假如读者已经感受到人对苦难有非凡的承受力,认同作者对人生意义的认识,《活着》就有了比现实生活"更高,更强烈,更有集中性,更典型,更理想,因此就更带普遍性"的特质。

人们为什么不满足于更为生动丰富的现实生活而需要文学艺术呢?这就得从价值论的角度来谈了。换言之,这是文学的意义所在。人为什么在维持及延续生命、保持种族繁衍的吃喝拉撒睡等生命活动以及为了提高这些物质生活条件而作的种种努力之外,还有创作和欣赏文艺作品的需要?一句话,为了满足人的审美精神生活的需要。具体说,是为了自我实现和自我认识、自我认同的需要。

自我实现主要是从创作者角度而言的。作家艺术家在作品中将自己对人生的认识、感悟,用生动可感的形象表现出来,使其个人的精神活动成果变成公共的精神财产,是一种自我实现。如曹丕《典论·论文》所说,"寄身于翰墨,见意于篇籍",便可使声名"自传于后"。更为重要而不大为人注意的是:文学艺术的创作过程,也是作家艺术家精神成长、壮大、丰富的过程。对史铁生《写作四谈》中所说的"写作者,未必能够塑造真实的他人,只可能塑造真实的自己。……与其说这是塑造,倒不如说是受造,与其说是写作者塑造了张三,莫如说是写作者经由张三而有了新在";余华《我能否相信自己》中所说的"写作过程让我明白,人是为活着本身而活着,而不是为活着之外的任何事物所活着",都可以作如是观。

自我认识和自我认同主要是指读者的精神需求。文艺作品除了以往常说的认识功能、教育作用以外,最基本的也是最重要的应该是它的审美功能。何谓"审美"? 主体与客体之间超功利超世俗关系的确立。毋庸置疑,文学艺术有认识功能和教育作用,可那不是它独有的看家本领。自然科学、社会科学著作在传授知识方面,思想、道德、伦理著作在提升道德情操方面的专业性、系统性方面都是文学艺术无法比拟的。然而,人们还是需要文艺作品,而文艺作品也确实常常具有"入人也深,化人也速"的功效。原因何在呢? 就是因为文艺作品往往能让人在其中得到自我认识和自我认同,从而获得情感上的愉悦和精神上的享受。当你被俗务缠身、无计摆脱的时候,吟哦苏轼"长恨此身非我有,何时忘却营营";当一群蚁族纠结于低收入和高房价之间的差距而无法为自己在高楼林立、广厦万间中觅得安身之所的时候,观看电视剧《蜗居》;当你被生活压力弄得身心疲惫的时候,欣赏幽默诙谐的《米老鼠与唐老鸭》;当你对现代人贪得无厌地掠夺地球资源、破坏生态平衡忧心忡忡的时候,观看寓意深远的《阿凡达》;当你年过花甲、回首往事已成了家常便饭的时候,观看曾经热播或正在热播的电视剧《激情燃烧的岁月》、《钢铁时代》;当你被充斥于荧屏的相亲、交友、约会节目中种种关于收入、身份、喜好的介绍和"宁愿坐在宝马车中哭,也不愿坐在自行车后面笑"的宣言弄得莫名所以的时候,看表现清纯、无私的爱情的电影《山楂树之恋》……你的感受是什么呢? 一定会使自己的苦恼、不平、疲惫、焦虑,在对这些文学艺术作品的欣赏中得到宣泄;使对过去的美好回忆变得更加鲜活;原先对生活的感受因在文艺作品中找到了知音而变得更加强烈、深沉,从而使自己的精神、情感经受了一次洗礼,朝着更高层次更加自由的目标前进。这便是文艺作品的独有的审美功能,是文艺与生活的价值关系的体现。

注释:
① 王安忆:《心灵世界——王安忆小说讲稿》,第 1 页,复旦大学出版社 1997 版。
② 余华:《我能否相信自己》,第 145~146 页,人民日报出版社 1998 版。

第三节　文学与语言

"文学是语言的艺术",这句话有两层很重要的含义:其一,文学是艺术,而非科学;其二,文学的构筑材料是语言,而非线条、色彩或节奏、音韵、石料、铜材等。第一层含义将文学与哲学、心理学、社会学等学科区别开来,第二层含义将文学与绘画、音乐、雕塑等其他艺术门类区别开来。

说文学是语言的艺术,很长时间以来,人们都侧重于将语言理解为文学的工具或表情达意的载体。于是,语言运用的手段和技巧、文学语言的特点就成了研究文学语言的主要内容。这是从修辞学层面进行的研究,尽管传统,依然必要。我们常常将优秀的文学家称为"语言艺术大师",正是因为他们运用语言的技巧非凡、手段高明。人们日常生活的习惯用语,在文学家的手下,便像被赋予了魂灵,变得有血有肉,有了精、气、神,将读者引入一个酷似现实生活又不同于现实生活的艺术世界。文学语言在艺术造型、传情达意、引发联想方面的特殊功效,是其他艺术媒介无法比拟的。

先说文学语言的造型功能。毋庸置疑,文学作品创造的艺术形象不像绘画、雕塑等造型艺术那样,示人以可观可感的实体;也不像音乐和舞蹈那样,让人可见可闻。文学创作的媒介是语言,需要读者在接受语言符号的同时,将其转换成艺术形象。这对于无法辨认语言符号(比如不识字或不能掌握作品所使用的语言)的人来说,固然存在接受障碍,但这并不表明文学语言在造型功能上比其他艺术媒介逊色。相反,由于其造型功能的间接性,甚至增强了它的表现力。如若不信,请看实例:

《红楼梦》第三回《托内兄如海荐西宾　接外孙贾母惜孤女》写黛玉初入荣国府,拜见贾母、邢夫人、王夫人和李纨,后又与迎春、探春、惜春相见,由于彼此不熟,更由于大家族的礼数,人数虽多,场面颇大,可除了贾母的安排和问话、黛玉回答外,别人除了行礼如仪,都是低声屏息的。王熙凤出场却是:

> 一语未完,只听后院中有笑语声,说:"我来迟了,没得迎接远客!"黛玉思忖道:"这些人个个皆敛声屏气如此,这来者是谁,这样放诞无礼?"心下想时,只见一群媳妇丫鬟拥着一个丽人,从后房进来。这个人打扮与姑娘们不同,彩绣辉煌,恍若神妃仙子,头上戴着金丝八宝攒珠髻,绾着朝阳五凤挂珠钗,项上戴着赤金螭璎珞圈,身上穿着缕金百蝶穿花大红云缎窄褃袄,外罩五彩刻丝石青银鼠褂,下着翡翠撒花洋绉裙。一双丹凤三角眼,两弯柳叶吊梢眉,身量苗条,体格风骚;粉面含春威不露,丹唇未启笑先闻。

上面这段文字,如果用线条色彩表现,王熙凤的长相、身材、穿着、打扮、发型、配饰都不难表现。但在众人都敛声屏息时敢于"放诞无礼"和"粉面含春威不露,丹唇未启笑先闻"的做派该如何表现呢?她人未到、声先闻,一句"我来迟了,没得迎接远客",看似道歉,实则在亮明自己在贾府当家理事,非同一般的身份的那种精明及自得的心态,除了语言,用什么样的材质可以得到充分表现呢?此外,这段文字对王熙凤肖像、穿戴的描写,固然是作者让这个人物隆重登场,但因是从黛玉眼中看到的王熙凤,于是,黛玉初来陌生环境对人观察的细致所显示出的聪慧灵敏也就得到了充分的表达。这一层,除用语言创造的文学作品而外,其他艺术门类恐怕都难以胜任。

再说语言的表情达意功效。一个耳熟能详的例子是李煜的词句:"问君能有几多愁,恰似一江春水向东流。"一个成为阶下囚的亡国之君,其愁苦的心境旁人是无法切实体会的,而他却用语言材料给我们创造了一个人人可以想见、从而可能体会到他的悲苦哀愁的意象。再如,北岛的诗《生活》正文只有一个字"网"。妙啊!绝啦!这"网"字,表达了作者和万千读者对生活方方面面多少层次的体验和理解啊。马克思有言:"人的本质并不是单个人所固有的抽象物,在其现实性上,它是一切社会关系的总和。"[①]各种社会关系又相互牵绊、相互联系,这种关系和那种关系之间不就是生活这张"网"上的结么?人,只要生活在世界上、人群中,就如罩在生活这张网中一样。除了语言,什么样的艺术材料能够将人对生活的理解表达得如此深刻、到位呢?

语言与其他艺术媒介相比,还有表情达意的直接性和描写生活的广阔性的特点。

从表情达意的直接性来说,脍炙人口的诗句"安得广厦千万间,大庇天下寒士俱欢颜"(杜甫)、"安能摧眉折腰事权贵,使我不得开心颜"(李白)、"长恨此身非我有,何时忘却营营"(苏轼)以及"话说天下大势,分久必合,合久必分"(《三国演义》)、"幸福的家庭大都相似,不幸的家庭各有各的不幸"(《安娜·卡列尼娜》)等都很能说明问题。诗人们悲愤的呼喊,让千载之下读者能够真切地感受他们胸腔中沸腾的热血;小说家在作品开篇写出的话极富哲理和历史感,使读者在观看、体验小说中人物的喜怒哀乐的同时,也领悟着人生的真谛。这一点,其他艺术种类的功效是无法与文学相比的。因为它们的创造媒介不具备表情达意的直接性的特点。

从描写生活的广阔性来说,语言艺术在各种艺术门类中独占鳌头。人们常说:杜甫的诗展示盛唐至中唐时期的历史画卷、《红楼梦》写出了中国封建社会后期封建大家庭的没落衰亡史、巴尔扎克的《人间喜剧》是法国封建贵族没落、新兴资产阶级上升时期巴黎及乡村的一幅幅风景画……除了文学作品,其他艺术是无法具有如此广阔的容量的。即便是一首二三十字的绝句、小令,其内蕴也可以意味深长。以马致远的《天净沙·秋思》为例:"枯藤老树昏鸦,小桥流水人家,古道西风瘦马,夕阳西下,断肠人在天涯!"其间诸多的意象以及意象组合而成的流动着的画面,这些画面中蕴含着的浪迹天涯之人的风尘仆仆、落寞、悲苦,以及思亲念故的那一份浓得化不开的乡愁,除语言以外,用什么样的艺术媒介可以使之得到同样的表达呢?语言艺术的特点,在很大程度上,得力于它的表达媒介的特点。

由于文学语言具有上述特点,充分发挥这些特点,就成了历代作者追求的目标,也成了文论家的研究对象,作品将这些特点发挥到什么程度则是文学批评的一个重要话题。

《阿Q正传》原稿中写阿Q从城里"发了点小财"回来,到小酒店喝酒,"他走近柜台,从腰间伸出手来,满把是钱,往柜上一扔,说'现钱!打酒来!'"后来,鲁迅先生将"满把是钱"改为"满把是银的、铜的"。为什么用"银的、铜的"替代了一个"钱"字呢?我们的体会是:"钱"是一个抽象的概念,不能给读者直观的感受,而"银的、铜的",让人自然联想到银元的白晃晃、铜板的黄灿灿,形状、颜色、质感,赫然在目。这是作家追求文学语言表达的形象性的结果。

再如,众所周知的王安石的诗句"春风又绿江南岸,明月何时照我还"中的"绿"字,是几经修改才确定的。"到"、"过"等字,放在诗句中无论从平仄声律要求,还是从意义表达上来说,都没有问题,诗人为什么最终选择了"绿"字呢?闭眼一想就明白了:"到"、"过"等字只是普通动词,无法让人体会到春风吹过之后的江南景色的变化。"绿"字则不然,它能让人感受到在强劲的春风吹拂中,江南由冬季的一片萧肃换上了绿装,春意盎然,春光无限。诗人的反复推敲,追求的正是这种能让人身临其境、感同身受的效果。

文学语言具有直接、鲜明地表情达意的功能。作者在创作中自然也就十分重视发挥此一功能。请看鲁迅的诗句"忍看朋辈成新鬼,怒向刀丛觅小诗"、"横眉冷对千夫指,俯首甘为孺子牛"。"忍"与"怒",前者表达的是对热血青年、革命志士惨遭杀害的哀痛和悲愤,感情深沉;后者则表达了作者对黑暗势力、白色恐怖的愤怒、反抗,情绪激烈;"横眉"与"俯首"、"冷对"与"甘为"则立场鲜明地表达了对待敌人和人民的两种截然不同态度,传神贴切、力透纸背。

高尔基说,语言是文学的第一要素,如何最大限度地发挥其"指事、造形、穷情、写物"的功效是历代文论家研究的重要课题。从《易传》提出"书不尽言、言不尽意"、"圣人立象以尽意"到汉代的《毛诗序》提出"诗有六义",南朝的钟嵘则对其中的"兴、比、赋"从表现方法的角度做出了自己的解释,其后唐代的孔颖达,宋代的朱熹、李仲蒙,直至当代许多美学、文论研究者都对之进行了深入的研究和有价值的阐述。视角或有不同,见解或有差异,但无一不是在探讨如何克服语言表情达意状物叙事方面的局限性,尽可能缩小、甚至完全消除言、意之间的距离。于是,"言已尽而意无穷"的"味外之致"、"景外之景"、"象外之象"就成了诗人词客孜孜以求的目标。于是比喻、夸张、衬托、点染等修辞手法在文学创作中被广泛运用。

历代文学批评家也将语言运用的能力作为衡量、评价作品的一项重要标准。中国文论史上的重要著作《文心雕龙》中的《知音》篇,专论文学鉴赏和批评问题,提出对作品分析、批评应从六个方面入手,其中之一便是"观置辞",即考察作品语言运用的效果。中国古代文论有"诗眼"、"词眼"的说法。王国维《人间词话》中说宋代词人张先的"云破月来花弄影"、宋祁的"红杏枝头春意闹",写得好,是因为"著一'弄'字而境界全出矣"、"著一'闹'字而境界全出矣"。也就是说,此处"弄"字和"闹"字即词眼,它们能使整首词活起来,使词中的画面具有动感,充满色彩、声音和勃勃生机!

文学史上这样的例子举不胜举。但无论理论家、作者,还是批评家,大都还是将语言界定为文学表现的工具。随着现代语言学研究的深入，当代则出现了从文学本体、思维媒介角度来认识、界定语言在文学活动中的地位和作用的理论，将对文学语言的研究推向更深的层面。

人们认识到：从发生学的角度来看，语言只是人类为了满足交流的需要而创造出来的一套符号系统，作用是传达思想感情；但是，语言一旦形成，它与人类生活的关系就越来越复杂。首先，语言承载着太多的文化信息。每一种语言与民族的历史积淀、文化传统都有着密切的联系。相对于每一个生命个体来说，语言总是先在的。一个人，从他咿呀学语时起，接受、学习、使用的就是包含了祖先积累了数千年的思想、价值观念的语言。例如："忠孝节义"的观念，在我国有悠久的历史，至今人们还用之作为衡量个体道德品德的重要标准。时代变迁，历史发展，这些道德标准的内涵也有了变化，但其精神实质却具有一定的延续性。在封建时代，忠孝节义是指事君、事父、为人、待友之道，而今，则是指在处理个人与国家、亲人、朋友等各种关系时应该遵守的道德规范。与其说一个人在课堂上、字典里认识了这些概念，不如说，是在其生命的旅途上，通过耳濡目染、潜移默化，不断感悟、领会这些道德规范。于是，便进入到第二点，先于个人存在、让人不得不接受的语言并不是简单的词语排列组合，也不是无意义的符号和对各种事物的指称代码，而是承载着民族历史文化积淀和现实生活中各种文化和心理的信息载体。以称呼为例："令尊"、"令堂"、"令郎"、"令嫒"、"家父"、"家母"、"犬子"、"小女"、"老爸"、"老妈"，"爹地"、"妈咪"，等等，或是称呼他人父母子女，或是对别人言说自己的父母子女，或是称呼自己的父母，不同的称呼中蕴含着的历史文化的信息之差异，是不难体会的。一个人如何称呼父母，显示出的是他自幼生活的环境的文化氛围及其所受的浸染。称呼尚且如此，何况人们对事物的认识、对世界的思维、对空间和时间的理解呢？这些都离不开现有的语言概念。比如："东西南北中"的概念，是人为制定的，寰宇浩茫本无所谓上下左右东西南北；"公元前后"、"千禧年"、"世纪之交"等时间概念也是人为确定的，时光悠悠，本无所谓终也无所谓始。但时空观念一旦形成并成为人们的共识，它就让人们产生了地域的归属感、时间的紧迫感，等等。于是，就有了陈子昂的"前不见古人，后不见来者，念天地之悠悠，独怆然而泣下"的浩叹；于是，便有了"我们亚洲，山是高昂的头……"的激昂。一句话，从发生学的角度来谈语言在文学活动中的作用，语言不仅是人们描绘事物、表情达意的媒介、工具，在这之前，它就参与了人对生活的理解和感受，因此它是"文学本体"研究的重要内容。

还是举作品为例，以加深对这个问题的理解吧。

《红楼梦》第九十八回《苦绛珠魂归离恨天　病神瑛泪洒相思地》写宝玉与宝钗成婚的那一日，黛玉白日已经昏晕过去，却心头口中一丝微气不断，并拼尽全身力气交代紫鹃要求将她遗体送回苏州去。接着写道：

> 紫鹃慌了，连忙叫人请李纨，可巧探春来了。紫鹃见了，忙悄悄的说道："三姑娘！瞧瞧林姑娘罢！"说着，泪如雨下。探春过来，摸了摸黛玉的手，已经凉了，连目光也都

散了。探春紫鹃正哭着叫人端水来给黛玉擦洗，李纨赶忙进来了。三个人才见了，不及说话。刚擦着，猛听黛玉直声叫道："宝玉！宝玉！你好……"说到"好"字，便浑身冷汗，不作声了。紫鹃等急忙扶住，那汗愈出，身子便渐渐的冷了。探春李纨叫人乱着拢头穿衣，只见黛玉两眼一翻，呜呼！香魂一缕随风散，愁绪三更入梦遥！

再来看看《安娜·卡列尼娜》中安娜卧轨之前的那一段描写：安娜接到了车夫带来的佛伦斯基字迹潦草敷衍自己的便条，清醒地意识到自己被抛弃的处境：

"是的，果然不出我所料！"她含着恶意的微笑自言自语。……"不，我不让你折磨我了"，她想，既不是威胁他，也不是她自己，而是威胁什么迫使她受苦的人，她顺着月台走过去，走过了车站的房子。

……

突然间回忆起她和佛伦斯基初次相逢那一天被火车压死的那个人，她醒悟到她该怎么办了。她迈着迅速而轻盈的步伐走下从水塔通往铁轨的台阶，直到紧挨着开过来的火车的地方才停下来。她凝视着车厢的下面，凝视着螺旋推进器、锁链和缓缓开来的第一节车的大铁轮，试着衡量前轮和后轮的中心点，和那个中心点正对着她的时间。

"到那里去！"她自言自语，望着投到布满沙土和煤灰的枕木上的车辆的阴影。"到那里去，投到正中间，我要处罚他，摆脱所有的人和我自己！"

……

两部经典小说，写两个同样具有个性解放意识和追求爱情自由的典型女性绝望之后的香消玉殒。《红楼梦》由贴心丫鬟紫鹃和去探望的寡嫂李纨、庶出的探春的眼光去表现黛玉"香魂一缕随风散"的全过程，黛玉临咽气之前那一句"宝玉！宝玉！你好……"，"好"之后没说完的话令人遐想无限，让人体会到黛玉满腔的怨恨、无助和无奈。正因如此，饱受传统文化熏陶的读者每每读至此处，都不由得不为黛玉抛洒同情之热泪。而安娜是自己走向车轮之下的，她走得迅速而轻盈，表明她视爱情高于生命的信念，也显示出她的绝望已经无可挽回。托尔斯泰写安娜卧轨之前自己的所思所想所作所为，一朵追求个性解放、纯真爱情的生命之花没有真正绚丽地开放却悲壮地被车轮碾压！这样的结局，自然会赢得很多读者的惋惜和同情。请比较一下黛玉和安娜两人的死法和她们死前的表现以及作者对两人临终时刻的描写吧，其间蕴含着极其丰富的民族的历史的文化的信息是需要读者用心去仔细体会的。为什么曹雪芹没有让黛玉临死前将话说完？为什么托尔斯泰那么细致入微地表现安娜自杀前的心理活动？如何解读黛玉所说的"好"之后的心灵密码？如何理解安娜的"我不让你折磨我了"中的"你"既不是"他"，也不是"自己"，而是"迫使她受苦的人"？

文学是语言的艺术。研究如何艺术地使用语言，属于文学工具论研究；弄清作品语言的蕴含，则属于文学本体论的研究。

注释：

① 马克思：《关于费尔巴哈的提纲》，《马克思恩格斯选集》，第1卷，第56页，人民出版社1995版。

② 此段论述参阅了华中师范大学出版社2007年出版的刘安海、孙文宪主编《文学理论》（第二版）第41～42页相关内容。

第四节 文学与道德

文学的审美活动与道德的价值评判活动①是人的两种不同的精神实践方式，在人的精神生活领域担当着不同的角色和功能，道德是在人的生活"是怎样"的基础上要求"应当如何"的价值判断和反省领域。正如康德指出的："道德学根本就不是关于我们如何谋得幸福的学说，而是关于我们应当如何配当幸福的学说。"②文学则是对人的生活、生命、理想、现实等的情感和个性的体验领域，文学不像道德去寻求价值的统一与规范，恰恰与此相反，文学的情感功能追求的是呈现人的生存状态的独特性和丰富性。在这一点上，文学与道德的冲突是不可避免的。但与此同时，不可否认的是两者又是彼此关联和相互交织在一起的。理想的状态是道德借助文学的审美方式来达到道德教育的效用，文学则通过道德的评判功能来规范人的情感表现形式。但是，文学与道德的关系不是轻易就能达到理想化的和谐状态的。实际上，文学和道德的天平往往处于此起彼伏的不平衡状态之中，而一旦天平的重心倾斜超过一定的限度时，文学和道德都会得不偿失而两败俱伤："当文学过分受制于道德时，文学的生命表现会失去生活本身的感情力量；而当文学失去了道德的约束时，文学又会使人类的精神生活变得颓废，缺乏信心，没有灵性与希望。"③

在文学研究中，文学与道德的关系是一个古老的论题，在理论传统上，道德教化一直被视作文学的主要社会功能之一，从柏拉图的《理想国》到儒家的《毛诗序》，从历史上诸多的作家禁书到"文革"时对作家创作中人物塑造的硬性规定，都是文学道德功利主义要求的表现。事实上，从古至今道德对文学的干预和指正一直就没有停止过。

西方对文学艺术的道德教育功能从古希腊时期就已开始受到关注和重视。柏拉图要将诗人驱逐出理想国的观点和亚里士多德的关于诗的"卡塔西斯"效应，成为后世讨论文学艺术的道德功能和社会功用的源头和起点，后世的与此相关的诸多观点甚至争辩都可以回溯到此。

在柏拉图的《理想国》中，柏拉图控告和谴责了诗人和诗歌，要把诗人驱逐出理想国，这在文论史上似乎成了柏拉图否定艺术的铁证。但实际上，柏拉图对诗人的态度是有所保留的，而决定他的态度的立足点就是从道德角度出发的。他在对诗人及其创作斥责的同时，又在为诗歌辩护，这看似矛盾的立场实际上的出发点只有一个：对诗人诗歌的态度视他(它)们对理想国建设的影响而定。他的手中握着道德谴责和道德辩护的双刃剑。首先,柏拉图对待诗人的态度是坚定地以他设想的理想国家的要求为前提的。他要建立的理想国家,是以人的理性为基础的正义型国家。柏拉图认为,人性中包含着理性、意志和欲望,当理性能够约束后两者时,后两者就表现为勇敢和节制。当人性中的三个部分都能各安其分、各司其职、协调配合时,就会使心灵处于和谐安宁之中,也就实现了个人的正义。与个人正义相匹配的是国家正义,国家的正义就是国家的三个阶层各安其分、各司其职:治国者依靠智慧(理性)统治好国家,卫国者凭借勇敢保卫好疆土,劳动者则以节制搞好生产,三个阶层和谐运作,国家就处于安全稳定之中。柏拉图设计出了国家的理想模式,各种职业、各色人等的定位都是围绕着理想国家而规定的,诗人自然也不例外。其次,柏拉图以当时最著名的诗人荷马为对象,深入具体地分析诗人"应该讲些什么和怎么讲"。他从文学的表现对象到文学的模仿方式细致地规定了在正义要求下的诗人职责。在柏拉图看来,诗人是应当受到约束的,如果他们不能达到有助于建设正义的理想国家的要求,就应把他们驱逐出去:"我们不仅必须对诗人进行监督,强迫他们在诗篇中培育具有良好品格的形象,否则我们宁可不要诗歌,而且我们必须监督其他艺人,禁止他们在绘画、雕塑、建筑,或其他艺术作品里描绘邪恶、放荡、卑鄙、龌龊的形象。"④柏拉图实际上充分认识到文学艺术对人的教育意义,他需要借助于文学艺术熏陶的感化方式来塑造个人正义并进而实现国家正义。"我们必须寻找这样一些艺人,凭着优良的天赋,他们能够追随真正的美和善的踪迹,使我们的年轻人也能循此道路前进,进入健康之乡,那里的美好作品能给他们带来益处,他们的眼睛看到的和他们的耳朵听到的都是美好的东西,这样一来,就好比春风化雨,潜移默化,使他们不知不觉地受到熏陶,从童年起就与美好的理智融合为一"。⑤

显然,"将诗人驱逐出理想国"这一为后世熟知的口号,并不意味着柏拉图简单粗暴地否定文学,取消文学存在的合法性,恰恰相反,柏拉图对文艺的社会功能给予了厚望——当它能够对理想国家的建设有益时,他将文艺的道德作用对人的塑造称作"提供最好的教育"。柏拉图充分认识到文艺能够借助情感的力量打动和深入人心的本质特性,诗能产生巨大的吸引力、魅惑力和感染力,这种特性既可以扰乱心灵,也可以塑造心灵,基于此,柏拉图认为诗的力量会对教育生成巨大的影响。因此,可以想见,如果诗不再败坏正义而是巩固正义,诗人将会是理想国的上宾。柏拉图在《理想国》的第十卷总结说:"当你遇见颂扬荷马的人,他们说荷马是希腊的教育者,我们应当在人生修为方面向他学习,应当按照这位诗人的教导来安排我们的全部生活,在这种时候,你必须敬爱和尊重说这种话的人……我们必须明白这个道理,只有歌颂神明和赞扬好人的颂歌才被允许进入我们的城邦。如果你允许甜蜜的抒情诗和史诗进入城邦,那么快乐和痛苦就会取代公认为至善之道的法律和理性,成为你们的统治者。……我们确实有很好的理由把诗歌从我们的城邦中驱逐出去,因为诗歌确实具有这样的特点。理性要求我们这样做。……要是消遣的、悦耳的诗歌能够证明它在一个管理良好的城邦里有存在的理由,那么我们非常乐意接纳它,因为我们自己也能感受到它的迷人。"⑥柏拉图对待诗人和诗歌的谴责和辩护的思想变奏反映了柏拉图的道德理想主义和政治工具论的思想内核,就文学而言,它的道德功利主义的倾向是十分明显的。

从柏拉图开始的这条文艺的道德功利主义道路在西方文论的历史中不断地留下足印,紧随其后,亚里士多德也十分看重艺术的道德教育价值。他认为每一种艺术和科学的研究都是在谋求某种善,他在《政治学》中说:"在一切科学和艺术里,其目的都是为了善。"他所谓的"善"是"城邦的正义",是奴隶主阶层的共同利益。在《修辞学》中,他又将美善统一化,"美是一种善,其所以引起快感,正因为它善"。⑦显然,作为具有"美"的特征的文学艺术在亚里士多德看来,是善的构成要素之一。他是以实用的眼光来要求艺术的,具有明显的功利主义色彩。这种观点在《诗学》中得到了更加集中和鲜明的体现,亚里士多德提出文学的"卡塔西斯"效应来实现文学的道德感染和教育功能。他在《诗学》中论述悲剧作用时说:"悲剧……借引起怜悯和恐惧来使这种情感得到卡塔西斯……怜悯的对象是遭受了不该遭受之不幸的人,而恐惧的产生是因为遭受不幸者是和我们一样的人。"⑧与柏拉图观察文学的社会学和政治学的视野不同,亚里士多德更加深入细致地从审美心理学的角度研究文学,悲剧引发了观众的怜悯和恐惧之情,两种情绪产生的对象缘由不同,形成的方向也有差异,恐惧是由他者指向自身,怜悯则是由自身指向他者。借助情绪情感的双向流动,演员与观众、局中人与局外人、叙事者与接受者乃至戏剧与现实之间的情感应和达到交融和共鸣,从而在戏剧演出中完成一种集体式的情感道德教育仪式。后世对"卡塔西斯"的阐释和理解有很多种,但基本都是围绕着文学艺术能够达到的审美效果和社会功能而言的,文艺复兴时期的文论家卡斯特尔维屈罗认为,卡塔西斯是通过净化来实现对大众的教益,到了古典主义时期高乃依论述悲剧的作用时,也认为"我们看见与我们相似的人们遭受厄运的怜悯,引起我们自己遭受同样厄运的恐惧……促使我们从心里净化、节制、改正"。⑨国内学者不论是罗念生的"陶冶说"还是朱光潜的"净化说",都肯定了"卡塔西斯"中蕴含的社会的和道德的意义。直到当下,学者仍然在强调这一点:"亚里士多德强调了文学的伦理道德功能……陶冶性情,净化灵魂,这既是悲剧要达到的效果,也是悲剧的伦理功能。"⑩从《诗学》开篇的悲剧定义一直到对于悲剧的具体阐释,我们都能看到道德主义原则的影子,根据这样的原则,亚里士多德为悲剧创作规定了一系列的规范,如情节的要素要包括突转、发现和苦难。前两者是就情节的结构和叙述手段来说的,后者则是就悲剧的内容而言的。前两者与后者紧密结合,引发观众的悲悯之情,从而实现卡塔西斯效应。另外悲剧不应写好人由顺境转入逆境,同样也不应让坏人由逆境转入顺境,更不能写极坏的人由顺境转入逆境,因为这三种写法都不具有道德的教益,都不能引起怜悯和恐惧的悲剧心理效应,也就不能达到情感净化的道德效果。

古希腊时期由柏拉图和亚里士多德确立起来的文学的道德功利主义观点在后世的诗人和理论家那里不断得到回应,使得艺术的实用观在历史上一直绵延不绝。古罗马时期,贺拉斯提出了诗歌具有教益和娱乐的双重功用:"诗人的愿望应该是给人益处和乐趣,他写的东西应该给人以快感,同时对生活有帮助。……寓教于乐,既劝谕读者,又使他喜爱,才能符合众望。"[11]中世纪时期,宗教被学理化,神学成为覆盖诸多学科的统领性学科,宗教和艺术之间的关系也被神学家们细加阐释和深入分析,文学的诗意性和激情特征被有意识地通过《圣经》与宗教类比,以达到宣扬宗教教义、柔化宗教刻板神圣特征的目的。如奥古斯丁的《忏悔录》采用主体性第一人称的陈述方式,以抒情的笔调独白和倾诉,来完成自我对个体的罪与恶的反思和忏悔。他的作品把文学的诗意形式与宗教的心灵忏悔的要求巧妙地结合起来,实现了宗教道德纯化的目的。文学在奥古斯丁与其继承者的视野中有着天然符合宗教的特性,并成为宗教道德塑造的适用手段之一。到了文艺复兴时期,诗人学者们对文学价值和功能还发生了激烈的争辩,诗人高森发表言论认为,诗歌是罪恶的学校,它作为虚构的艺术毫无价值。这种观点无疑带有着柏拉图关于"将诗人驱逐出理想国"的想法的烙印,但显然高森只抓住了柏拉图思想的一个侧面,于是锡德尼愤慨地为诗辩护,认为文学既要展现美德也要展示罪恶,"一切美德,罪恶和情欲都是在它们的自然状况中揭示了出来,以至我们似乎不是听人叙述它们而是清清楚楚地看透了它们"。[12]诗歌将美德和罪恶清楚明白地显现出来,并在叙述中隐含了价值评判,因而不能断定文学引发了罪恶,它的最终目的之一就是培养人的德性。"德行的受推崇,罪恶的受惩罚,其实这种赞美应该属于诗的",[13]它"在吸引人向往德行方面是无与伦比的"。[14]与西方从古希腊发源的关于文学功用的观点相比,中国社会的道德伦理特征更为明显,表现出文化的伦理中心主义倾向。道德要求不仅在经济、哲学和政治领域发挥举足轻重的作用,而且也浸染在文学艺术活动中。伦理型的文化模式必然生长出注重伦理的文艺创作和批评模式。中国的文学重视道德教化,不仅将其作为文学创作和评价的尺度,甚至把它奉为文学的目的。也就是说,中国传统的文学乃至文化是将求善作为自己的目的的,真和美是不太受到关注的。

在中国古代的文学创作和文学批评中,我们可以轻易地窥见其重德的倾向和传统。先秦的"诗三百"在孔子看来是"一言以蔽之,曰:思无邪"。对屈原的抒怀之作的评价也是将作者的志行与作品的意蕴结合在一起,用道德的眼光称赞"其文约,其辞微,其志洁,其行廉。……推此志也,虽与日月争光可也"(司马迁:《史记·屈原列传》)。此外,"比德"成为文学艺术的重要审美传统,诗、文中关于竹、梅、兰、雪、玉、石等等的自然物比比皆是,自然界中的一草一木、一山一石,在文学家的观照中借助了可比的伦理德行而生成了美感。换句话说,只有当自然物负载了某种伦理性质之后,它的美才焕发出来。不但抒情性的作品如此,叙事性文本也是这样。中国早期的神话中同样含有或隐或显的伦理原则,夸父逐日,在渴死之时掷其手杖而成桃林,荫庇后人;神农遍尝百草,虽九死一生而不悔;精卫日衔小石填入大海,功效甚微却不放弃……其中都蕴含着一定的精神和品格,道德指向和教化目的是明显的。而黄帝大战蚩尤、颛顼与共工之战等神话也同样如此,"把神祇分成善恶两类,分头代表历史事件中的正反两面。古代中国意识形态里的这种伦理意识十分强烈,在黑白二色伦理意识的关注之下,人们首先关心的是神话形象和艺术形象的'道德性质'"。⑮

如果说孔子论诗主要是看重它的文化社会功能,而并不以诗歌的情感抒发为旨归,但他的诗学观也并没有过分干涉和限制诗歌的情感表达,这从他整理《诗》而保留的篇目中即可看出,诗经的《国风》中就有若干表现男女情爱的篇目。这种传统到了西汉时期,《毛诗序》继承了儒家传统的文艺教化的基本观点,并进一步把它向更加实用的方向上推进:"故正得失,动天地。感鬼神,莫近于诗。先王以是经夫妇,成孝敬,厚人伦,美教化,移风俗。"在孔子的诗教传统的基础上,汉代学者进一步开掘《诗》的感染、熏陶和教化世人的实用价值。《诗大序》认为,统治者可以通过诗歌对臣民进行教化,而如果统治者失德,臣民也可以用诗歌对统治者进行讽谏,这就是"上以风化下,下以风刺上"的效用。相比先秦诗论而言,为了体现诗歌的修德作用,毛诗注释对诗歌的解释更加联系史实,更加具体化和政治化,因而,文学的道德实用主义的倾向也越发明显,情感表达和抒发的特性有意无意被忽略和隐蔽起来。这种状况到了后世愈演愈烈。东汉时,王充在《自纪》中说:"为世用者,百篇无害;不为世用,一章无补。"《佚文》篇更是直接声明:"文人之笔,劝善惩恶也。"文学受到关注的焦点已经日趋狭窄,眼光仅仅停留在道德品性的培养上。

随着儒家的道德观越来越趋向于理想主义,秦汉之后对文学的道德要求越来越紧固化、越来越实用化。文学在某种意义上已经成为伦理教化的纯粹工具,甚至直接将道德作为文学的内容和目标。这样做导致的结果就是对文学情感特质的直接漠视,文学的审美性质也被移植到道德功能上,成了道德理性的附属物。文学的美感生成与情感特征联系不大,它更多地取决于道德功效的实现与否。宋代周敦颐提出了"文以载道"的观点:"文所以载道也。……文辞,艺也;道德,实也。笃其实而艺者书之;美则爱,爱则传焉,贤者得以学而至之,是为教。"(《通书·文辞》)这不仅是理学家的声音,这种观点在宋代受到文人们的呼应,声气相通,成为大家的普遍认识。如石介认为:"道德,文之本也;礼乐,文之饰也;孝悌,文之美也;功业,文之容也;教化,文之明也;刑政,文之纲也;号令,文之声也。"(《上蔡副枢书》)王安石更是将文的本质限定在它的"有用"上:"且所谓文者,务为有补于世而已矣。"(《上人书》)

直到清末,文学的道德实用主义的倾向一直在中国文学史上据有着主流地位,黄遵宪、梁启超呼吁的"诗界革命",其实还是提倡一种工具教化论的观点,他们甚至将文学的实用价值无限夸大化。梁启超在《小说与群治之关系》一文中,将小说的作用提升到关乎国家兴亡的高度,认为"欲新一国之民,不可不先新一国之小说",⑯对小说寄予了热切厚望,盼望小说以"不可思议之力"来担负挽救国家危亡的重任,这显然是与他的儒家的入世精神和文学实用主义的立场相吻合的。

实际上,中国文学中文学和道德关系也有其复杂性,这主要表现在不同文学形式地位的不平等上。在文人视作正统和主流的文学类型——诗歌和散文中,文学坚定不移地贯彻道德济世的思想,和儒家规定的道德理性同进同退。于是在主流文学中文人们被压制住的情感和欲望表达需要寻找其他的抒发路径,于是诸如词、曲、小说等文学形式在历代文学中繁荣一时,但它们被文人所轻视,仅被视作小技和不登大雅之堂之作,这隐晦地体现出文人们的复杂心态。小说等文学形式似乎成了文人们认为可以堂而皇之抛开道德观念束缚,表达自身情感欲望的园地。显然,在主流的文学形式中,文学和道德关系亲密,而在非正统的文学形式中,文学表现出的则是非道德、反道德的一面,情感和欲望的表达成了主要内容。而文人们也在不同的文学形式中来回穿梭,面目变化自如,表现出文人道德的两面性,甚至虚伪性。这是儒家道德理想主义造成的怪相。善的要求被不断提炼和纯化,其实质已经成为远离人的情感和自由的不可企及的圣境,把它作为对生活中的人的切实要求,无疑只能让善转而成为束缚人的枷锁,文人们才会自觉不自觉地另辟蹊径寻找远离道德的突破口。这种不切实际的道德理想主义造成了文人们的双重人格,形成了中国文化的虚假性的劣根。就像李泽厚指出的那样:"世俗地主知识分子们很善于'生活'。他们虽然标榜儒家教义,实际却沉浸在自己的各种生活爱好之中:或享乐,或消闲,或沉溺于声色,或放纵于田园……"⑰

综观中西的文学传统,文学的道德实用主义的要求一直是绵延不断的。西方的学者们关注文学的社会功能,形成文学的审美和教育的双重性质的认识,这一具有一定辩证性的观点在柏拉图那儿就已经埋下了伏笔。而中国文学和文论中的道德功利主义的思想具体化为对儒家的入世精神和诗教传统的继承和发展,在中国文学中一直占据着主流地位,甚少被挑战和撼动过。历代的文人也多是自觉遵从儒家的功利主义要求,甚至将这一要求不断地推向极端化的境地。相对西方而言,中国文人们对文学和道德关系的处理功利性更强,将文学的审美情感特征和道德功利效果看作手段和目的的关系,这样就把文学工具化而基本无视文学和社会的相对疏离关系,文学与道德的关系表现得更加紧固化,却也更加简单化,直接将文学视作道德、政治的工具而使用。儒家重视品德修养的思想通过历代文人的诠释,不断受到补充和强化,而文学的情感特质则沦落到边缘甚至隐退的境地。黑格尔说过:"如果艺术的目的被狭窄化为教益……快感、娱乐、消遣就被看成本身无关紧要的东西了,就要附庸于教益,在那教益里才能找到它们存在的理由了。这就等于说,艺术没有自己的定性,也没有自己的目的,只是作为手段而服务于另一种东西,而它的概念就要到另一种东西里去找。"⑱黑格尔的这段话,精辟地批评了忽视文学艺术自身的审美娱乐特征的道德理想主义观点。而文学的道德功利主义的主张到了近代也开始受到了全面的质疑和挑战,这在西方文学和文论中表现得尤为明显,审美自由主义的主张开始勃兴。

注释:

①道德的通识性阐释是"道德是一定的社会为了调整人们之间以及个人和社会之间关系所提倡的行为规范的总和"(引自董学文、张永刚:《文学原理》,北京大学出版社2001年版,第256页)。显然,人们在伦理学学科范围中的道德界定的核心概念是"行为

规范",这种对自身和他人具有约束机制的道德观念是通过教育、舆论、习惯和传统等多种方式内化和积淀成为人们内心的规约,用以指导和校正人们的观念和行为。道德和伦理这两个概念在一般意义上是可以通用的,在西方,黑格尔曾对伦理和道德的内涵做出过区分,但也点明了两者间的紧密联系:"moral(道德)是指个体品性,是个人的主观修养与操守,是主观法;ethics(伦理)是指客观的伦理关系,是客观法。Ethics一旦化为个人的自觉行动,便成为一个人的内在操守,即为 moral,moral 以 ethics 为内容。"(引自黑格尔:《法哲学原理》,范扬、张企泰译,商务印书馆,1961年版,第42—43页。)国内当代的伦理学家们对道德和伦理这两个概念则基本持趋同看法,如罗国杰就认为:"'伦理'和'道德'的词源含义虽然不尽相同,但大体上是相通的。""无论在中国还是外国,'伦理'和'道德'这两个概念,在一定的词源含义上,可以视为同义异词,指的都是社会道德现象。"即使两者存在区别,那也只是"道德较多的是指人们之间实际的道德关系,伦理则较多的是指有关这种关系的道理。"(引自罗国杰等:《伦理学教程》,中国人民大学出版社1986年版,第2~4页)。何怀宏也认为这两个词"更多的是接近而不是分离。无论如何,两个概念的趋同还是主流……"(引自何怀宏:《伦理学是什么?》,北京大学出版社2002年版,第12页)。而当代西方学者威廉姆斯则把伦理和道德的关系看做广义和狭义的关系,用伦理指代伦理学的确定内容,而用道德指代较狭窄的系统。参见万俊人:《20世纪西方伦理学经典》(第四卷),中国人民大学出版社2005年版,第481页。

② [德]康德:《实践理性批判》,韩水法译,第142页,商务印书馆1999年版。

③ 董学文、李咏吟:《重建文学与道德的新型美学关系》,《北京社会科学》,2001年第3期。

④⑤⑥柏拉图:《柏拉图全集》(第二卷),王晓朝译,第368页、第368页、第630页,人民出版社2003年版。

⑦朱光潜:《西方美学史》(上卷),第84页,人民文学出版社1979年版。

⑧亚里士多德:《诗学》,罗念生译,第30页,上海世纪出版集团2006年版。

⑨马奇:《西方美学史资料选编》(上卷),第367页,上海人民出版社1987年版。

⑩聂珍钊:《文学伦理学批评与道德批评》,《外国文学研究》,2004年第2期。

⑪贺拉斯:《诗艺》,杨周翰译,第155页,人民文学出版社1962年版。

⑫⑬⑭[英]锡德尼:《为诗辩护》,钱学熙译,第26页、第32页、第15页,人民文学出版社1983年版。

⑮谢先骏:《神话与民族精神》,第214页,山东文艺出版社1986年版。

⑯梁启超:《梁启超文选》(下),第3页,中国广播电视出版社1992年版。

⑰李泽厚:《美的历程》,第192页,中国社会科学出版社1984年版。

⑱[德]黑格尔:《美学》第1卷,朱光潜译,第63页,商务印书馆1979年版。

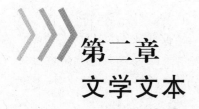

第二章
文学文本

第一节 文学话语的审美特征

我们一再强调文学的个性化,可见文学话语不是作为常规的语言结构存在的,而是以个性化的言语形式存在。了解文学话语的特征,将有助于我们更好地体会文本。

文学话语突出的特点之一首先是内指性。这是文学话语的一个普遍的和基本的特征,是文学语言无需外在验证而内在自足的特征。

描述外在的客观世界时,采用的是普通话语,具有外指性特点,"即指向语言符号以外的现实世界,必须符合现实生活的逻辑,经得起客观生活的检验,并必须遵守各种形式逻辑的原则"。[①]如填表时籍贯一栏会比较真实,地址比较详细,"李四,家住在某某市某某街某某号"。

而文学语言是为描述它自身构成的文学世界服务的,它只要遵循人的情感和想象的逻辑,而不必与客观事实一致。只要它描写的文学世界和思想情感是真实可信的就行,而不必非要到现实生活中寻求确证。如李白曰"黄河之水天上来",毋庸置疑,实际上黄河的源头在青藏高原,但我们知道这是李白为表达黄河之水的绵延和气势而有意为之,自然不会较真地指出其犯了所谓常识性错误。再如马尔克斯在《百年孤独》中塑造了一个充满了魔幻力量的哥伦比亚农村小镇:马孔多。那儿全镇人会集体失眠和健忘;奥雷良诺上校有惊人的预感,躲过了几次暗杀;其十几个私生子额上抹上灰泥后再洗不去;俏姑娘雷梅苔丝升天而去;阿玛兰塔预感到自己快死了便与死神结伴绣花给自己做裹尸布;死去的马乌里肖徘徊不去……这些不可能是现实,但在哥伦比亚的许多民间传说中有原型,也向我们艺术地展示了作者对哥伦比亚社会状况的认识,是一种夸张的、变形的、而又真实的反映。

其次,"文学话语中蕴含了作家丰富的知觉、情感、想象等心理体验"[②],具有丰富的心理蕴含。

从语言学的角度看,言语具有两种功能:一是指称功能,又称"能指"。所谓"能指",指语言的物质形象或"音响形象",具体包括字形和发音;二是表现功能,又称"所指",指语言包含的概念内涵。放在文学作品中扩大范围来看的话，文学作品中常常会出现很多意象，它们对应着不同的内涵。如"花前"、"月下"、"玫瑰"、"烛光"（能指），这些词会让人们想到浪漫的爱情（所指）。在文学言语中，表现功能被扩大，它不仅指向现实生活中的事物，更指向作家内心。如"鸿雁长飞光不度，鱼龙潜跃水成文"（张若虚《春江花月夜》）中，由于雁与鱼的意象在中国古典文学中常与音讯、故乡、亲人、思念等联系在一起，这两句诗也就不仅是描述景象那么简单了。

再如海子的《面朝大海，春暖花开》一诗，每当春天即将到来的时候，便见不少人QQ签名栏改为这句"面朝大海，春暖花开"，以表达对春天的期待和温暖的心情。这首诗从表面上看，表达了海子想做一个幸福的人的愿望。诗歌的话语纯朴、明净，心境平和、坦荡，描述的画面温馨、美好，这无疑给每个读者都带来一种春暖花开的好心情，所以往往被认为是一首满怀憧憬赞美生活的诗。然而，很遗憾，这仅仅是一种错觉。海子宣布要"从明天起，做一个幸福的人"，"从明天起"，一切都变得那么美丽温馨。那么今天呢，昨天呢？大概是不曾"喂马，劈柴，周游世界"，从不"关心粮食和蔬菜"，很久不"和每一个亲人通信"，告诉他们自己的近况，也没有关心过"每一条河每一座山""的名字"，他过着孤独、封闭的生活……总之，这意味着海子似乎不关心现实，与世俗生活疏于联系。今天，他不如意，不幸福。

那他关心的是什么呢？精神生活。海子一直都在渴望远离尘嚣，获得精神上的自由。这一愿望的不得实现使得他很痛苦，这首诗歌表现的就是他力图摆脱"形而上"的精神层面的苦恼，寻求世俗生活幸福的强烈愿望。可是，他能做到吗？

第一，他宣称："从明天起，做一个幸福的人/喂马，劈柴，周游世界。"这似乎表明了诗人要面向尘世，开始一系列的体验式行动。然而，他选择的方式还是"喂马，劈柴"这种原生态的周游方式，他始终无法走出自己内心深处的禁锢。

第二，他给予每个人祝福，包括："陌生人，我也为你祝福/愿你有一个灿烂的前程/愿你有情人终成眷属/愿你在尘世获得幸福。"此时的海子虽然宣布自己要开始俗世生活，虽然他还远离幸福，但仍然像一个站得远远的旁观者一样，只为别人的幸福而祈祷，这些幸福在他看来还是俗人的幸福，仍与他无关。

第三，"我只愿面朝大海，春暖花开"泄露了他内心的秘密，即前面他所罗列的尘世幸福都只属于别人，他仍然背负忧伤固执地坚守着自我，孤独地徘徊，根本无法真正走入尘世生活。可他的要求看似简单，其实最难实现。在当下的现实世界中，他怎能找到一个桃花源，实现物质与精神的双重满足呢？因而，无论是精神上还是世俗的幸福，与海子都相隔甚远。

可见，这首诗与其说是要拥抱世俗生活，不如说是逃避现实。海子无奈而努力地去适应、享受尘世生活，不去纠结精神层面的东西，但他做不到。当他最终无法承受生命中的精神重负之后，他选择去另一个世界实现这种幸福。这首诗歌完成后的两个月，海子在山海关附近卧轨自杀。

因此，在鉴赏文本时，要用心透过表层话语去感受其心理蕴含，才能触及其情感内核。

再次，文学话语还会追求阻拒性。所谓"阻拒性"，又称"陌生化"，指文学话语的新奇或反常的特征。

俄国形式主义文论家什克洛夫斯基将"陌生化"与"自动化"作为一组对立的概念提出来。"自动化"指按惯例组织的语言，往往缺乏创造性和新鲜感。如形容一个女子富有古典美，就说她的外貌是：柳叶眉、丹凤眼、樱桃小口一点点……这样的形容语句自然而然就涌现在人们心中，似乎无需思考。"陌生化"则相反，它打破了惯常的语言组织形式，给人以陌生感，却显出独特的个性，收到了新奇的效果。如若要形容铅笔写字的状态，"铅笔在纸上跳舞"恐怕是很多人首先想到的比喻，倘若有人将其视为"铅笔在纸上快乐地蹭痒痒"，相比之下自然令人倍觉新鲜有趣。

当代诗人于坚1992年创作的诗歌《0档案》，无论从形式还是从话语上来看，都极具阻拒性效果。这首诗以档案的形式展现了一个人现有的人生：出生、成长、恋爱、日常生活，并罗列了与其相关的表格与物品。所谓"档案"，指"分类保存以备查考的文件和材料"③。也就是说，档案原本由各种文件、表格等材料组成，它追随一个人一生，是个比较严肃的概念。而于坚将其融入诗歌这一文体中后，在刻板中体现了创新（它既不同于档案又不同于诗歌），严肃中兼容了喜感（对人一锤定音的各种评价中，还有"我在墙上画了一辆坦克洁白的墙公共的墙大家的墙集体的/墙被我画了一辆大坦克我犯了自由主义一定要坚决改过"这种如今令人忍俊不禁的句子），简洁中蕴含了丰富（人的一生就这样由他人用一些数字界定，由几份材料和表格定格）。诗歌用一串串数字将一个人的一生量化：

（"他"的档案）并不算太厚此人正年轻 只有50多页 4万余字
外加10多个公章 七八张像片 一些手印 净重1000克
身高170厘米以上 净重63公斤 腰8寸
肌肉30公斤 血5000CC 脂肪20公斤 骨头10公斤
毛200克 眼球1对 肝2叶 手2只 脚2只 鼻子1个

"他"的档案中充斥着这样的数字以及各种名词、动词、形容词，如"他"的诞生过程就用一组凌乱、独立的动词加以描述：

嚎叫 挣扎 输液 注射 传递 呻吟 涂抹
扭曲 抓住 拉扯 割开 撕裂 奔跑 松开 滴 淌 流

诗中没有传统的叙事、抒情，有的只是各种词语、动作的碰撞，各种隐喻、暗示的蜂拥而至。于坚说："写作是对词的伤害和治疗。你不可能消灭一个词，但是你可以伤害它、治疗它。……如果不伤害，又怎么可以建立起真正的关系。伤害是由于彼此关系的形而下化、具体化、现场化。"④要读懂这首诗，就要在一堆堆被于坚"伤害"过、"治疗"过的词语中寻求突围,在充满了阻拒性的词句、修辞、暗示中感受诗人对人生与人性的思考。

有关阻拒性还需要提醒注意几点:

第一,"作家们总是设法把普通话语,加工成陌生的、扭曲的、对人具有阻拒性的话语"⑤。说明阻拒性的话语还是建立在普通话语的基础上的。一味追求阻拒性而忽略了话语的沟通功能,文学话语就会成为不被理解的天书。

第二,"陌生化"话语被普遍使用后,会模糊其个性化,并可能转化为"自动化"话语。如泰戈尔擅长创作抒情短诗。"五四"时期,这一文学样式传入我国,形成了风靡一时的小诗创作。冰心、周作人等都创造过比较优秀的小诗,泰戈尔个人的话语就发展成了一种被普遍接受的语言结构了,而且至今还有影响。有一段流传很广知名度很高的话:"世上最遥远的距离,不是生与死的距离,不是天各一方。而是,我就站在你的面前,你却不知道我爱你。"围绕这段话的归属权,还形成过比较热烈的争执。开始很多人认定这是泰戈尔的作品,诗名即为《世界上最遥远的距离》,因为它与泰戈尔一贯的创作文体和风格极为相符,都是在短小精悍的诗句中蕴含着深邃的人生体验和哲理。但后来有人指出,其实这段话是香港当代女作家张小娴的杰作,而张小娴本人也出面认可了。之所以会出现这种张冠李戴的情况,着实因为张小娴这段话深得了泰戈尔的真传,泰戈尔的独特话语特色被张小娴学习吸收了。

有种通俗的说法,说第一个将女人的嘴巴形容为樱桃小口的人是天才,第二个是庸才,第三个则是蠢才了,这就说明陌生化的话语转变为自动化,被过度运用后,便会失去独创性和个性化。

第三,为求阻拒性,作家会花费一番匠心,甚至像杜甫那样"为人性僻耽佳句,语不惊人死不休"(《江上值水如海势聊短述》)。当然,陌生化的语言也不能滥用,否则会影响读者的阅读流畅性,还会产生审美疲劳。有时,平实通俗的语言也能达到创新的目的。

如赵树理形容三仙姑的妆容是"宫粉涂不平脸上的皱纹,看起来好像驴粪蛋上下了霜"(《小二黑结婚》)。当然,赵树理这种带有时代局限性的审美评价如今看来难免有些刻薄不厚道,中老年女性也有追求美的权利,但从文学话语的审美角度看,还是值得一赏的。为何不是"苹果、葡萄上下了雪"呢?一则苹果往往被用来形容红润健康的面色,自然不适合三仙姑粗糙暗黑的皮肤;二来苹果与葡萄又都外表光滑,即使通过霜看到其或红或紫的底色,也不至于像霜后的驴粪蛋那样干燥开裂。通过赵树理这句显得还有些粗俗的形容,我们清楚看到三仙姑脸上虽然粉多且厚,但还是遮不住其黝黑的底色,且那粉块干燥开裂,恐怕难有美感。

另外,文学话语还具有音乐性的特点。文学话语一贯讲究音乐美,尤其是诗歌、散文等文学形式。如《诗经》、汉乐府可以和乐而歌;宋词不似唐诗被吟咏,而是被传唱;汪曾祺的小说语言经个性化改造后也以音乐美为一大特点。

除此之外,文学话语还要兼顾生动性、凝练性、本色化等特点,才能于有限中生成无限,令人回味无穷。

最后，我们可以以王菲的一首歌曲——《催眠》的歌词（作者：林夕）为例，来进一步了解文学话语的审美特征。歌词如下：

  第一口蛋糕的滋味　　第一件玩具带来的安慰
  太阳下山　太阳下山　冰淇淋流泪
  第二口蛋糕的滋味　　第二件玩具带来的安慰
  大风吹　大风吹　爆米花好美
  从头到尾忘记了谁想起了谁　　从头到尾再数一回再数一回
  有没有荒废　　啦……
  第一次吻别人的嘴　　第一次生病了要喝药水
  太阳下山　太阳下山　冰淇淋流泪
  第二次吻别人的嘴　　第二次生病了需要喝药水
  大风吹　大风吹　爆米花好美
  忽然天亮　忽然天黑　诸如此类　远走高飞
  一二三岁四五六岁千秋万岁

  就内指性而言，我们可以从中一眼挑出几句代表句。首先如"太阳下山、太阳下山"这样一句我们熟悉到不能再熟悉的修辞句，熟悉到我们习以为常乃至会忽略它应用了修辞手法，但事实上，说太阳上山也罢，下山也罢，都是人们的一种心理感受而已。自然界的太阳默默地看着地球围着它转动，任由人类想象成它在繁忙地来去而我们岿然不动。自然，今天基本上无人不了解这一自然规律，而不会有人指出这一谬论，所以其内指性是根深蒂固的了。再有"冰淇淋流泪"一句。从离开冰柜被递到人们手中，冰淇淋就开始了它的融化过程，而在多愁善感的人看来，它不是在简单融化，而是在为什么或为谁而伤心流泪。对比蜡炬流下的热泪，冰淇淋的眼泪在人们心中更冰凉酸楚。还有那句"爆米花好美"。真正的爆米花如果要严格论美丑的话，恐怕只能从卖相上考究。但一般来说，热衷于爆米花的往往是孩子和年轻人，它出现的场合往往在电影院、公园、游乐园等娱乐场所，与之相伴的则多为满足了孩子对零食的向往，或者增进了朋友恋人间的互动。总之，捧一桶在怀里，无论独享或与身边的人分享，都会让人心满意足，嘴甜心甜，所以也难怪爆米花在他们的眼中是一派美丽的形象了。

  试想，倘若从歌者口中唱出的是客观的描述："地球转动，太阳升降"、"冰淇淋融化"以及"爆米花可吃"，这将是首多么干巴无味的歌曲啊。

  而这首歌乍听之下让人有些无所适从，无法了解其要表达的内容和感情。歌名明明是"催眠"，那与之相关的意象大概有床、黑夜、睡觉、轻拍、摇篮曲等，但这些都没有在歌词中出现。相反，歌词似乎与歌名风马牛不相及，出现的意象和表述方式像是呓语中一堆毫无关系的破碎意象的拼凑。然而细品之下，二者还是联系紧密的。

  西方人失眠后惯用数绵羊的方法来自我催眠，而歌曲中历数第一次、第二次其实就是类似催眠方法的体现。而为什么会失眠到需要自我催眠呢？这些从回忆的事物中就能见出端倪。"蛋糕"、"玩具",这些代表了儿时美好的回忆,无忧无虑的童年。"冰淇淋"、"爆米花"是朋友、恋人间约会看电影、去游乐园等必备之物。"吻别人的嘴",毫无疑问表明一个孩子长大了,迈出了恋爱的一步。结合这样的人生历程,"生病"、"喝药"自然也就并非生理病变那么简单了,倒更像是失恋、疗伤的隐晦表达。"从头到尾忘记了谁想起了谁",则说明主人公一次又一次循环重复着恋爱、失恋的过程,所受情伤如此之深,这也难怪需要自我催眠,希望忘记伤痛。最后,"一二三岁四五六岁千秋万岁",岂非主人公在暗暗鼓励自己:人总要不断长大,生活还要继续,爱情当然也会继续。

而岂止爱情经历如此。作为一首怀旧性颇强的歌曲,它又很难不让人们生发到更深远的人生经历中去。人一生要经历很多挫折受很多伤,有些伤害是轮回难以避免的,因而有人不免会想要逃回单纯快乐的童年,但最终又不得不告诉自己,生活没有回头路,我们还得要勇敢往前走。

总而言之,虽然这是一首充满了童趣意象的作品,但绝对不是一首童歌,而是一个成人很多曲折人生经验的总结,其中的情感基调是先悲伤沮丧后自我激励。所以相信真正听懂的人们,不仅不会被催眠到放弃对未来的追求,反而会愈战愈勇。这样,歌词就在阻拒性之中促使我们进一步去感受其心理蕴含,从而颇能让人回味不已。而作为一首歌词,其体现出的音乐性、生动性、凝练性等特点也自然不言而喻。

附:于坚《0档案》

档案室

建筑物的五楼 锁和锁后面 密室里 他的那一份
装在文件袋里 它作为一个人的证据 隔着他本人两层楼
他在二楼上班 那一袋 距离他50米过道 30级台阶
与众不同的房间 6面钢筋水泥灌注 3道门 没有窗子
1盏日光灯 4个红色消防瓶 200平方米 1000多把锁
明锁 暗锁 抽屉锁 最大的一把是"永固牌"挂在外面
上楼 往左 上楼 往右 再往左 再往右 开锁 开锁
通过一个密码 最终打入内部 档案柜靠着档案柜 这个在那个旁边
那个在这个高上 这个在那个底下 那个在这个前面 这个在那个后面
8排64行 分装着1吨多道林纸 黑字 曲别针和胶水
他那年30 1800个抽屉中的一袋 被一把角匙 掌握着
并不算太厚 此人正年轻 只有50多页 4万余字
外加10多个公章 七八张像片 一些手印 净重1000克
不同的笔迹 一律从左向右排列 首行空出两格 分段另起一行
从一个部首到另一个部首 都是关于他的名词 定义和状语
他一生的三分之一 他的时间 地点 事件 人物和活动规律

没有动词的一堆 可靠地呆在黑暗里 不会移动 不会曝光
不会受潮 不会起火 没有老鼠 没有病菌 没有任何微生物
抄写得整整齐齐 清清楚楚 干干净净 被信任着
人家据此视他为同志 发给他证件 工资 承认他的性别
据此 他每天8点钟来上班 使用各种纸张 墨水和涂改液
构思 开篇 布局 修改 校对 使一切循着规范的语法
从写到写 一只手的移动 钢笔从左向右 从一个部首
到另一个部首 从动词到名词 从直白到暗喻 从，到。
一个墨水渐尽的过程 一种好人的动作 有人叫道"0"
他的肉体负载着他 像0那样转身回应 另一位请他递纸
他的大楼纹丝未动 他的位置纹丝未动 那些光线纹丝未动
那些锁纹丝未动 那些大铁柜纹丝未动 他的那一袋纹丝未动

卷一 出生史
他的起源和书写无关 他来自一位妇女在28岁的阵痛
老牌医院 三楼 炎症 药物 医生和停尸房的载体
每年都要略事粉刷 消耗很多纱布 棉球 玻璃和酒精
墙壁露出砖块 地板上木纹已消失 来自人体的东西
代替了油漆 不光滑 略有弹性 与人性无关
手术刀脱铬了 医生48岁 护士们全是处女
嚎叫 挣扎 输液 注射 传递 呻吟 涂抹
扭曲 抓住 拉扯 割开 撕裂 奔跑 松开 滴 淌 流
这些动词 全在现场 现场全是动词 浸在血泊中的动词
"头出来了"医生娴熟的发音 证词：手上全是血
白大褂上全是血 被单上全是血 地板上全是血 金属上全是血
证词："妇产科""请勿随地吐痰""只生一个好"
调查材料：患感冒的往右去 得喉炎的朝前走"男厕"
X光在三楼 住院部出了门向西走100米 外科在305
打针的在一楼排队 交费的在左窗口排队 取药的排队在右窗口
挤满各种疼痛的一日 神经绷紧的一日 切割与缝合的一日
初诊和复发的一日 腐烂与痊愈的一日 死亡与诞生的一日
到处是治病的话与患病的话 求生的话与垂死的话 到处是
治病的行为与患病的行为 送终的行为与接生的行为
这老掉牙的一切 黏附着 那个头胎 那最初的 那第一次的
那条新的舌头 那条新的声带 那个新的脑瓜 那对新的睾丸

那些来自无数动词中的活动物 被命名为一个实词0

卷二　成长史

他的听也开始了 他的看也开始了 他的动也开始了
大人把听见给他 大人把看见给他 大人把动作给他
妈妈用"母亲" 爸爸用"父亲" 外婆用"外祖母"
那黑暗的 那混沌的 那朦胧的 那血肉模糊的一团
清晰起来 明白起来 懂得了 进入一个个方格 一页页稿纸
成为名词 虚词 音节 过去时 词组 被动语态
词缀 成为意思 意义 定义 本义 引义 歧义
成为疑问句 陈述句 并列复合句 语言修辞学 语义标记
词的寄生者 再也无法不听到词 不看到词 不碰到词
一些词将他公开 一些词为他掩饰 跟着词从简到繁
从肤浅到深奥 从幼稚到成熟 从生涩到练达 这个小人
一岁断奶 二岁进托儿所 四岁上幼儿园 六岁成了文化人
一到六年级 证明人张老师 初一初二初三 证明人
王老师 高一高二 证明人 李老师 最后他大学毕业
一篇论文 主题清楚 布局得当 层次分明 平仄工整
对仗讲究 言此意彼 空谷足音 文采飞扬 言志抒情
鉴定:尊敬老师 关心同学 反对个人主义 不迟到
遵守纪律 热爱劳动 不早退 不讲脏话 不调戏妇女
不说谎 灭四害 讲卫生 不拿群众一针一线 积极肯干
讲文明 心灵美 仪表美 修指甲 喊叔叔 叫阿姨
扶爷爷 挽奶奶 上课把手背在后面 积极要求上进
专心听讲 认真做笔记 生动活泼 谦虚谨慎 任劳任怨
不足之处:不喜欢体育课 有时上课讲小话 不经常刷牙
小字条:报告老师 他在路上拾到一分钱 没交民警叔叔
评语:这个同学思想好 只是不爱讲话 不知道他想什么
希望家长 检查他的日记 随时向我们汇报 配合培养
一份检查:1968年11月2日这一天 做了一件坏事
我在墙上画了一辆坦克洁白的墙公共的墙大家的墙集体的
墙被我画了一辆大坦克我犯了自由主义一定要坚决改过
药物过敏史:症状来自医生 母亲等家长的报告
"宝贝"日服3回 每次4—6片 用药后面部有红斑
"好孩子"日服三回 每次1片 症状同上 红斑较轻

"乖"(外用 涂患处)涂抹后患者易发生嗜睡现象
"大灰狼来啦 妈妈不要你啦"(兴奋剂)服后患者易眩晕
微量元素配合表:(又名施尔康)爱护 关心 花朵 草
芽 苗苗 小的 嫩的 甜蜜的 金色的(每片含25微克)
天真的 纯洁的 稚气的 淘气的(每片含25微克)
牵着 领着 抱着 带着 慈祥地看着 温柔地抚摸着
轻拍 摇晃 叮咛 嘱咐 循循善诱 锻炼 嫁接
陶冶 矫治 校正 清除 培养 关怀 误伤(各50微克)
名牌催眠灵:明天或等你长大了(终身服用)
填料:牛奶 语文 水果糖 历史 巧克力 鸡蛋炒饭
三光日月星 四诗风雅颂 钙片 义务劳动 鱼肝油
果珍 报告会 故事会 大会 五千年 半个世纪 十年来
连续三年 左中右 初叶 中叶 最近 红烧 冰镇 黄焖
油爆 叉烧 腌 卤 熬 味精 胡椒粉 生抽王 的成就
的耻辱 的光荣 的继续 的必然 的胜利 的伟大 的信心
成绩单:优 合格 甲 三好 95 一等 评比第一名
产品鉴定书:身高170厘米以上 净重63公斤 腰8寸
有头发 有酒窝 有胡须 有睾丸 有眼珠 有肱二头肌
有三室一厅 有音响 有工资 有爱好 有风度 有爱心
会体贴 会跳舞 会唱歌 会写作 会说话 会睡觉
耳朵是耳朵 鼻子是鼻子 腿是腿 手是手 肛门是肛门
左右耳听力1.5公尺 肝未触及 心肺膈无异常(医师签字)

卷三 恋爱史(青春期)
在那悬浮于阳光中的一日 世界的温度正适于一切活物
四月的正午 一种骚动的温度 一种乱伦的温度 一种
盛开勃起的温度 凡是活着的东西都想动 动引诱着
那么多肌体 那么多关节 那么多手 那么多腿 到处
都是无以命名的行为 不能言说的动作 没有呐喊 没有
喧嚣 没有宣言 没有口号 平庸的一日 历史从未记载
只是动作的各种细节 行为的各种局部 只是和肉体有关
和皮肤有关 和四肢有关 和茎有关 和根有关 和圆的有关
和长的有关 和弹性的有关 和柔软的有关 和坚硬的有关
和汁液有关 和摩擦有关 和交流有关 和透气有关
和开放有关 和进攻有关 和蹦踢 喷射 冲刺有关

（回忆）那一日 他们 同班男生 全是13岁 涌进来
学校的男厕 墙上画着禁止的一切 好多动作 手淫这个动作
强奸这个动作 梅毒这个动作 海洛因这个动作 坏的这类动作
手淫是最初的动词 男人的入场券 手黏乎乎 立刻完事
温度正好 尝到了那种小甜头 亚当们 找不着词儿宽恕自己
他们要的词外面没有 外头是母校这个名词 教室这个名词
外头是花园 水池 黑板 大操场 阅览室 书这些名词
和他手上的活毫不相干 男孩们憋得慌 只好做些暧昧的手势
编了些暗语来咕噜 互相逗着 交谈那种体验 走出公厕
去上课 听讲 记录 背诵 测验 答问 考试 温习
批复：把以上23行全部删去 不得复印 发表 出版

卷四　日常生活

1　住址

他睡觉的地址在尚义街6号 公共地皮
一直用来建造寓所 以前用锄头 板车 木锯 钉子 瓦
现在用搅拌机 打桩机 冲击电钻 焊枪 大卡车 水泥
大理石 钢筋 浇灌 冲压 垒 砌 铆 封
钢窗 钢门 钢锁 防10级地震 防火 防水灾
A—B—C—503室 是他户口册的编码 A代表
他所在的区 B代表他那一幢 C代表他那个单元
5指的是他的那一层楼 03才是他的房间

2　睡眠情况

他的床距地面1.3米 最接近顶盖的位置 一个睡眠的高度
噪音小 干燥通风 很适于储藏 存集 搁置 堆放
晚上10点 他拉上窗帘 锁好门 熄灯 这是正式的睡眠
中午 他睡长沙发 不脱衣裤 只脱鞋 盖上一床毯子
睡觉的好日子 是春天 睡得长 睡得好 睡得不想醒
睡觉的坏日子 是6月至9月 热 闷 一次睡眠要分几回
多次小觉 才能完事 秋天睡得最长 蚊子苍蝇不来打扰
不用搔抓 放心睡 大觉 冬天他9点上床 有电热毯

3　起床

穿短裤 穿汗衣 穿长裤 穿拖鞋 解手 挤牙膏 含水

喷水 洗脸 看镜子 抹润肤霜 梳头 换皮鞋
吃早点 两根油条一碗豆浆 一杯牛奶一个面包 轮着来
穿羊毛外套 穿外衣 拿提包 再看一回镜子 锁门
用手判断门已锁死 下楼 看天空 看手表 推单车 出大门

4　工作情况
进去 点头 嘴开 嘴闭 面部动 手动 脚动
头部动 眼球和眼皮动 站着 坐着 面部不动 走4步
走10步 递 接过来 打开 拿着 浏览 拍 推 拉 领取
点数 蹲下 出来 关上 喝 嚼 吐 量 刷 抄 弯着
东经35度 北纬20度之间 半径200公尺 海拔500公尺 气温
22摄氏度 东南风3级 时间8点到12点 2点到6点

5　思想汇报
(根据掌握底细的同志推测怀疑揭发整理)
他想喊反动口号 他想违法乱纪 他想丧心病狂 他想堕落
他想强奸 他想裸体 他想杀掉一批人 他想抢银行
他想当大富翁 大地主 大资本家 想当国王 总统
他想花天酒地 荒淫无度 独霸一方 作威作福 骑在人民头上
他想投降 他想叛变 他想自首 他想变节 他想反戈一击
他想暴乱 频繁活动 骚动 造反 推翻一个阶级

6　一组隐藏在阴暗思想中的动词
砸烂 勃起 插入 收拾 陷害 诬告 落井下石
干 搞 整 声嘶力竭 捣毁 揭发
打倒 枪决 踏上一只铁脚 冲啊 上啊
批示：此人应内部控制使用 注意观察动向 抄送 绝密
内参 注意保存 不得外传"你知道就行了 不要告诉他"

7　业余活动
一直关心着郊外的风景(下马村以远)
锤炼出不少佳句 故乡10公里处的麦芒 有幸被他提及
(见《雨中》)偶尔 雅正《志摩的诗》(志摩 现代诗人
留学英国 毕业于剑桥 著有《莎扬娜拉》曾译成日文
英文 法文 意大利文 塞尔维亚文和非洲16国文字)

常常 沿着一条19世纪的长街散步(尚义街 属五华区
计有2处公厕 3家川味火锅店 12根电线杆 1个邮局
1家发廊 6个垃圾桶 3条胡同 14道大门 3条大标语
2个广告牌 10张治病海报 寻人启示 铺面出租)
每周 洗1回衣服 看2场电影 买7次小报(晚报 文摘周刊)
做80个仰卧起坐 逛商店6小时(分3回 每回2个钟头)
每天 零食20克蛋糕 20克葵花子 3条口香糖 1包花生米
3克水果糖 看1次日历 看8回手表 坐下去9次 蹲20分钟
躺下去11回 靠着4个小时 背着手 枕着手 手在
裤袋里 手在杯子上 手垂着 手松开 脚跷着 脚点着地板
脚弯曲着 脚套着拖鞋 脚在盆里 脚在布上面 脚赤着
每晚 拿掉布罩 按下ON 看广告 看新闻联播 看天气预报
看动物世界 看唱歌 看跳舞 看30集电视连续剧
看广告 看外国人 看广告 看大好河山 看广告 看
球 花 衣服 水 看广告 看明天节目预告 看今天节目到此
结束 祝各位晚安 看屏幕一片雪花 按下OFF

8　日记
×年×月×日 晴 心情不好 苦闷 ×年×月×日
晴 心情好 坐了一个上午
×年×月×日 天又阴掉了 孤独 下雨 下午继续睡
×年×月×日 睡了一天
某年某月某日感冒 某日刮风 某日热 某日冷 某日等待某某
某年某月某日 新年 某日 生日 某日 节日

卷五　表格
1　履历表登记表会员表录取通知书申请表
照片 半寸免冠黑白照 姓名 横竖撇捺 笔名11个(略)
性别 在南为阳 在北为阴 出生年月 甲子秋 风雨大作
籍贯 有一个美丽的地方 年龄 三十功名尘与土
家庭出身 老子英雄儿好汉 老子反动儿混蛋
职业 天生我才必有用 工资 小菜一碟 何足挂齿
文化程度 少壮不努力 老大徒伤悲 本人成分
肌肉30公斤 血5000CC 脂肪20公斤 骨头10公斤
毛200克 眼球1对 肝2叶 手2只 脚2只 鼻子1个

婚否 说结婚也可以 说没结婚也可以 信不信由你
政治面目 横看成岭侧看成峰 远近高低各不同 民族
遥远的东方有一条龙 星座 八字 属相 手相 胎记
遗传 绰号 面部特征 口音 指纹 脚印 血型
家庭成员及社会关系 父亲 档案重 3000 克 前半生
尚缺 500 克 待补 母亲 档案重 2500 克 兄弟姐妹
档案各重 1000 克 侄儿侄女 档案各重 10 克 爷爷 祖母
大伯 二外公 大舅妈 档案重 5000 克 均已故去
简历 某年至某年 在第一卷 某年至某年在第二卷
某年某年 在 B 卷（距单位 500 米 本区医院内科）
某年至某年 在第三卷 某年至某年 在第四卷

2　物品清单
单人床 1 张（已加宽两块木版 床头贴有格言两条
贝尔蒙多照片 1 张 女明星全身照 1 张）
写字台 1 张（五抽桌 半旧）内有：信纸 信封
日记本 粮票 饭菜票 洗澡票 购物票
工作证 身份证 病历本 圆珠笔 钢笔
狼毫 羊毫 梳子 7 把 钥匙 27 把
（单车钥匙 暗锁钥匙 挂锁钥匙 软锁钥匙
铜钥匙 铝钥匙 铁皮钥匙各多少不等）
坏的国产海鸥表 1 只 电子表 2 个（坏的）胃舒平 1 瓶半
去痛粉 20 包 感冒清 1 瓶 利眠灵半瓶 甘油 1 瓶 肤轻松
零散的药丸 针剂 粉 膏 糖衣片 若干
方格稿纸 3 本 黑墨水 1 瓶 蓝墨水 1 瓶 红墨水 1 瓶
风景名胜纪念章 7 枚
书架 1 个 高 1.5 米 长 1.2 米 共 5 层 计有：选集 3 种
全集 1 种 辞海 1 套《现代汉语》1 套《中文自修辅导手册》
《自学》杂志《性知识手册》《金瓶梅评论集》《大全》
《博览》《世界地图》《中国长联三百三》《健康与食物》
《摄影小经验两百条》《作为意志和表象的世界》《日语入门》
旧杂志 15 公斤 旧挂历 15 公斤 废纸 20 公斤
单价 旧杂志 每公斤 0.20 元（挂历废纸同价）
书 每公斤 0.40 元
工艺品 6 种：维纳斯半身石膏像 大卫石膏像 瓷奔马 1 匹

陶制狮子1尊 雄鹰1只 美洲豹1头
皮箱1个(全新 有卫生球味 号码锁)内有全新西装两套
金利来领带1条(红色) 猩红色麦尔登呢1块(长4米 幅宽
1.5米) 丝绸被面2块 全新大像册1本(无照片)
木箱1只(系旧肥皂箱)内有 棉衣1件(压底) 旧军装2件
旧中山装2套 旧拉链夹克3件 喇叭裤1条(裤脚边已磨破)
牛仔裤2条(五成新) 旧袜子7双 短裤 汗衫 毛巾若干
吉他1把(九成新 弦已断 红棉牌)
玻璃压板1块(压着明信片2张 照片3张 1张他本人柔光照
大8寸 秋天 前景为落叶 之二为集体照 公园门口合影
他 前排左起第9人 之3为一女性照片 该人
姓名 年龄 工作单位 出身 政治面目 行踪均不详)
黑白电视机1台 军用水壶1个 汽车轮子内胎1个 痰盂缸1个
空瓶13个 手电筒1个 拖鞋8双(5双已不能使用)
旅游鞋1只(另1只去向不明,幸存的九成新)
三接头皮鞋2双(半高跟有掌)1双是棕红色
信一扎35封(寄信人地址有 本市 内详
某电视台观众信箱 卫生知识专题竞赛筹委会
×市×胡同×号 街246号甲707室)
红梅牌小收音机1架 大搪瓷碗1个 靠背椅1把(藤皮多处断裂)
沙发1个(长1米8 面料已发亮 弹簧露出2个)
方便面7包 咖啡半瓶(雀巢牌) 电炉1只(1000瓦)
垫单3床(均已旧 有斑块和破损) 羽毛球2个 乒乓球拍1只
扑克牌3副(一副九成新 另外两副已缺失 混而为一)
围棋子7粒(白3黑4) 分币71枚(地上
抽屉共有伍分币18枚 贰分币30枚 其余为壹分币 小纸币)

卷末(此页无正文)
附一 档案制作与存放
书写 誊抄 打印 编撰 一律使用钢笔 不褪色墨水
字迹清楚 涂改无效 严禁伪造 不得转让 由专人填写
每页300字 简体 阿拉伯数字大写 分类 鉴别 归档
类目和条目编上号 按时间顺序排列 按性质内容分为
A类 B类 C类 编好页码 最后装订之前 取下订书钉
曲别针 大头针等金属 用线装订 注意不要钉压卷内文字

由移交人和接收人签名 按编号找到他的那一间 那一排
那一类 那一层 那一行 那一格 那一空 放进去 锁好
关上柜子 钥匙 旋转360度 熄灯 关上第一道门
钥匙 旋转360度 关上第二道门 钥匙
旋转360度 关上第三道门 钥匙 旋转360度
关上钢铁防盗门 钥匙 旋转360度
拔出

注释：

①童庆炳：《文学理论教程》（修订版），第178页，高等教育出版社1998年版。
②童庆炳：《文学理论教程》（修订版），第179页，高等教育出版社1998年版。
③《现代汉语词典》（第五版），第274页，商务印书馆2005年版。
④于坚：《棕皮手记》，第296～297页，东方出版中心1997年版。
⑤童庆炳：《文学理论教程》（修订版），第179页，高等教育出版社1998年版。

第二节 文学文本的意蕴

通行文论教材的编者综合古今中外对文本层次的探讨，将文学文本分为文学语言、文学形象和文学意蕴三个层面。①这样划分的主要理论根源一是中国古代玄学家王弼的《周易略例》中关于文本构成因素"言、象、意"三个层次的理论，二是德国哲学家黑格尔提出的一件艺术品由"直接呈现给我们的东西"和由"它""能指引到的一种意蕴"两个方面构成的见解。为了更加全面地了解王弼和黑格尔的观点，也为了能够准确地理解它们，不妨将王弼和黑格尔的相关论述引之于下：

王弼《周易略例》说："夫象者，出意者也。言者，明象者也。尽意莫若象，尽象莫若言。言生于象，故可寻言以观象；象生于意，故可寻象以观意。意以象尽，象以言著。"②

很显然，王弼关于"言、象、意"三者的关系的论述，是就一切以言语为媒介记事、状物、表情、达意的文本而言，并非单指文学文本，当然，也包括文学文本在内。

黑格尔在《美学》第一卷中指出："遇到一件艺术作品，我们首先见到的是它直接呈现给我们的东西，然后再追究它的意蕴或内容。前一个因素——即外在的因素——对于我们之所以有价值，并非由于它所直接呈现的；我们假定它里面还有一种内在的东西，即一种意蕴，一种灌注生气于外在形状的意蕴。那外在形状的用处就在指引到这意蕴。因为一种可以指引到某一意蕴的现象并不只是代表它自己，不只是代表那外在形状，而是代表另一种东西，就像符号那样，或则说得更清楚一点，就像寓言那样，其中所含的教训就是意蕴。……艺术作品应该具有意蕴，也是如此，它不只是用了某种线条，曲线，面，齿纹,石头浮雕,颜色,音调,文字乃至于其它媒介,就算尽了它的能事,而是要显现出一种内在的生气,情感,灵魂,风骨和精神,这就是我们所说的艺术作品的意蕴。"③

黑格尔说得很明确,他所说的"意蕴",是指艺术作品的灌注于外在形状的"生气、情感、灵魂、风骨和精神"。

不难看出,王弼的论断侧重的是"意"对"象"、"象"对"言"的依赖性及三者的关系;黑格尔强调的是艺术作品应该在直接呈现给观众的视觉对象以外有内在层面的东西——意蕴。单就文学而言,因其是用语言为符号创造形象、传达作者对社会、人生的理解、认识、情感和态度的,其意蕴的深浅自然离不开语言表达技巧的高低和形象的典型性程度。但如果说,"文学意蕴层面,是指文本所蕴含的思想、感情等各种内容"④则失之简单肤浅。无论是王弼所说的由象而出的"意",还是黑格尔所说的"生气、情感、灵魂、风骨和精神",都不是"思想、感情等"可以涵盖得了的。联系古今中外那些意蕴深厚,让人涵咏不尽、常读常新的优秀的文学作品,则不由得让人感佩还是黑格尔对意蕴的界定——"要显现出一种内在的生气,情感,灵魂,风骨和精神,这就是我们所说的艺术作品的意蕴"——精辟!

思想毫无疑问属于文学文本的内在层次,但不一定构成作品的意蕴。意蕴能使文本生气灌注,思想却并不都具有这样的功能。有些文学文本缺少作者真切的生活体验和独特的人生感悟,只是图解现成的思想成果,即使被图解的思想经实践证明是正确的,也脱不了公式化、概念化的窠臼,不能使作品生气灌注。马克思、恩格斯非常赞赏莎士比亚剧本情节的生动性和丰富性,而批评斐迪南·拉萨尔的剧本《弗兰茨·冯·济金根》"最大的缺点就是席勒式地把个人变成时代精神的单纯的传声筒"⑤。究其因,除了莎翁善于通过场面和情节让思想和情感自然而然地流露出来,席勒则没有做到这一点,在艺术表现技巧方面两者存在差异以外,更重要的应该是席勒因没能在作品中传达出自己独特深刻人生感悟,使作品少了一些生气和精神!这是思想不一定使作品富有意蕴的一个有力的证明。

情感毫无疑问也属于文学文本的内在层次,但也不一定能使作品富有意蕴。因为情感有高尚与卑劣、真挚与虚假之分。高尚、真挚的情感因契合人类对真善美的热爱,能激发人们对崇高和美好的向往追求而使文学文本有了令人崇敬的灵魂、引人向上的精神,从而富有意蕴;而文学文本中卑劣、虚假的情感或者使人难以卒读,甚至对人造成精神污染,哪里还有文学意蕴可言!

什么样的思想、情感才能使文学文本生气灌注,具有灵魂、风骨和精神呢?答曰:融入了作者的生命体验、人生感悟,化为作者血和肉的思想、情感!屈原《离骚》中"虽九死其犹未悔"的誓言,陶渊明"觉今是而昨非"的人生感悟,李白"安能摧眉折腰事权贵,使我不得开心颜"的呼喊,杜甫"亲朋无一字,老病有孤舟"的人生体验,李煜成为阶下囚后如一江春水般的愁,苏东坡"长恨此生非我有,何时忘却营营"的慨叹,《红楼梦》中饱和着的曹雪芹一生的痴情和满腔的辛酸泪……古今中外一切优秀文学作品传达给读者的伟大深邃的思想、真挚悠远的情感,都是作品意蕴的有机组成部分。

现行文论教材又将文学文本的意蕴分为"历史内容层"、"哲学意味层"和"审美意蕴层",这种分法对读者领会、体悟文学文本的丰富内涵、并从理论角度对之有所把握不无益处。但应该指出,无论属于"历史内容层",还是属于"哲学意味层"、"审美意蕴层",文学文本的意蕴都离不开作者在文本中表现出来的精、气、神,也就是黑格尔所说的生气、灵魂、风骨和精神。不妨以现行文论教材划分的意蕴层次为序,以具体作品为例,谈谈灵魂、风骨和精神是使文本生气灌注的不可或缺的元素。

先说意蕴的"历史内容层"。那些直接以历史事件为题材,或展现了一定历史时期生活画卷的作品,无疑包含着丰富的历史内容。中国四大古典名著中的《三国演义》、《水浒传》、《红楼梦》都是历史内容丰富的杰作,它们让读者仿佛看到了千百年间发生在不同历史阶段的权谋者们波诡云谲的权力角逐、"忠良"与"权奸"的波澜壮阔的生死搏斗,以及簪缨贵族一步步走向没落衰亡的脚印。即便是《西游记》,一般被认为是神魔小说,也不能说一点没有表现出唐代社会生活的内容:比如,佛教的广泛流传和兴盛,朝野对这种外来宗教的热情以及反佛力量的抗争等等。杜甫被称为"诗圣",是因为他的诗作为我们留下了"安史之乱"前后社会生活的历史画卷。然而,这些作品具有丰富的意蕴并不仅仅因为它们以历史事件为题材,或因其描写了生动的历史生活画面,更在于作者在文本中倾注了深沉的历史沧桑感,对忠、奸、善、恶的或褒或贬或赞扬或鞭挞的鲜明的态度,及其强烈的悲天悯人的情怀!是这些使文本具有了灵魂和生气。试想一下,读过上述作品的人,每当回忆起它们的时候,浮现在脑际的是魏、蜀、吴之间为了占据地盘、争夺皇位而进行的一系列战争以及战争的具体步骤呢,还是城府很深、善于韬光养晦的刘备,文韬武略过人,"宁可负天下人也不教天下人负我"的乱世枭雄曹操,智谋超群的诸葛亮,才高气狭的周瑜,以及他们之间斗智斗勇的谋略及其由此产生的许多让人说不清道不明的处世为人的计谋韬略、精髓神韵呢?是高俅、蔡京等权奸为代表的统治者与梁山泊英雄好汉之间的压迫与反压迫的一场场殊死的搏斗,还是宋江、李逵、武松、林冲、鲁智深、吴用……一个个鲜明生动的人物形象以及他们在艺术舞台上气势恢宏的表演留给后人无尽的深思呢?是荣宁二府由盛至衰的历程让人认识到封建贵族必将灭亡的历史走向,还是宝、黛、钗的爱情、婚姻悲剧以及其他女性各自的归宿让人不由得反复回味作品中"好便是了,了便是好"的《好了歌》呢?应该说,作品在不同读者心中留下的回响是有区别的。但毋庸讳言,上列选项中后一种在人们心中回荡的力度、深度和持久度是前一种无法与之匹敌的。或者可以说,正是文学文本引起读者心中后一种反应的元素,构成了文学意蕴的主要成分,这是作品的精、气、神之所在。

有些作品虽然不以历史事件、历史人物或一定历史时期的社会生活为描写对象,但并不表明其不包含一定的历史内容,具有一定的历史意蕴。比如宋代诗人陆游和开国领袖毛泽东都有一首词牌为[卜算子]题为《咏梅》的词。陆词全文为:

驿外断桥边,寂寞开无主,已是黄昏独自愁,哪堪风和雨! 无意苦争春,一任群芳妒,零落成泥碾作尘,只有香如故。

毛泽东的词全文是:

  风雨送春归,飞雪迎春到,已是悬崖百丈冰,犹有花枝俏。 俏也不争春,只把春来报,待到山花烂漫时,她在丛中笑。

  这两首词都是有意蕴的。两位词人吟咏的都是梅花,陆游寄寓在梅花身上的是封建文人怀才不遇且虽经受嫉妒、打击,但仍不改高洁的本性、孤芳自赏的情怀。毛泽东则借梅花傲然绽放在冰雪悬崖上,当春风骀荡山花烂漫时却融入花海,与百花共享春天来抒发革命者在夺取政权艰苦卓绝的斗争中迎风斗雪、英勇不屈的精神和胜利之后不居功不自傲的宽广胸怀。也可以说,这两首词包含着历史内容。因为陆游抒发的不被赏识、遭受嫉妒、只能孤芳自赏的情怀正是封建时代他那样的文人才有的生活感受;毛泽东的《咏梅》词表达的情怀则只能在以解放全人类为目标的共产主义事业成为历史活动重要内容的时代才可能产生。应该强调,是词人寄托于他们笔下的梅花形象中的人生体验、志向情趣和胸襟怀抱,构成了两首词不同的意蕴。人生体验、志向情趣、胸襟怀抱是两首词的灵魂和精神。

  再说哲学意味层。"哲学",《现代汉语词典》的解释是:"关于世界观的学说。是自然知识和社会知识的概括和总结。哲学的根本问题是思维和存在、精神和物质的关系问题,根据对这个问题的不同回答而形成唯心主义哲学和唯物主义哲学两大对立派别。"⑥文学与哲学的共同点在于它们都表达人类对宇宙人生的体验、感悟和思考,只不过表达的重点和方法不同而已。从表达方法方面看,文学是一种用语言造型、以情感人的艺术,与研究"思维和存在、精神和物质的关系问题"的哲学的根本区别在于一个示人以形象并引发读者丰富的想象、联想、体验、感悟;一个提供给人概括总结出来的抽象思维的命题或成果,激发人们更加深入地探究思维与存在、精神与物质的关系问题。从表达的内容方面看,文学更注重的是人对生活的体验、感受;而不像哲学,更加注重的是世界观方面的系统知识。然而,谁能说人的生活感受和体悟中没有人类对人为何物的终极思考、对生命价值的终极关怀呢?当陶渊明在《饮酒》中写出"采菊东篱下,悠然见南山。山气日夕佳,飞鸟相与还。此中有真意,欲辩已忘言"⑦的诗句时,岂不表明诗人对自然、人生的"真意"已有了深切的体悟和思考?唐代张若虚在《春江花月夜》中发出"江天一色无纤尘,皎皎空中孤月轮。江畔何人初见月?江月何年初照人?人生代代无穷已,江月年年望相似;不知江月待何人,但见长江送流水"⑧的浩叹,不正是对人与自然的关系的终极追问么?更别说哲理诗中那些脍炙人口、引人深思、启人智慧的名句:"欲穷千里目,更上一层楼";"不识庐山真面目,只缘身在此山中";"沉舟侧畔千帆过,病树前头万木春"……无一不是作者人生体验、感悟的结晶,也无一不能启发读者透过眼前景、身边事去思索、领会人生真谛。

  要着重说明的是,文学文本中的哲学意味,并不只是哲理诗中才有,陶渊明的《饮酒》

和张若虚的《春江花月夜》就不是哲理诗；也不仅是诗中才有，小说、散文、剧本同样可以具有哲学意味。余华的小说《十八岁出门远行》和《活着》便颇有哲学意味。《十八岁出门远行》写一个十八岁的青年在父亲的鼓励下走出家门去认识外面的世界，从早晨走到黄昏，也没有走进一家旅店。后来他搭上了一辆开往自己来的方向的个体贩运苹果的卡车，再后来就碰上了一系列让他匪夷所思的事情：司机由不友好到变得像哥儿们似的、卡车抛锚、车上的苹果被一伙人哄抢、自己拼命阻止抢劫行为遭到痛打司机却看着直乐、最后连卡车部件都被哄抢者拆卸带走，司机也跳上了哄抢者开来的拖拉机并带走了出门前父亲为自己准备的红背包。这篇小说的哲理意味何在？读者自然可以见仁见智。但小说中有几句话却令人回味不已："我在路上遇到不少人，可他们都不知道前面是何处，前面是否有旅店。他们都这样告诉我：'你走过去看吧。'我觉得他们说得太好了，我确实是在走过去看。"当青年坐到司机身边，问他车往何处开时，他却回答"开过去看吧"。一个年轻人，离别父母、走出家门，初次踏入社会，他"像一匹兴高采烈的马一样欢快地奔跑了起来"。而他在家门以外遇到了什么呢？司机起初的冷漠，及其对车往何处开、苹果被抢的漫不经心，最终抢走了青年的红背包将被拆得七零八落的汽车和被打得遍体鳞伤的他留在路上随着抢劫者哈哈大笑而去；还有那些骑着自行车、开着拖拉机来实施抢劫的人的目无法纪，毫不讲理，其中甚至还有孩子！这就是年轻人第一次踏入社会所看到的。这是成人社会给初出茅庐的年轻人上的第一课！这一课，让他感受到在父母的羽翼下阳光非常美丽、温和，无忧无虑地玩耍的生活与成人世界的巨大落差！让他感到浑身冰凉！《十八岁出门远行》也让一些读者感到困惑，认为小说具有荒诞色彩。而读者困惑之处，正是作品的哲学意味所在。想想吧，一个对社会、人生怀有梦想和憧憬的青年兴冲冲地走出家门，现实对他来说还是一个未知的天地。他在"走过去看"的路途中，必然会经受理想与现实的激烈冲撞，他在人生的旅途上必定会经历挫折和磨难，他将在一次又一次的挫折和磨难中体验人生、认识社会。青春期的苦闷、迷惑，只有伴随这样的人生体验才能一步步演变为成年人的成熟、练达，或精明、世故。这样一个与个体生命"精神成人"相关的故事，说它具有哲学意味，一点也不牵强。

无需赘述《活着》的故事梗概，读过这篇小说的人如果也读过余华为《活着》写的下面这段话，便会更深刻地体会到作品的哲学意味。

  作为一个词语，"活着"在我们中国的语言里充满了力量，它的力量不是来自于喊叫，也不是来自于进攻，而是忍受，去忍受生命赋予我们的责任，去忍受现实给予我们的幸福和苦难、无聊和平庸。作为一部作品，《活着》讲述了一个人和他命运之间的友情，这是最为感人的友情，因为他们互相感激，同时互相仇恨；他们谁也无法抛弃对方，同时谁也没有理由抱怨对方。他们活着时一起走在尘土飞扬的道路上，死去时又一起化作雨水和泥土。与此同时，《活着》还讲述了人如何承受巨大的苦难，就像中国的一句成语：千钧一发。让一根头发去承受三万斤的重量，它没有断。我相信，《活着》还讲述了眼泪的宽广和丰富；讲述了绝望的不存在；讲述了人是为活着本身而活着,而不是为了活着之外的任何事物而活着。当然,《活着》也讲述了我们中国人这几十年是如何熬过来的。我知道,《活着》所讲述的远不止这些。⑨

一篇小说讲述一个人与其命运的关系,讲述他如何"活着"及其"活着"的全部意义,这不正是其哲理意味所在么?

无论是诗还是其他文体,其哲学意味都不是语言直接表达出来的抽象思想,它需要读者细细地咀嚼、品味。根本原因就在于,文本"意味"是一种只可意会难以言传的元素。中国古代文论中有一些命题,如"言外之意"、"韵外之味"等说的就是这一点。想想也是,关于世界观的学说、关于宇宙与人生的终极思考,岂是作者在一篇作品中就能用言语表达清楚的?于是,就有了王弼的"圣人立象以尽意"的见解。读者方面亦如此。对文学文本哲学意味的感悟是与对自己的人生体验的回味同时进行的。而人往往只有活到一定份上,才能咂摸出生活的滋味,对人生滋味有感觉的人才有可能体悟文学的哲学意味。感觉、体悟到的东西往往深邃而悠远,言语难以穷尽,却让人回味无穷。正如辛弃疾的感叹:"如今尝尽愁滋味,欲说还休,欲说还休,却道天凉好个秋!"当一个人尚处于"为赋新词强说愁"的心理年龄段时,是不会对文学文本的哲学意味有深切体悟的。

现行文论教材提出文学文本意蕴的第三个层次是审美意蕴层。并认为这是指"有些文学作品意蕴比较单纯",没有历史内容、哲学意味,"仅有审美意蕴这个层次"⑩。比如,一些描状景物的作品,作者在其中表达的也仅是由景物所唤起的爱美之情,但仍是脍炙人口的佳作。说表现了作者爱美之情的咏物写景之作同样可能具有意蕴,没有问题。描写景物、表达爱美之心的作品具有审美意蕴,是因为这些作品表达了人类一种普遍的健康的情感。爱美之心人皆有之。苏轼的《海棠》诗"东风袅袅泛崇光,香雾空濛月转廊。只恐夜深花睡去,故烧高烛照红妆";杜甫的诗"两个黄鹂鸣翠柳,一行白鹭上青天。窗含西岭千秋雪,门泊东吴万里船"等佳作,能激发读者对自然美景和安谧幽静生活的向往,因而是有意蕴的。现行文论教材在论及文本的"审美意蕴"时,还补充说:"一般说来,文本首先呈现的是审美意蕴层面,其次才是历史意蕴层或哲学意味层,从而使文本的意蕴显得层层深入,美不胜收。"⑪这便与前文所说的"仅有审美意味这个层次"有矛盾,不免使读者疑惑。

问题在于如何理解"审美"和"审美意蕴"。文学理论所说的"审美",并不只是审视美的对象,也包括审丑。审美的核心是情感的评判。文学意蕴的精髓也应该是作者通过文学造型所显示出来的对人及人的生活、对宇宙自然的感受和态度。宇宙、自然包罗万象,社会、人生复杂多变,美丑混杂。文学作为一种审美意识形态,绝不仅仅只描写其中美好的一面,只表达作者对美的礼赞。应该说,作者在生活中感受到的酸甜苦辣、对人生的终极感悟、对美的歌颂、对丑的鞭挞,都是文学文本审美意蕴的组成元素。因此,文学文本的"审美意蕴"不是附着在历史意蕴和哲学意蕴表层、与后两者呈层层递进的关系,而是与它们水乳交融在一起的。谁见过具有丰富的历史内容或深邃的哲学意蕴却不表达审美情感、审美评判的作品呢?

从根本意义上来说,文学最重要的精神特质是批判。因为作者,只要他严肃地对待生活和写作,无论是走写实的路子,还是遵循以表现理想为主的浪漫主义创作路数,都不可能不表达对现实中的不足之处的不满,不可能不讽刺、鞭挞现存的污秽、丑恶。即便是歌颂生活中的美好的作品,也能让读者读出作者对现实中这种美好尚不多见的遗憾及其对这种美好能遍地开花的期盼。因此,文学文本是否具有对现实的批判精神是其有无审美意蕴的一项重要评价指标。文学是精神产品,负有引领人类向更高的社会形态、更美好的生活前行的重要责任。而现实,即便艳阳高照,也会有被阳光遗忘的角落;何况,生活犹如自然气候,除了晴空万里的日子,也有阴云密布、风雨交加的时候。文学就应该用心的光明烛照生活中那些阴暗的角落,让读者大众能认识到现实还有那些应该摒弃、铲除的污浊;用精神力量去揭露邪恶、腐朽势力对美的摧残,鼓舞人们奋而反击、战胜腐朽邪恶的意志和决心。文学在唤醒人类认清自身处境,激发其追求更加合理、幸福的生存状态方面有着不可替代的作用。这应该是文学的审美意蕴的精髓。鲁迅先生曾说过:"悲剧是将人生的有价值的东西毁灭给人看,喜剧是将那无价值的撕破给人看。"[12]无论是毁灭有价值的,还是撕破无价值的,都体现了对现实的批判精神。黑格尔说文学意蕴"要显现出一种内在的生气,情感,灵魂,风骨和精神",安于现状、不求改变,或粉饰现实、逢迎媚谀,绝对不会使文学文本显现出"内在的生气,情感,灵魂,风骨和精神"。这样的作品毫无审美意蕴可言。笔者以为,对黑格尔说的"灵魂"、"风骨和精神"这几个概念尤其要深刻体会。它们都属于人的精神范畴,是每一个生命个体区别于他人的根本所在。在医疗技术越来越先进的当代,人体生理器官可以移植,但无论多么高明的大夫都无法对灵魂、风骨和精神施行移植手术。一个人对人生独特的体验、理解及其建立在此基础上的生活态度、处世原则,是其灵魂的重要组成部分。而风骨即如郑板桥画的将根深深地扎在青山石缝中的竹,"千磨万击还坚劲,任尔东西南北风",傲然挺立,不被任何外力压倒。总之,作者真切的生活体验,真挚的情感态度,不随流、不阿世、独立不倚的精神品质,在文本中的显现是作品具有灵魂和风骨的前提条件。而具备这种特质的作品一定是富有批判精神的。人类文学发展的历史长河中至今熠熠发光的那些作品都是如此,无论古今,无论中外。当你想起《伐檀》《硕鼠》,脑海中必然浮现出"彼君子兮,不素餐兮"、"逝将去女,适彼乐土"的诗句;当你吟哦着《离骚》中"何桀纣之猖披兮,夫唯捷径以窘步!惟夫党人之偷乐兮,路幽昧以险隘。岂余身之惮殃兮,恐皇舆之败绩。忽奔走以先后兮,及前王之踵武。荃不察余之中情兮,反信谗而齌怒",心中激荡的是屈原对奸佞的愤懑、对君王的失望、对国之命运的焦虑;当你捧读陶渊明的《归田园居》,感受他"久在樊笼里,复得返自然"的解脱后的轻松、赞赏他不为五斗米折腰的气节时,不会不品味他"觉今是而昨非"的人生感悟;当你吟诵杜甫的"朱门酒肉臭,路有冻死骨",李白的"大车扬飞尘,亭午暗阡陌。中贵多黄金,连云开甲宅。路逢斗鸡者,冠盖何辉赫!鼻息干虹霓,行人皆怵惕。世无洗耳翁,谁知尧与跖"[13],白居易的"一丛深色花,十户中人赋"、"是岁江南旱,衢州人食人"等诗句的时候,你会顿悟正是诗人们对现实黑暗的揭露和鞭挞、对黎民百姓的同情悲悯，才使得他们名垂千古。还有那窦娥临刑前悲怆的呼喊："天地也，只合把清浊分辨，可怎生糊突了盗跖颜渊：为善的受贫穷更命短，造恶的享富贵又寿延。天地也，做得个怕硬欺软，却原来也这般顺水推船。地也，你不分好歹何为地？天也，你错勘贤愚枉做天！"⑭让读者、观众对关汉卿称自己"是个蒸不烂、煮不熟、捶不扁、炒不爆、响当当一粒铜豌豆"⑮有深切的认同。唯有如这颗铜豌豆般的铮铮铁骨、浩然正气，方可能写出《窦娥冤》这样深刻揭露封建社会政治的腐败与官吏的贪酷凶残，讴歌黎民百姓善良、为其鸣冤叫屈的感天动地的悲剧。什么是灵魂？什么是风骨和精神？鲁迅所说的"横眉冷对千夫指，俯首甘为孺子牛"可以概括之。对一切践踏真、善、美，伤害人的正常情感，阻碍人类实现自身理想的势力始终怀有戒备之心，葆有一份抗争的勇气，并用笔做匕首、做投枪，揭露、鞭挞假、丑、恶；以作品为号角、为警钟，提醒人们正视现实，唤醒其对美好未来的向往，正是作家灵魂、风骨和精神的表征。这样的作者笔下的作品才可能是意蕴深厚的。

　　必须指出，领会文学文本的意蕴，需要读者在文学接受过程中有效地进行艺术再创造。按照接受美学的观点，优秀的文学文本为读者展示的是一个具有召唤功能的艺术结构，读者的文学接受便是应这个结构的召唤，对具有广阔的艺术空间和巨大张力的文学文本进行填空、补充和丰富。对文学文本的召唤结构能否做出恰当、有效的回应，与读者的人生感悟、艺术素养等主观因素密切相关。古代文论中的一些命题如："言已尽而意无穷"、"象外之象，景外之景"、"韵外之致"等，与接受美学的"文本的召唤结构"理论也是相通的。再清雅深远的诗词作品也无法让没有一定的生活体验和艺术素养的读者体会其中的意蕴。马克思曾说过，对于不懂音乐的耳朵，最美的音乐也没有意义。同理，对文学文本的意蕴的领会，也需要读者能够成为与作者心心相印的知音。

注释：

①②参见童庆炳主编：《文学理论教程》第四版，第201页，高等教育出版社2008年版。

③黑格尔：《美学》第1卷，朱光潜译，第24～25页，商务印书馆1979年版。

④童庆炳主编：《文学理论教程》第四版，第207页，高等教育出版社2008年版。

⑤马克思：《致斐迪南·拉萨尔》，《马克思主义文艺论著选讲》，第201页，中国人民大学出版社1982年版。

⑥《现代汉语词典》（第三版），第1594页，商务印书馆1996年版。

⑦朱东润编：《中国历代文学作品选》上编第二册，第335页，上海古籍出版社1980年版。

⑧朱东润编：《中国历代文学作品选》中编第一册，第18页，上海古籍出版社1980年版。

⑨转引自《能不忆南方》，第12页，广西师范大学出版社2010年版（原文见《余华作

品集》第三卷,第26页,中国社会科学出版社1995年)。

⑩童庆炳主编:《文学理论教程》第四版,第207页,高等教育出版社2008年版。

⑪童庆炳主编:《文学理论教程》第四版,第208页,高等教育出版社2008年版。

⑫鲁迅:《再论雷峰塔的倒掉》。

⑬李白《古风》第二十四首,转引自朱东润主编《中国历代文学作品选》中编第一册,第68页,上海古籍出版社1980年版。

⑭朱东润编:《中国历代文学作品选》下编第一册,第46页,上海古籍出版社1980年版。

⑮朱东润编:《中国历代文学作品选》下编第一册,第93页,上海古籍出版社1980年版。

第三章
文学意境

第一节 意境概说

　　人们读一首诗(词)、欣赏一幅画,或聆听一段乐曲时,有时会被诗人、画家所写的情景、乐章中特定的旋律引入对一个更加阔大深远的景象的遐想,体会到一种更加幽微深邃的情怀。传说作者为李白的《忆秦娥》"箫声咽,秦娥梦断秦楼月。秦楼月,年年柳色,灞陵伤别。乐游原上清秋节,咸阳古道音尘绝。音尘绝,西风残照,汉家陵阙"①,在有一定历史知识的读者眼中,绝不仅仅是箫声、柳色、月光、西风、残照、陵阙等景物的组合,它给人的感受是岁月无情、历史沧桑、宇宙混茫、人生悲凉……齐白石画花、草、虫、虾,郑板桥笔下根须暴露却挺拔直立的竹,让人在观赏自然界动植物千姿百态的同时,感悟到的是生命的欢欣和坚毅;听小提琴协奏曲《梁祝》,你耳畔响起的是如泣如诉的琴声,心中回荡着人类对自由纯真的爱情的向往及这种向往被扼杀的无尽悲伤及为情而死为情而生的顽强。是什么使得这些艺术作品有如此强大的艺术魅力?是意境——在有限的具体的事物中,表现出生活的本质、生命的真髓。用佛家语,即:郁郁黄花,无非般若;行住坐卧,皆是道场。

　　"意境"是中国古代文学理论中颇具民族特色的一个概念。它的提出与中国古代传统文学样式——诗、词往往运用"借景"、"托物"的方式抒情言志密切相关。最初使用"意境"一词的当属相传为唐代王昌龄所著的《诗格》。其中将"意境"与"物境"、"情境"并称"三境":

> 诗有三境:一曰物境,欲为山水诗,则张泉石云峰之境,极丽绝秀者,神之于心,处身于境,视境于心,莹然掌中,然后用思,了然境象,故得形似。二曰情境,娱乐愁怨,皆张于意而处于身,然后驰思,深得其情。三曰意境,亦张之于意而思之于心,则得其真矣。②

　　细细体味上述文字,情境、意境,固然重在表现作者的主观情意,即便是物境,也离不开作者精神的渗透和灌注。因此,《诗格》中的"意境"内涵并不明确。倒是中唐刘禹锡《董氏武陵集记》提出的"境生于象外"和晚唐的司空图《与极浦书》中引用的戴容州的话:"'诗家之景,如蓝田日暖,良玉生烟,可望而不可置于眉睫之前也。'象外之象,景外之景,岂容易可谭哉?"和他在《与李生论诗书》中提出的"韵外之致"、"味外之旨",比较准确地指出了抒情性文学作品为读者提供的审美空间或曰审美享受的特征。

理论来源于实践,对理论的理解必须借助于对具体作品的分析。司空图《与李生论诗书》指出:"近而不浮,远而不尽,然后可以言韵外之致耳。"意谓让人涵咏不尽的"韵外之致"、"味外之旨",即作品的意境,得有生动、具体的景物描写作为前提,让人如入其中,如闻其声,如见其景。请看下面几首诗:

独怜幽草涧边生,上有黄鹂深树鸣。
春潮带雨晚来急,野渡无人舟自横。

——韦应物《滁州西涧》

故人西辞黄鹤楼,烟花三月下扬州。
孤帆远影碧空尽,惟见长江天际流。

——李白《送孟浩然之广陵》

前不见古人,后不见来者!
念天地之悠悠,独怆然而涕下。

——陈子昂《登幽州台歌》

上引第一首诗,四句都是在写景;第二首诗前两句记事,后两句写景;第三首四句全是作者抒怀,但它们都有意境。这是因为:第一首虽基本上都是写景,但这是作者眼中的景,作者观此景时的心境和情绪在对景物的描写中得到了含蓄的表达,"独怜"二字让人回味无穷;第二首记事写景貌似平实、淡然,却让读者仿佛看见诗人在朋友登舟远去之后,怅然若失地站在江边注目眺望的身影,感受着他与友人似滚滚江水源源不尽的情谊;第三首是诗人的内心独白,没有景物描写,也没有事由原委的记述,但诗人独立于幽州台上仰天长啸、怆然涕下的情景却历历在目。总之,从题材上看,无论是偏重于写景,还是侧重于抒情,甚或是叙事,都是可以写出意境的。关键是要做到情景交融。而对此又不可作机械的解读,以为一首诗中非得既有写景的句子,也得有抒情的句子,才可以称得上"情景交融"。从以上三首诗来看,第一、二首没有直接抒情,诗中却弥漫着让人品味不尽的情怀和意味;第三首全是抒情,却让读者脑海中浮现出怀才不遇的诗人悲愤地仰天长叹的神情和身影。总之,这三首诗都具有"意境"必须具备的特征——情景交融。藏情于景或情中见景只是情景交融的不同方式。方式不是模式,没有一定之规。有意境的诗都出自诗人的独创,独创便不会遵循公式化、模式化的写作套路。

从司空图的论述来看,"韵外之致"除了要有"近而不浮"——具体、生动的形象以外,还得有"远而不尽"的耐人咀嚼、回味的韵味。这也就是宋代的梅尧臣所说的既要"状难写之景,如在目前",又要"含不尽之意,见于言外"。这是意境的又一重要特征——虚实相生。这里,"实"是指作品呈现出的"近而不浮"、"如在目前"的景物、形象、画面,即作者为读者描绘的"象外之象"、"景外之景"的第一个"象"和"景";"虚"则是指读者在这第一个"象"和"景"的暗示或指引下,感受、体悟到的幽微而深远的情感,即"见于言外"的"不尽之意",或联想、想象到的更丰富的情景,即第二个"象"和"景"。仍以李白的诗为例。同样写友情,《赠汪伦》:"李白乘舟将欲行,忽闻岸上踏歌声。桃花潭水深千尺,不及汪伦送我情。"画面生动、形象、具体,不可谓不清新、欢快。但读起来总让人感到作者与汪伦的友情不及《送孟浩然之广陵》那样深邃淳厚;后者不仅让人仿佛看到作者在朋友离去之后的失落和怅惘,还让人对两位诗人结伴而游时的趣味相投、你吟我和的情景产生丰富的联想。李白还有一首《闻王昌龄左迁龙标遥有此寄》:"杨花落尽子规啼,闻道龙标过五溪。我寄愁心与明月,随君直到夜郎西。"每一次诵读,都让人想起"月亮走,我也走,我送哥哥到村头"和《月亮代表我的心》。李白的诗和现代流行歌曲表达的情感自然不同,情感之深之沉则是同样动人的。相同的魅力来自于无论是李白的诗还是这两首流行歌曲中如影随形般的月亮意象都能让人感悟、体会到那种浓得化不开、割舍不下的深情。这样的例子在中国古代诗词中举不胜举:刘禹锡的《石头城》、《乌衣巷》看似纯粹写景的闲笔所蕴含的那种深沉的历史沧桑感;王维的《鹿柴》、《辛夷坞》、《鸟鸣涧》、《竹里馆》中的空山人语、林中青苔、开落自如的山花、独坐幽篁的弹琴人和月夜笼罩下时闻鸟鸣的山涧,无不显示出大自然的运行法则和生生不息的宇宙真谛。当然,要领悟作品"远而不尽"的韵味,不仅需要作品具有能引导读者联想、想象和感悟的特质,为读者的再创造留下了广阔的空间,还需要读者具有感悟的素养和联想、想象的能力。由实入虚,使意境虚实相生的特征在文学鉴赏中得以实现,需要作者和读者共同努力。否则,如马克思所说,对于不懂音乐的耳朵,再好的音乐也没有用。试想,对于生活在蜜罐中,一路走来风和日丽的年轻读者,能深刻领会"亲朋无一字,老病有孤舟"(杜甫《登岳阳楼》)那样的悲凉,能真切体悟"回首向来萧瑟处,归去,也无风雨也无晴"(苏轼《定风波》)那种经历了狂风巨浪之后的坦然、淡定么?

或曰:"虚实相生"是意境的结构特征,而"韵味无穷"则是意境的"审美特征"。此说不无道理。但由上面的分析不难看出,无穷韵味即作品见于言外的"不尽之意",也就是读者由作品所写之"实"而引发的"虚",而"虚实相生"的前提是作品必须具有"情景交融"具体、生动的形象。总之,"韵味无穷"的审美特征需要作者和读者的共同努力方能具备。除前引数例以外,在中国古典诗词中,作者通过情景交融的描写给读者提供了一个由此景而扩展至更加深远的立体的审美空间,从而使其获得丰富的审美享受,感悟到无穷韵味的作品不胜枚举。

说作品意境"韵味无穷"的审美特征需要作者和读者共同努力方能具备,与意境的模糊表现特征密切相关。从作者方面来说,创造出情景交融、形神兼备的艺术画面,此一画面是否能让读者"味之者无穷,闻之者动心",关键在于是否成功地运用了模糊表现方法。这种表现方法的主要特点是追求"不似之似"、"离形得似"。即对表现对象做总体的大致把握,对局部做模糊描写;不求时间、空间、形体、色彩等的毫发不差的描摹,而追求那种"妙在含糊"的艺术效果。这就是司空图引戴容州所说的"诗家之景,如蓝田日暖,良玉生烟,可望而不可置于眉睫之前"。"可望而不可置于眉睫之前"才能引发人丰富的联想和想象。仍以前引李白的《赠汪伦》和《闻道王昌龄左迁龙标遥有此寄》为例:

这两首是都是写友情的,但《赠汪伦》显然不如另一首意境深远。原因在于这两首诗,一首表现过于精确,一首则表现模糊空灵。过于精确则一览无余。《赠汪伦》第一句写乘舟将行,时间具体明确。"忽闻岸上踏歌声",也鲜明直观。后两句的比喻浅露直白。具体、直观、浅露、直白使得这首诗没有超出作品描绘的意象之外的"象"和"景",也让人无法体会到更加深长的言外之意和"韵外之致"。另一首则不同。它是诗人听说好友王昌龄遭受谗诋、被贬谪到遥远荒僻的龙标去充任县尉的消息后写的。诗人寄情于景,表达了对于友人不幸遭遇的深切同情和关注。这是一种什么样的情和景呢?"杨花落尽子规啼",在这片令人伤怀的景色中,听说好友跋山涉水到那偏远的地方去,诗人的一颗心也像随人前行的明月一样,伴着友人走向那遥远的地方。这是字面上的意思。而王昌龄遭谗被贬的满腹愁怨和过五溪时历经的艰难险阻,以及那夜郎以西的穷僻荒凉的景象,则尽在不言中。还有那杨花何以落,子规为何啼?诗人心中又有几多愁?与月同行,随风而至的对友人的一片真情又有多深?任聪明的读者去驰骋想象吧!说这首诗意境深远,就是因为始终有许多没有明说的、任读者去咀嚼品味的情与景。诗中蕴含着的对友人被贬的同情与愤懑、对友人的一片深情与清风明月一般,难以用尺度衡量。它能激起天各一方又彼此思念的朋友们的强烈共鸣。总之,这首诗无论写杨花、写子规、写龙标过五溪、写愁心、写明月、写风,都是不精确的模糊的描写,诗中留下了大量的空白,空灵剔透,飘忽绵邈。惟其如此,它的意境才浑远无边,有着扣人心弦的艺术魅力。

意境之所以"韵味无穷"还有另一重要原因,这就是:由于作者创造了留有大量空白的、空灵剔透、飘忽绵邈的艺术天地,令不同时期、不同经历、有着不同的人生感受的读者驰骋其间,获得不同的审美享受。这与西谚所说"有一千个读者就有一千个哈姆雷特"是一回事。比如李煜的《虞美人》:"春花秋月何时了?往事知多少。昨夜小楼又东风,故国不堪回首月明中。雕栏玉砌应犹在,只是朱颜改。问君能有几多愁,恰似一江春水向东流。"据说宋太祖就是读这首词才动了杀机,一杯毒酒结果了这位亡国之君的性命。无论作者运用多么高明的技巧,将抽象的愁绪化为滚滚东流的长江水这样可视的画面,现代读者还是很难对他的家国倾覆之痛感同身受了。但这首千古绝唱仍然有着强大的艺术感染力,让人觉着韵味无穷。涉世不深的年轻读者从中感受到的可能是"少年不知愁滋味"却"为赋新词强说愁"式的离情别绪或委屈、哀怨一类情愫;而历经沧桑的老者,或许从中读出来的是"欲说还休,却道天凉好个秋"的无尽悲苦和哀伤。对贺知章《回乡偶书》"少小离家老大回,乡音无改鬓毛衰。儿童相见不相识,笑问客从何处来"。从未离开过家园的人大约只能读出欢快的回乡之乐和融融的生活情趣;而有过背井离乡、独在异乡为异客经历的人或正在异乡怀念故土思念亲人的游子从中读出的可能是漂泊无依的孤寂、辛酸和叶落归根的渴盼!《红楼梦》中黛玉听到大观园里的戏班子排练时唱出"似这般断井残垣,都付与似水流年",便不由得情不自禁,落下泪来。换了贾府中其他姑娘,都不会有此反应。何以如此呢?盖因黛玉的母亲早亡、寄人篱下的处境及她与宝玉虽早就以心相托却苦于无人替自己做主的心境使然也。

意境,作为一个美学范畴,是中国古代诗词作者寄情于景、托物言志,使作品具有情景交融、形神兼备、虚实相生、韵味无穷的艺术特征的最高概括。从这个角度来说,意境是抒情性作品,尤其是诗词作品特有的专利。然而,王国维在其《宋元戏剧考》中曾经说过:元杂剧也是有意境的。这应是指元杂剧也有很强的抒情性而言。比如,《窦娥冤》中窦娥蒙冤临刑前的唱词:"有日月朝暮悬,有鬼神掌着生死权。天地也,只合把清浊分辨,可怎生糊突了盗跖颜渊:为善的受贫穷更命短,造恶的享富贵又寿延。天地也,做得个怕硬欺软,却原来也这般顺水推船。地也,你不分好歹何为地?天也,你错勘贤愚枉做天!哎,只落得两泪涟涟。"不用看演员的表演,读了这段唱词,任何对社会存在的不公正现象有所体会的人都会产生强烈的共鸣,都会对蒙冤受刑的窦娥产生深切的同情,都会对是非不分、善恶颠倒的昏官恶吏怀有极大的义愤。请再读一读曹雪芹饱蘸着辛酸泪写出的《红楼梦》吧,作者希望读者能解读出的"其中味",不就是令读者在贾府盛衰、宝黛钗情爱故事之外咀嚼不尽的"好便是了,了便是好"的人生况味么?这小说中的"味"与诗词作品的言外之意、韵外之致其实是相通的。只不过,文学理论界习惯于将叙事性文学作品具有耐人寻味的意蕴,称之为有"典型性"。典型性高的文学形象便称为"典型形象"。而将缘情而生的诗、词中远而不尽的韵味称之为"意境"。由于中国自古以来就有重写意、重言情的文学传统,导致中国叙事文学也有浓厚的抒情色彩。王国维说元杂剧有意境,其实还可以进一步扩展说,中国的优秀叙事文学作品也是有意境的。因为,意境和典型的理论在本质上是相通的。

注释:

①转引自朱东润主编《中国历代文学作品选》中编第一册,第423页,上海古籍出版社1980年版。

②转引自张少康著《中国文学理论批评史教程》,第119页,北京大学出版社1999年版。

第二节 庄子审美思想对意境理论的影响

意境作为中国古典文论中的重要美学范畴,集中体现了中国人不同于其他民族的美感特征和审美形式。它是"艺术家以心灵映射万象,代山川而立言"所表现出的"主观的生命情调与客观的自然景象交融互渗",最终成就的"一个鸢飞鱼跃、活泼玲珑,渊然而深的灵境"。①简而言之,意境是艺术作品中以情景交融、虚实相生为特征,具有深沉的生命感和广阔的宇宙感的富于形上意味的艺术境界。意境理论的来源是丰富复杂的(主要得自于中国传统的道家文化和佛教思想),本文无意于做全面的阐释,只是就意境受庄子自然美学的影响做一剖析,从一个角度说明意境理论的丰富性和复杂性。

一、庄子以自然为美的思想与意境的情景交融

庄子以自然为美的思想包括两层含义:一是对自然万物予以审美关注;二是要求世间万物维持本真状态。

在先秦诸子中,儒家学说也对自然投以目光,但他们主要是从伦理角度品鉴自然:"知者乐水"、"仁者乐山"(《论语·雍也》),"岁寒,然后知松柏之后凋也"(《论语·子罕》)。儒家从自然万物的天然属性中去挖掘与道德规范相似的特点,并加以比附。和儒家的比德思想不同,庄子对自然的观照超越了功利性,从物本身及物与人的精神联系中去发现美、感受美,所以庄子称"天地有大美而不言"②,在对山水的赏会中欣然自乐:"山林欤!皋壤欤!使我欣欣然而乐欤"(《知北游》)。庄子虽未对自然万物之美加以具体描绘,但他肯定自然之美且面对自然时的审美愉悦对后世山水诗画的出现埋下了伏笔。到魏晋时期,人们抛开了比德的束缚,去真正欣赏和领略自然之美:"池塘生春草,园柳变鸣禽。"(谢灵运《登池上楼》)"余霞散成绮,澄江静如练。"(谢朓《晚登三山还望京邑》),以致人们发出慨叹"何必丝与竹,山水有清音"(左思《招隐诗》)。山水成为文人们抒发情思的媒介,成为中国诗画吟咏和描绘的中心。发展到意境理论中,就自然地要求寓情于景、即景抒情、情景交融了,所以王夫之说:"情景名为二,而实不可离。"③王国维也说:"昔人论诗词,有景语、情语之别,不知一切景语皆情语也。"④如王维的诗句:"明月松间照,清泉石上流。"(《山居秋暝》)貌似纯然描绘景物,但月、松、泉、石的意象流溢出的清幽疏朗之感和作者的胸襟意气隐然相对,体现出诗人在自然怀抱中的安适淡然和超逸峻拔,深得意境之美。

就意境而言,庄子对自然山水的审美关注为其提供了生长的土壤,因为它引发了后世山水诗画的逐步兴起,并在此创作中寻找景与情的最佳结合点,力图达到景与情的妙合无垠。

庄子之自然美学的另一要义:自然而然,推崇本真天性。在庄子看来,天地之美是自然界万事万物的自然本性表现出来的自然而然之美,"天地有大美而不言"(《知北游》),所以"牛马四足,是谓天;落马首,穿牛鼻,是谓人,故曰:无以人灭天"(《秋水》)。庄子是主张自然天性而反对人力穿凿的。《天地》中说:"百年之木,破为牺樽,青黄而文之,其断在沟中。比牺樽沟中之断,则美恶有间矣,其于失性一也。"世俗之见认为精美的酒器和弃掷沟中的残木的美丑是有差别的,但从丧失本性来看,它们都是一样的残破不美。人也同样如此。"寿陵余子学行于邯郸",没能学会赵国人的所谓优雅步态,还把自己原来

的走法也忘了,"直匍匐而归耳"(《秋水》)。西施捧心,因自然而人以为美,而"里之丑人……归亦捧心而矉其里",结果见者都落荒而走(《天运》)。"邯郸学步"和"东施效颦"的寓言从反面启发人们应保持自我的淳朴之态,不加饰伪,因为只有"法天贵真,不拘于俗"才是真正的美。

庄子崇尚的本性自然之美对中国后世的文艺和美学追求产生了深刻的影响。"以自然为美"在创作中成为艺术家们孜孜以求的审美理想,在艺术鉴赏中,"自然"也成为极重要的衡量作品成就高低的尺度,在意境理论中也就不乏对自然风格之美的推崇。这一推崇在魏晋时初露端倪。宗白华先生在《美学散步》中提出,在中国美学史上有两种不同的美感和美的理想,一种美"错采镂金,雕缋满眼",一种美"初发芙蓉,自然可爱"。"魏晋六朝是一个转变的关键,划分了两个阶段。从这个时候起,中国人的美感走到了一个新的方面,表现出一种新的美的理想。那就是认为'初发芙蓉'比之于'错采镂金'是一种更高的美的境界"⑤。所以钟嵘在《诗品序》中标榜"自然英旨",刘勰则在《文心雕龙·原道》篇中说:"心生而言立,言立而文明,自然之道也。"力求使齐梁华靡浮艳的文坛走出歧途。魏晋的自然之风发展到宋代,更形成了意境美追求的平淡风格。"作诗无古今,唯造平淡难"(《读邵不疑学士诗》)。梅尧臣首先发出了慨叹。苏轼进一步对平淡加以阐发:"大凡为文当使气象峥嵘,五色绚烂,渐老渐熟,乃造平淡。"(周紫芝《竹坡诗话》)绚烂之极,归于平淡。这一平淡"外枯而中膏,似淡而实美"(《评韩柳诗》)。内蕴深沉,含蓄隽永。宋人追求的平淡的意境之美看重为文应得之自然而不露斧痕,妙然有若天成。如陶渊明的诗句"采菊东篱下,悠然见南山"(《饮酒》),正因为陶诗达到了"淡乎其无味"的至高境界,方使宋代诗人倍加欣赏。而这些都和庄子"朴素而天下莫能与之争美"(《天运》)、"淡然无极而众美从之"(《刻意》)、"既雕既琢,复归于朴"(《山木》)的审美理想是隐然暗合的。在庄子看来,人生的悲欢离合、跌宕起伏甚至生死寿夭都是不足萦怀,当置之度外的,有生必有死,有得必有失,生死得失皆自然之道。有限的个体生命只有与无限的天地宇宙融为一体,随任自然,才能感受到人生的乐趣,这一思想启发了中国文人的忧思,对人生大义、宇宙大化有所感悟而心境豁然,表现于诗文中则是营造意境的平淡之美。当然,意境之自然平淡与文艺普遍规律的情感流露之自然有一定区别,即在于意境抒发之情当与描绘之景结合,更注重诗文传达情感时与自然万物的描绘圆融会通,不露痕迹方是上品,所谓"不着一字,尽得风流"是也。

二、庄子论道与意境理论的虚实相生

对意境理论"虚实相生"特征最早产生影响的当推老子,他开创了道家的宇宙观,认为世界是有无相生,虚实统一的。老子曾以车轮、瓦盆、房子作喻,提出"有之以为利,无之以为用"(《老子·第十一章》)的观点,认为万事万物只有虚实结合才能运行流转,生生不息。

庄子的"道"在很大程度上继承了老子的思想,《天地篇》中有:"象罔得玄珠"的寓言

就揭示出只有"有形"和"无形"相结合的形象才能体现宇宙的本体——道(玄珠)。除了以玄珠作喻,庄子在其著述中更大量和更直接地论"道"。庄子认为,"道"是普遍存在于万事万物之中的,所以东郭子问"道"于庄子时,庄子以卑下之物如蝼蚁、稊稗、屎溺等应答之。(《知北游》)"道"是无形无名的,但又无所不在,无所不能,既是万物之所出,又是万物之所成。要想达到对"道"的把握,不可以执著于有形有名,而要入乎其内出乎其外,超越于一切具体的形、名之上。正因为此,庄子斥责东郭子的问道方式"固不及质"。

《大宗师》中说"道"的特点是"无为无形","可传而不可受,可得而不可见"。《知北游》进一步予以描述:"道不可闻,闻而非也;道不可见,见而非也;道不可言,言而非也。""道"是无法用具体的感官去直接把握的,它无法言说,"道不当名"。由"道"所体现出的万事万物同样是不可言论的。庄子在《天道》中还以轮扁斫轮有高超的技艺却"口不能言",因而也不能传诸子孙的寓言来说明语言面对普遍存在的"道"时的窘迫和无力。"道"虽然被描绘得如此玄妙神秘,但它又不是不可把握的。在不可拘执于具体形名的基础上,我们当以"意致"之。"意之所随者,不可以言传也"(《天道》)。"可以言论者,物之粗也;可以意致者,物之精也"(《秋水》)。所谓"意致",就是体悟和整体观照的方式。整体观照不同于科学分析,后者运用抽象思维,对事物进行合乎逻辑的条分缕析,而整体观照属于艺术思维,即在经验的基础上以直观的方式把握对象,较少运用抽象的逻辑思维,具有随意性和模糊性。庄子面对世界及超越其上的"道"所采取的"意致"也即整体观照的方法恰恰正是艺术思维的方法,是艺术活动中审美所需要的方法。正是基于这一点,徐复观说"庄子所追求的'道',与一个艺术家所呈现出的最高的艺术精神,在本质上是完全相同的"[⑥]。当然,庄子也并不完全排斥语言,只不过语言作为体"道"过程中的工具最终要被超越。这就是庄子所谓"筌者所以在鱼,得鱼而忘筌;蹄者所以在兔,得兔而忘蹄;言者所以在意,得意而忘言"(《外物》)之意。

庄子坐而论道的过程中所显现的思想和表述的方式在某些方面成为意境理论的思想渊源,它启发了意境理论追求有限与无限、形下与形上、实与虚、有与无的统一,表现在艺术形象上则要求境生象外,创造艺术的空白,形成如空中之音、相中之色、水中之月的美感,达到含蓄蕴藉、余韵悠远的审美效果。

具体而言,道显现于万事万物之中而又超越于感性万事万物之上的存在方式和意境中实境与虚境的创造是隐然暗合的,正是实境之生机盎然的感性存在生发出令人浮想、启人玩味的想象空间——虚境,所以意境不仅要求在作品中描绘实境,还要让实境能够生发出虚境,使鉴赏者能够由诗人描绘的实象生发开去,感受到一个更为丰富完整的世界。正如苏轼所云:"惟有此亭无一物,坐观万景得天全。"(《涵虚亭》)正是此亭空无一物,才可坐观万景,虚实相映,从而吐纳山川灵气,汇聚天地精神。这也正是中国绘画理论所说的"无画处皆成妙境"的意思。另外,道只可意致不可言传的把握方式和"得意忘言"的体道途径,使中国的艺术讲究含蓄美,追求言有尽而意无穷的境界。表现于意境理论中,同样是要求在艺术创造中不可拘泥于具象,不可执著于形名,而要在言外、象外追求无穷无尽的绵远深邃的情、意、理。如温庭筠的名句"鸡声茅店月,人迹板桥霜"(《商山早行》),就能使人从有限的景物中品味出人生的某种意味。

总而言之,庄子"唯道集虚"、"虚室生白"(《人间世》)的慨言,使意境在虚实有无的回环往复中内涵更丰富、空间更开阔,给人的想象更深远,从而灵气往来,富于韵味。

三、庄子的人与自然和谐的思想与意境理论的生命感、宇宙感

庄子的以自然为美和视自然为最高之道的思想最终必然汇总为以人与自然和谐、天人同构为人生的理想。所以庄子向往的是"天地与我并生,而万物与我为一"(《齐物论》)的境界,追求的是"与天地精神往来而不敖倪于万物"(《天下》)的精神。

在庄子眼中,自然是富有情感的生命体,它可以和人的情感对应往来,"若然者……凄然似秋,暖然似春,喜怒通四时,与物有宜而莫知其极"(《大宗师》)。在这里,人的心灵与自然具有了某种相通性和同构关系,人的各种情感的流溢与自然的规律和谐一致。

庄子不仅赋予自然以人格,他还进一步感悟人与自然的交融浑化。著名的"庄周梦蝶"(《齐物论》)和"濠梁观鱼"(《秋水》)的寓言表明了庄子在与自然万物"神与物游"的过程中的亲和与浑融。所以,"庄周梦为蝴蝶,栩栩然蝴蝶也,自喻适志欤",不知何者为庄,何者为蝶,交融互化,浑然为一;"儵鱼出游从容,是鱼之乐也"。以物之心度物之情,感受天地万物的喜怒哀乐。庄子正是以"与物为春"(《德充符》)、"与天和者,谓之天乐"(《天道》)的诗意态度去面对自然,与自然"情往似赠,兴来如答",使生命感在物我之间往来穿梭,从而达到人与自然水乳交融的理想境界,并在这种境界中实现心灵的安然恬淡,获得生命的自由。

庄子追求人与自然和谐的哲学态度体现了道家独特的宇宙观和生命观,这也是中西哲学迥然不同之所在。所以宗白华认为中西形而上学分属两大体系:西洋是唯理的体系,它要了解世界的基本结构和秩序理数;中国是生命的体系,它要了解、体验世界的意趣(意味)的价值。⑦由这一重体验的生命哲学为基础产生的艺术意境理论也就自然呈现出了广阔的宇宙感和深沉的生命感。如宋代词人张孝祥的《念奴娇·过洞庭》:"洞庭青草,近中秋,更无一点风色。玉界琼田三万顷,着我扁舟一叶。素月分辉,明河共影,表里俱澄澈。悠然心会,妙处难与君说。应念岭海经年,孤光自照,肝肺皆冰雪。短发萧骚襟袖冷,稳泛沧浪空阔。尽挹西江,细斟北斗,万象为宾客。扣舷独啸,不知今夕何夕!"在三秋洞庭月下景致的纵横空间与经年人事倥偬、世事变迁的上下时间交织中,静谧开阔的画面,隐约透露出词人在萧瑟意气之后的宁静与放达。在自然的怀抱中,词人感受到如鱼得水般的欣悦,充满了一种皈依自然、天人合一的宇宙感和生命意识。在月光如银倾泻的洞庭湖面上,词人一叶扁舟,天与人俱是空明澄澈,彼此悠然心会,达到了心物交融的境界,这一境界容纳、融合、又超越了物我,表现了主、客体间毫无间隔、物我两忘的大胸襟和大愉悦。

庄子的自然美学思想和意境理论的内涵各自都是有机的整体:庄子以自然为美的

思想和对自然之道的阐述是密不可分的,它们的融会必然结晶出人与自然和谐的观点;而这一"天人同构"的理论呈现到意境中所形成的形而上的生命感和宇宙感则是在情景交融的内容特征与虚实相生的结构特征之中生发出来的。它们彼此间是紧密联系,而非割裂的,笔者只是为了阐述的方便而分点论之的。

庄子的自然美学及其影响下生成的艺术意境论(当然,意境理论并不仅是庄子美学的产物)在今天高度工业化的社会中对精神日益焦灼、欲望日益炽热的人们而言,无疑应当是炎夏中的一杯清凉饮品,让人们能够从钢筋水泥的丛林中抽身而出,去体验天清气朗、惠风和畅的自然之美,获得心灵的悠游与自适,这可能也是庄子思想在今天备受中西学者重视的原因之一吧。毕竟那"树之于无何有之乡,广莫之野"的樗木能够让人"彷徨乎无为其侧,逍遥乎寝卧其下"的境界该是许多人都悠然神往的吧!

注释:
① 宗白华:《中国艺术意境的诞生》,《艺境》,北京大学出版社1997年版。
② 陈鼓应:《庄子今注今译·知北游》,中华书局1993年版(以下所引《庄子》均随文注释)。
③ 王夫之:《姜斋诗话》,《清诗话》,上海古籍出版社1999年版。
④ 王国维:《人间词话》,上海古籍出版社1998年版。
⑤ 宗白华:《美学散步》,上海人民出版社1981年版。
⑥ 徐复观:《中国艺术精神》,春风文艺出版社1983年版。
⑦ 宗白华:《形上学——中西哲学之比较》,《宗白华全集》,安徽教育出版社,1995年版。

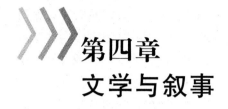

第四章
文学与叙事

第一节 文学叙事与时间

叙事，简单来说就是"讲故事"。讲一个故事，描述人物的语言、行为、心理活动，展开情节，记叙事件的发展与结局，这些必然会涉及时间问题。我们通常所讲的"时间"，是物理意义上的"时间"。它连续进行不断绝，线性向前发展而不可逆。如孔子所说"逝者如斯夫，不舍昼夜"。这也是叙事理论中的"故事时间"，即故事发生的自然时间状态。

然而在叙事文本中，除了故事时间，还有另一层时间——"文本时间"。它是指故事内容在文本中具体呈现出来的时间状态。这个时间有可能与故事时间是一致的，也有可能打破正常的物理时间状态。不同的叙事文本，也正是由于"时间"的繁复变化，或快或慢、穿越古今而显得节奏动人、情节起伏、如迷宫般神秘多彩。下面我们就来看看，在不同的文本中，时间是如何变幻穿梭的。

鲁迅的《祝福》是人们极为熟悉的一篇短篇小说，以第一人称"我"讲述了祥林嫂的悲苦人生。在文本中，"我"是如何讲述这个悲剧的呢？顺序如下：

①除夕我回到鲁镇；②与祥林嫂相遇；③听说祥林嫂死了；④祥林嫂第一次守寡后来鲁镇帮工被抢走；⑤她丧夫失子后第二次来鲁四老爷家帮工；⑥不准祥林嫂参加祝福；⑦她捐门坎后仍不准参加祝福；⑧祥林嫂被解雇

而从祥林嫂的人生经历来看，正常的物理时间，即故事时间顺序应该是这样的：

a. 祥林嫂第一次守寡后来鲁镇帮工被抢走；b. 她丧夫失子后第二次来鲁四老爷家帮工；c. 不准祥林嫂参加祝福；d. 她捐门坎后仍不准参加祝福；e. 祥林嫂被解雇；f. 除夕祥林嫂与我相遇；g. 我听说祥林嫂死在雪地里

以上两种时间顺序相比照，我们便发现了不一致的情况，故事时间的顺序与文本时间的顺序是相逆的。这就是所谓的"时序"问题，即故事时间的顺序与文本时间的顺序所形成的对应关系。前面说过，现实世界中，时间总是线性向前发展的，它的顺序是不可逆的，比如，今天过了是明天，明天过了是后天，不可能今天过完后回到三年前，然后又跳到未来的某一天。然而在艺术世界里，作家可以由情感、想象做主，为了使作品更好看更精彩，也为了更贴切作品的主旨而使人物超越故事时间的限制，忽而未来，忽而过去，忽而现在。文本时间的顺序在不同作家的处理下，有时会与故事时间的顺序相一致，我们称之为"顺时序"（从写作技巧来说，就是通常所讲的"顺叙"）；有时却未必会按照故事时间的顺序而相反、相逆发展，我们称之为"逆时序"（包括所谓的"插叙"和"倒叙"）。小说《祝福》就是典型的倒叙式时序。

我们在读一些武侠小说和侦探小说时，经常会觉得情节起伏紧张、扣人心弦，必要一口气读完才罢休。而当我们读到某些西方小说里大段大段的风景描写和心理刻画时，又感觉枯燥平淡，节奏太过缓慢。这仍牵涉故事时间和文本时间所形成的某种关系："时距"。它涉及的是两种时间的长度、距离。时间的长度、距离如何计算呢？就故事时间而言很简单，现实生活里面，我们觉得一千年是漫长的，一秒钟是短暂的。可是在文学作品中，我们怎么计算时间的长度呢？《三国演义》的开头写："话说天下大势，分久必合，合久必分。周末七国分争，并入于秦。及秦灭之后，楚、汉分争，又并入于汉。汉朝自高祖斩白蛇而起义，一统天下，后来光武中兴，传至献帝，遂分为三国。"这一历史时间，自然是很长很长的，然而小说中几句话就写完了，我们读者花十几秒钟也读完了，这文本时间到底算长还算短？一般而言，文本时间的长度是以作品的篇幅、字数和读者阅读的大致时间来衡量的。从《三国演义》的例子来看，文本时间与故事时间的长度依然存在不一致的情况，而这种不一致的时距关系，恰好体现了叙事性作品的速度与节奏。

我们首先假定一个匀速的叙述时间状态，即故事时间长度与文本时间长度是相等的。通常而言，叙事性作品中的对话或场景描写都属此类。比如《红楼梦》中黛玉初到贾府，见到王熙凤一段：

> 黛玉连忙起身接见。贾母笑道："你不认得他，他是我们这里有名的一个泼皮破落户儿，南省俗谓作'辣子'，你只叫他'凤辣子'就是了。"黛玉正不知以何称呼，只见众姊妹都忙告诉他道："这是琏嫂子。"……黛玉忙陪笑见礼，以"嫂"呼之。这熙凤……因笑道："天下真有这样标致的人物，我今儿才算见了！况且这通身的气派，竟不像老祖宗的外孙女儿，竟是个嫡亲的孙女，怨不得老祖宗天天口头心头一时不忘。只可怜我这妹妹这样命苦，怎么姑妈偏就去世了！"说着，便用帕拭泪。贾母笑道："我才好了，你倒来招我。你妹妹远路才来，身子又弱，也才劝住了，快再休提前话。"这熙凤听了，忙转悲为喜道："正是呢！我一见了妹妹，一心都在他身上了，又是喜欢，又是伤心，竟忘记了老祖宗。该打，该打！"又忙携黛玉之手，问："妹妹几岁了？可也上过学？现吃什么药？在这里不要想家，想要什么吃的、什么玩的，只管告诉我；丫头老婆们不好了，也只管告诉我。"一面又问婆子们："林姑娘的行李东西可搬进来了？带了几个人来？你们赶早打扫两间下房，让他们去歇歇。"

这一段的文字叙述的文本时间长度与现实的故事时间长度几乎无异，人物的动作、神态、语言、心理活动基本上还原了现实生活的场景，时间是匀速发展的，没有变快也没

有变慢,非常逼真。我们再看马原的短篇小说《错误》中的一个场景,"我"为了寻找丢失的帽子将十三个睡梦中的同屋喊醒:

> 我和赵老屁在仔细寻找失败后决定打扰一下同屋的伙伴。我挨个儿搬动十三个已经远在睡乡的脑袋。
> "哎,起来一下。"
> "哎,起来一下。"
> "哎,起来一下。"
> "哎,起来一下。"
> "哎,起来一下。"
> "哎,起来一下。"
> "哎,起来一下。"
> "哎,起来一下。"
> "哎,起来一下。"
> "哎,起来一下。"
> "哎,起来一下。"
> "哎,起来一下。"
> "哎,起来一下。"
> 大约七分钟时间大家都起来了。

表面上看起来,这似乎如实还原了当时的情境,竟然将喊十三个人起床的"哎,起来一下"照样重复了十三遍。文本时间长度与故事时间长度似乎是一致的,然而仔细推敲并非如此。正如吴晓东博士所分析的:"马原的这一描摹尽管如此刻意,但无法传达全部生活真实,如语调、情感、同伴的反应:他是一骨碌爬起来的,还是翻个身又呼呼大睡的,等等,都是这一细节无法传达的。"①所以,在马原的这个例子中,表明了时距的另一种形态:省略。故事时间中,在每一次"哎,起来一下"的喊声之后,必然有被喊者的反应,可是小说没有写,直接过渡到下次喊声。这种文本时间的叙述长度实际是小于故事时间长度的。

关于省略最常见的例子是一些时间状语和说明语,我们经常在电视剧和电影中看到这样的字幕或者画外音:"一个星期过去了"、"十天之前"、"二十年之后"等等,这即是省略最典型的叙述方式。根据同名小说改编的电影《哈利·波特与死亡圣器(下)》的结尾处,字幕打出"19年以后",剧中人物哈利·波特、赫敏、罗恩均已从17岁步入中年,结婚生子,中间这19年是怎样的情形?故事时间中原本漫长的19年在文本中被省略了。再如莫言《红高粱》中所写:"七天之后,八月十五日,中秋节。一轮明月冉冉升起,遍地高粱肃然默立,高粱穗子浸在月光里,像蘸过水银,汩汩生辉。我父亲在剪破的月影下,闻到了比现在强烈无数倍的腥甜气息。"中秋节的前七天发生了什么事情,叙述者没有告诉我们。当代流行歌曲的歌词中也有省略的叙述,陈奕迅《十年》中反复吟唱:"十年之前/我不认识你你不属于我/我们还是一样陪在一个陌生人左右/走过渐渐熟悉的街头/

十年之后/我们是朋友还可以问候/只是那种温柔再也找不到拥抱的理由/情人最后难免沦为朋友……"十年之前与十年之后的状况都已描摹刻画,然而这十年之间是何种情形,"我"并未唱出,这期间的岁月流转自然留给听者去想象。虽未道明,十年间的物是人非、情事变迁在歌者与听者的心中却充满了欷歔与感慨,这恰是省略的妙处。相比于匀速的叙述,省略是最快的讲故事的方式,文本时间的长度为零。当作者需要在文本中留有空白,让读者自由去想象被省略的时光中的人事俱非;也许是在文本中刻意制造悬念,让我们自行分析、思索、接近或者远离谜底;或者作者需要将叙述的速度加快,使得文本的节奏错落有致、情节起伏,等等——如此一来,叙事文本的时间已远远超越于现实,具有了迷幻多姿的多重可能性与想象性。

上文所提及的《三国演义》一例,同样是文本时间的长度要小于故事时间的长度,只是比省略稍微放慢了些步速,在叙事理论中被称为"概括"。在《红高粱》中,也不乏概括的叙述:"秋风苍凉,阳光很旺,瓦蓝的天上游荡着一朵朵丰满的白云,高粱上滑动着一朵朵丰满白云的紫红色影子。一队队暗红色的人在高粱棵子里穿梭拉网,几十年如一日。他们杀人越货,精忠报国,他们演出过一幕幕英勇悲壮的舞剧。"还有更为我们熟悉的例子,《木兰诗》中描写花木兰替父从军十年的战争情景:"朔气传金柝,寒光照铁衣,将军百战死,壮士十年归。"把残酷漫长的十年征战压缩成了文本中短短的四句诗二十个字。这三个与历史、战争的风云变幻相关的例子中,文本时间虽短,却从另一种时间的维度上分毫不差地揭开广阔的时代画卷,其中所涉及的沧桑、感喟、激情、豪迈等种种家国情怀,的确是"古今多少事,都付(叙事者的)谈笑中",被高度压缩的时间、人事同样具有激荡人心的力量。

与省略、概括相对的,则是叙述速度的变慢,具体而言可以分为两种情况:延缓和停顿。延缓,亦即文本时间的长度大于故事时间的长度。也就是说,可能原本几分钟的现实事件,在文本中用了很长的篇幅去叙述它,我们读者也要花费好几倍的时间去阅读,就好像电影中慢镜头的运用。延缓通常出现在对人物心理、意识层面的描写中,此类例子最典型的当属西方的意识流小说。法国作家普鲁斯特的意识流小说巨著《追忆似水年华》本身就是以"回忆"为结构和主旨的作品,在"我"的回忆中,不仅文本时间的顺序已早早跳脱于现实的物理世界,而且时间的速度也逐渐放慢延缓,著名的细节是"小玛德莱娜"点心。"我"只是吃了几口蛋糕,不过几十秒的事情,文本中却加入了大段大段的感受、回忆、思索,时间已放慢了脚步,将人们带入叙述人细腻而沉醉的过往片段。我们撷取其中一段来看看,叙述者如何神奇地将"匆匆"而逝的时光挽留住的:

> 带着点心渣的那一勺茶碰到我的上腭,顿时使我浑身一震,我注意到我身上发生了非同小可的变化。一种舒坦的快感传遍全身,我感到超尘脱俗,却不知出自何因。我只觉得人生一世,荣辱得失都清淡如水,背时遭劫亦无甚大碍,所谓人生短促,不过是一时幻觉;那情形好比恋爱发生的作用,它以一种可贵的精神充实了我。也许,这感觉并非来自外界,它本来就是我自己。我不再感到平庸、猥琐、凡俗。这

股强烈的快感是从哪里涌出来的？我感到它同茶水和点心的滋味有关，但它又远远超出滋味，肯定同味觉的性质不一样。那么，它从何而来？又意味着什么？哪里才能领受到它？我喝第二口时感觉比第一口要淡薄，第三口比第二口更微乎其微。该到此为止了，饮茶的功效看来每况愈下。显然我所追求的真实并不在于茶水之中，而在于我的内心。茶味唤醒了我心中的真实，但并不认识它，所以只能泛泛地重复几次，而且其力道一次比一次减弱。我无法说清这种感觉究竟证明什么，但是我只求能够让它再次出现，原封不动地供我受用，使我最终彻悟。我放下茶杯，转向我的内心。只有我的心才能发现事实真相。可是如何寻找？我毫无把握，总觉得心力不逮；这颗心既是探索者，又是它应该探索的场地，而它使尽全身解数都将无济于事。探索吗？又不仅仅是探索：还得创造。这颗心灵面临着某些还不存在的东西，只有它才能使这些东西成为现实，并把它们引进光明中来。

小说在接下来的几段中，不断回想由这块小点心所触发的往事，文本时间在"我"的心理和回忆中被拉长、延缓，与庄子"若白驹过隙，忽然而已"的感叹截然不同。另外，小说中描写盖尔芒特公爵家午宴的场景，文本时间的长度若用中译本的篇幅来衡量，是100多页，而实际的故事时间为1个小时左右，平均每页叙述1分钟，这实在是非常慢的速度。相类似的是中国的弹词《珍珠塔》，说书人将女主人公下13级楼梯的短短时间讲了13天，与《追忆似水年华》有异曲同工之妙。叙事艺术家在艺术世界中将人们对物理时间的种种不可能的设想变成了现实。

将叙述的速度延缓到极致，便是停顿，即故事时间的长度为零，文本却在继续占有文字篇幅、占用读者阅读的时间。停顿刚好与省略相对应。这看来似乎难以理解，故事时间如何为零？没有了故事时间，文本何以为继？巴尔扎克的小说《高老头》的第一章名为《伏盖公寓》，开头十几个段落均在介绍伏盖公寓的历史、所属、周围地理特点、内里的结构陈设，虽然有些时间副词或状语，也有人物的描写，但根本不涉及故事情节的发展，也没有时间的流动，我们似乎在叙述人的带领下欣赏了一幅又一幅伏盖公寓的静态图片，请看此段：

公寓侧面靠街，前面靠小花园，屋子跟圣·日内维新组成直角。屋子正面和小园之间有条中间微凹的小石子路，大约宽两公尺；前面有一条平行的砂子铺的小路，两旁有风吕草，夹竹桃和石榴树，种在蓝白二色的大陶盆内。小路靠街的一头有扇小门，上面钉一块招牌，写着：伏盖宿舍；下面还有一行：本店兼包客饭，男女宾客，一律欢迎。临街的栅门上装着一个声音刺耳的门铃。白天你在栅门上张望，可以看到小路那一头的墙上，画着一个模仿青色大理石的神龛，大概是本区画家的手笔。神龛内画着一个爱神像：浑身斑驳的釉彩，一般喜欢象征的鉴赏家可能认做爱情病的标记，那是在邻近的街坊上就可医治的。神像座子上模糊的铭文，令人想起雕像的年代，伏尔泰在一七七七年上回到巴黎大受欢迎的年代。那两句铭文是：

不论你是谁，她总是你的师傅，现在是，曾经是，或者将来是。

这里完全是静态的景物描写，此时故事尚未开始，叙述人正在给我们介绍故事发生的背景与环境，占用了不少的篇幅。文本时间具有一定的长度。这种停顿有时出现在作品的开头，有时也在文本中间。除了作为背景介绍的描写，常见的还有插入议论。钱钟书的小说《猫》中经常冒出叙述人的议论，打断了正在进行的故事，比如在小说开头的第四段，本来是叙述主人公齐颐谷做了老师李建侯的秘书，已经第三天了，还没见过传说中的李太太——著名的沙龙女主人。可在对李太太的简略介绍后，叙述人笔锋一转，开始论起李太太所居住的北京：

……因为北平——明清两代的名士像汤若士、谢在杭们所咒诅为最俗、最脏的北京——在战事前几年忽然被公认为全国最文雅、最美丽的城市。甚至无风三尺的北平尘土，也一变而为古色古香，似乎包含着元明清三朝帝国的劫灰，欧美新兴小邦的历史博物馆都派人来装了瓶子回去陈列。首都南迁以后，北平失掉它一向政治上的作用；同时，像一切无用过时的东西，它变为有历史价值的陈设品。宛如一个七零八落的旧货摊改称为五光十色的古玩铺，虽然实际上毫无差异，在主顾的心理上却起了极大的变化。逛旧货摊去买便宜东西，多少寒窘！但是要上古玩铺你非有钱不可，还得有好古癖，还得有鉴别力。这样，本来不屑捡旧货的人现在都来买古玩了，本来不得已而光顾旧货摊的人现在也添了身份，算是收藏古董的雅士了。那时候你只要在北平住家，就充得通品，就可以向南京或上海的朋友夸傲，仿佛是个头衔和资格。说上海和南京会产生艺术和文化，正像说头脑以外的手足或腰腹也会思想一样的可笑。周口店"北京人"遗骸的发现，更证明了北平居住者的优秀。"北京人"是猴子里最进步的，有如北平人是中国人里最文明的。因此当时报纸上闹什么"京派"，知识分子们上溯到"北京人"为开派祖师，所以北京虽然改名北平，他们不自称"平派"。京派差不多全是南方人。那些南方人对于他们侨居北平的得意，仿佛犹太人爱他们入籍归化的国家，不住地挂在口头上。迁居到北平以来，李太太脚上没发过湿气，这是住在文化中心的意外利益。

这里同样没有故事情节的发展，没有时间的流动，仅仅是叙述者针对所叙的人物及其背景发表评论。这种停下故事的讲述，插入议论和描写的情况在传统小说中是很常见的，尤其是巴尔扎克的作品，除了上文提到的《高老头》，在《幻灭》中也有大量的描写与议论。对于意在忠实记录法国现实的巴尔扎克来说，细致逼真的场景描写、背景的介绍和解释等，有时比时间的流动更为重要。

除了时序、时距之外，文本时间与故事时间形成的第三种关系为频率，它是指一个事件在故事中出现的次数与该事件在文本中叙述的次数。这样，事件与话语之间的重复关系就包括以下四种：A. 一次讲述一次发生的事；B. 一次讲述多次发生的事；C. 多次讲述一次发生的事；D. 多次讲述多次发生的事。

第一种叙述的频率最为单纯，很容易理解。第二种重复关系则跟上面提到的"概括"有相通的地方，上文所举的《木兰诗》和《红高粱》之例，也属于一次讲述多次发生的事件。

第四种叙述频率是指相似或相同的事件不断地发生，故事中也一再重复地叙述，比如海明威的《老人与海》中，老人一日复一日地追捕大鱼，与鲨鱼一次又一次地搏斗；比如贝克特《等待戈多》中，两个流浪汉不停地重复着无意义的等待、无聊胡乱的对话、脱靴子穿靴子、总是未遂的上吊自杀。还有鲁迅的《祝福》，祥林嫂反复向人诉说："我真傻，真的……我单知道下雪的时候野兽在深山墺里没有食吃，会到村里来，我不知道春天也会有。"祥林嫂说了许多遍儿子阿毛的惨遇，小说也一次次地叙述了祥林嫂的诉说。这一次次的重复中，却具有了不同的意思：人们终于听厌了祥林嫂的倾诉，从同情转而烦厌，人情的冷漠和祥林嫂悲剧的必然性已被深刻揭示。

相比之下，第三种"多次讲述一次发生的事"就更为复杂了，它是指事件只发生一次，但被叙述很多次，每次的叙述来自于不同的角度、不同的可能性。因而，此类方式叙述的作品，重点可能并不是事件本身，而是每一次叙述所带来的不同内涵与效果。话语的重复在20世纪以来的现代叙事性作品中被越来越多地采用。我们先来看文学中的例子。福克纳的小说《喧哗与骚动》描写了美国南方一个没落贵族——康普生家族后代的生活及精神世界。小说的中心人物是康普生家唯一的女儿凯蒂，中心事件是凯蒂与北方佬私通，出嫁后又被丈夫休去，留下私生女离家出走，浪迹天涯。小说分成五部分，除了最后一部分"附录"以传记体形式概述了康普生家族史外，其余四部分的叙述者依次是家庭成员班吉、昆丁、杰生和迪尔西。班吉是凯蒂的白痴小弟弟，虽然他已三十多岁了，但智力水平仅相当于一个三岁小孩。他的叙述部分时序混乱、事件错杂，完全以一名白痴的感受讲述疼爱他的姐姐的故事。昆丁是凯蒂的哥哥，哈佛大学的学生。他为妹妹与北方佬私奔感到羞辱和愤恨，在他曾引以为豪的家族荣誉和南方伦理传统轰然崩塌后，最终投水自尽。昆丁对凯蒂故事的叙述则充满了极度的痛苦与绝望，这是第二次的话语重复。杰生是凯蒂的大弟，受托照看凯蒂的私生女小昆丁，他自私自利，对南方世家的传统和周围人充满仇恨与怨气。在杰生的叙述中，凯蒂的故事有了第三种声音。第四个讲述凯蒂故事的是康普生家的老黑奴迪尔西，她勤劳坚毅，乐观豪爽，富有同情心，极力维持这个摇摇欲坠的大家庭，她的叙述温暖平和，富有生命的光亮。小说主人公凯蒂的一生就这样被讲了四遍，我们从四个叙述者的内心独白或诉说中体会到其各自的性格，同时也似乎从四面镜子中看到中心人物凯蒂的不同侧面，而其中的重合与矛盾又留下许多空白供我们想象与思考。这种话语的重复一方面具有迷人的阅读效果，另一方面对应着小说的内涵，间接反映出作者福克纳关于人性、时间、世界的哲学思考。

我们从日本作家芥川龙之介的著名小说《竹林中》也能找到话语重复的经典案例。在竹林中，一名武士的尸体被发现，发现尸体的樵夫、云游僧、捕役、武士的岳母依次提供了各执一词的证言，还有强盗多襄丸的供词、武士妻子真砂的忏悔，连武士的鬼魂也借巫女之口说出了自己的解释。一个事件经由不同的人重复了七次，然而每个版本都各不相同甚至互相矛盾，真相似乎无从寻找。其实，小说并非让人们关注故事本身，而是不同当事人对同一个事件讲述的角度、立场、语气、心理的不同所隐藏的信息。这种叙述频率所带来的开放结构,可以给读者这样的启示:也许根本就不存在所谓的真相,而所有的叙述也许都是不可靠的。这种现代叙述技巧所带给读者的思考与震撼恐怕要远远超过传统的叙事作品。

另外,越来越多的当代电影也在叙事中采用了话语的重复。除了根据《竹林中》改编的著名影片《罗生门》之外,德国电影《罗拉快跑》(Lola Rennt,1998)和美国影片《蝴蝶效应》(The Butterfly Effect,2004)也是采用这种手法的经典。《罗拉快跑》中,罗拉为了解救男友必须在二十分钟内筹得十万马克,罗拉开始奔跑。电影给我们讲述了三遍罗拉狂奔着筹钱解救男友的事件,每一遍讲述都是一种可能,生或者死,或者完美结局,也许存在着更多的结果。电影伊始的旁白说道:"数不尽的没有答案的疑问,即使有答案也会衍生出另一个疑问,下一个答案又衍生出下一个问题。"影片通过话语的重复传递出一个深层的意旨:不断探索事物的可能性,让我们重新认识自身与世界。《蝴蝶效应》与此类似,伊万有个痛苦悲惨的童年,为了弥补他的过失给周围人带来的伤害,他一次次回到过去想要改变,然而每一次的改变只让现实变得更加糟糕。人的一生只有一次,电影却通过瑰丽的叙事想象,将事件重复讲述了一次又一次。只是,过去终究无法救赎,即使再纠结过往还是须得向前继续。在话语的重复中,文本时间再一次突破了故事的物理时间,在艺术世界与现实世界中形成了巨大的情感与意蕴张力。

注释:
吴晓东:《从卡夫卡到昆德拉——20世纪的小说和小说家》,第312页,三联书店2003版。

第二节 文学叙事与视角

依照童庆炳主编的《文学理论教程》(第四版)中的定义,"视角"是作品中对故事内容进行观察和讲述的角度,根据叙述者观察故事中情境的立场和聚焦点而区分。传统的叙事理论,一般从人称的角度研究视角问题,划分为三种:第一人称、第二人称和第三人称。20世纪之前的传统叙事性作品,包括小说、戏剧、叙事诗和叙事散文,以第三人称最为常见。总体来看,第二人称的叙事视角最少见。叙事的人称视角较容易理解,人们一般以"我"、"你"、"他"的人称代词作为判断,试看以下三段文字:

(一)

如果我能够,我要写下我的悔恨和悲哀,为子君,为自己。

会馆里的被遗忘在偏僻里的破屋是这样地寂静和空虚。时光过得真快,我爱子君,仗着她逃出这寂静和空虚,已经满一年了。事情又这么不凑巧,我重来时,偏偏空着的又只有这一间屋。依然是这样的破窗,这样的窗外的半枯的槐树和老紫藤,这样的窗前的方桌,这样的败壁,这样的靠壁的板床。……

(二)

秋天的后半夜,月亮下去了,太阳还没有出,只剩下一片乌蓝的天;除了夜游的东西,什么都睡着。华老栓忽然坐起身,擦着火柴,点上遍身油腻的灯盏,茶馆的两间屋子里,便弥满了青白的光。

"小栓的爹,你就去么?"是一个老女人的声音。里边的小屋子里,也发出一阵咳嗽。

"唔。"老栓一面听,一面应,一面扣上衣服;伸手过去说,"你给我罢。"

(三)

这就是你。

这个款款从喃呢的竹床上站起,穿猩红大缎的就是你了。缎袄上有十斤重的刺绣,绣得最密的部位坚硬冰冷,如铮铮盔甲。我这个距你一百二十年的后人对如此绣工只能发出毫无见识的惊叹。

再稍抬高一点下颏,把你的嘴唇带到这点有限的光线里。好了,这就很好。

这样就给我看清了你的整个脸蛋。没关系,你的嫌短嫌宽的脸型只会给人看成东方情调。你的每一个缺陷在你那时代的猎奇者眼里都是一个特色。

来,转一转身。就像每一次在拍卖场那样转一转。你见惯了拍卖;像你这样美丽的娟妓是从拍卖中逐步认清自己的身价的。当我从一百六十册唐人街正、野史中看到这类拍卖场时:几十具赤裸的女体凸现于乌烟瘴气的背景,多少消融了那气氛中的原有的阴森和悲惨。

这三段文字分别来自鲁迅《伤逝》、《药》和严歌苓《扶桑》的开头部分,我们可以很明显地看出它们分别是以第一、第三、第二人称的视角来叙述的。第一和第三人称的视角,基本比较单纯,第二人称的情况稍有些复杂。

大多数出现"你"的叙事性作品是书信体或日记体,"你"和"我"是同时存在的,而叙述者一般都是"我","你"仅仅是"我"叙述和倾诉的对象,作品的主要叙事视角还是第一人称。比如歌德的小说《少年维特的烦恼》。小说的主体部分是维特的信件,信中的"你"是维特的好友威廉,但"你"根本不是故事的观察和叙述者,请看以下几段:

六月十九日

上次信上讲到哪儿,我已记不清了,但我记得,我上床时已是深夜两点了,假如不是写信,而是跟你当面神聊,也许我会一直让你呆到天明的。

七月八日

我是个什么样的孩子!竟渴望着别人的一瞥!我是个什么样的孩子!——我们到瓦尔海姆去了。姑娘们是坐马车去的,散步时我深信,在绿蒂乌黑的眸子里……你真该见见她这双眼睛。

> 七月十日
> 每当聚会时有人谈到她,我表现的那副可笑的滑稽相,你真该见识见识!要是别人问我喜不喜欢她?——喜欢!我真恨死这个词。

很明显可以看出,这是第一人称"我"(维特)在观察、在叙述、在思考、在喜怒哀乐,此类叙事文本并非第二人称的视角。

因此,所谓的第二人称视角,一般来说,作品中必然有一个"我"在旁观察,由"我"来看、来说"你"的一举一动,如上文所举的《扶桑》一例。

还有一些第二人称作为一种修辞手段,以一些零散的语句出现在文本中,这就并非是严格意义上的第二人称视角了。比如冰心的叙事散文《寄小读者·通讯二十九》:"小朋友!你若是不曾离开中国北方,不曾离开到三年之久,你不会赞叹欣赏北方蔚蓝的天!清晨起来,揭帘外望,这一片海波似的青空,有一两堆洁白的云,疏疏的来往着,柳叶儿在晓风中摇曳,整个的送给你一丝丝凉意。你觉得这一种'冷处浓'的幽幽的乡情,是异国他乡所万尝不到的!假如你是一个情感较重的人,你会兴起一种似欢喜非欢喜,似怅惘非怅惘的情绪。站着痴望了一会子,你也许会流下无主、皈依之泪!"

仔细品味应不难发现,"你"仅是一种虚指,所叙述的经历和感受完全是"我"的视角。这种叙事修辞手段的运用,可以拉近叙事者与读者的距离,往往令读者感到亲切和身临其境,更易引起共鸣。刘鹗《老残游记》、洪峰《瀚海》中也有类似的运用。

从以上分析来看,由于限制颇多,操作不易,真正的通篇采用第二人称的作品并不多见,仍以上文所举的小说《扶桑》为例,其实它并非单纯的第二人称视角,而是第一人称、第二人称与第三人称的变换视角。在叙述扶桑的故事时,小说中以第二人称和第三人称来观察和讲述的视角常常是交替进行的,请看此段:

> 扶桑走在最后。她例外地穿一件及大腿的薄褂子和鞋。阿丁看见她眉头一抖。他想她大约有点痴,脸上无半点担忧和惊恐,那么真心地微笑。是自己跟自己笑。一对大黑眼睛如同瞎子一样透着超脱和公正。那种任人宰割的温柔使她的微笑带一丝蠢。

这里是第三人称的叙述视角。除了主线扶桑的故事,小说还有一条副线——"我"(身份为在美国的中国第五代移民)与白人丈夫之间的婚恋关系,而"我"是距扶桑一百多年后的女性。小说通过这样复杂的人称与时空结构,追溯了中国人在异乡的移民史,倾诉了"我"的移民体验和情感困惑。而人称的变换交错更折射出移民海外的作家本人对性别、种族、历史、人性价值的深沉思考。

从《扶桑》的这个例子我们也能够发现,一部叙事性作品的人称视角并非固定不变,也可以有不同人称的互相转换。

"聚焦"(focalization)概念是我们解读叙事视角的另一种方法,聚焦指的是叙事文本中叙述和观察的焦点聚集在何处,即一个故事由谁来看、听、说、感受、思考。按照法国学者热奈特的观点,聚焦可以分为三种类型:零聚焦、内聚焦和外聚焦。西方的理论术语较为抽象,不如找些具体的作品一一对应分析。

(一)零聚焦

鲁迅的短篇小说《药》里,对华老栓、华小栓、华大妈分别有如下的叙述:

> 老栓听得儿子不再说话,料他安心睡了;便出了门,走到街上。街上黑沉沉的一无所有,只有一条灰白的路,看得分明。灯光照着他的两脚,一前一后的走。有时也遇到几只狗,可是一只也没有叫。天气比屋子里冷多了;老栓倒觉爽快,仿佛一旦变了少年,得了神通,有给人生命的本领似的,跨步格外高远。而且路也愈走愈分明,天也愈走愈亮了。
>
> ……
>
> 小栓撮起这黑东西,看了一会,似乎拿着自己的性命一般,心里说不出的奇怪。十分小心的拗开了,焦皮里面窜出一道白气,白气散了,是两半个白面的馒头。——不多工夫,已经全在肚里了,却全忘了什么味;面前只剩下一张空盘。他的旁边,一面立着他的父亲,一面立着他的母亲,两人的眼光,都仿佛要在他身上注进什么又要取出什么似的;便禁不住心跳起来,按着胸膛,又是一阵咳嗽。
>
> ……
>
> 华大妈见这样子,生怕他伤心到快要发狂了;便忍不住立起身,跨过小路,低声对他说,"你这位老奶奶不要伤心了,——我们还是回去罢。"
>
> 那人点一点头,眼睛仍然向上瞪着;也低声吃吃的说道,"你看,——看这是什么呢?"
>
> 华大妈跟了他指头看去,眼光便到了前面的坟,这坟上草根还没有全合,露出一块一块的黄土,煞是难看。再往上仔细看时,却不觉也吃一惊;——分明有一圈红白的花,围着那尖圆的坟顶。

小说中三位人物的外貌、神情、动作、心理活动均清清楚楚地呈现在我们眼前,叙述视角没有任何限制,观察和讲述的焦点并不固定,可以轻易地聚集在小说的任何一个人物、任何一个地方。因此,零聚焦叙述又被称为"全知全能"式叙述,因为叙述者无所不知、无所不晓。这种聚焦方式被传统的第三人称叙事作品普遍采用。

不过,零聚焦叙述并非只能用第三人称,比如严歌苓小说《扶桑》中有这样的一段描写:

> 你什么都想到了:癞痢,跛腿,独眼。你朝吱吱叫的门转脸时还是愣怔了:你没想到他会是个儿童。你咬住嘴,咬出了胭脂的一股锋利的甜味。……
>
> 你看出他装扮了自己,在胸前挂一根金链,衣袋插了块手帕,浅麻色的头发用了过多的头胶,使那老气横秋向后梳去的发式像顶帽子。你在第一瞬间就认出了他的真实面目。一个儿童,顶多十二岁。连那种族间的差异都不能帮他丝毫,帮他蒙骗年龄。他浅蓝眼睛中的好奇几乎是残酷的。那样残酷的好奇心只属于这个年

龄的男孩。

"你"(扶桑)的想法("没想到他会是个儿童"、"看出他装扮了自己")、看到男孩的反应("愣住了")和观察到的男孩的样子,表面上看来都是"你"的所思所见,但我们读者如何知道?仍是通过一个无所不在的叙事者揭露出来的。这个叙事者隐身在文本中,仍然像一个全知全能的上帝,洞悉"你"的今生来世和所思所想。

当然,第三人称的叙事作品也并非都是零聚焦的视角,比如海岩的小说《拿什么拯救你,我的爱人》。小说虽然是以第三人称所写的,但是叙述者是故事中的人物律师韩丁,他要为女友罗晶晶的前男友龙小羽进行辩护。而韩丁的视角是受到限制的,他并不知道龙小羽到底有没有真的杀害其青梅竹马的恋人,也不熟知罗晶晶与其曾经的情感。这里,叙述视角就不再是绝对自由的全知全能式的了。叙述视角的焦点已经固定在故事中一个人物身上,因此,这种第三人称的叙事作品实际上已经属于热奈特所说的"内聚焦"。

(二)内聚焦

与零聚焦的自由视点不同,内聚焦的观察和讲述视角是受限制的,叙述者只叙述某个人物知道的情况,一般采用第一人称。我们先来看看下面的一段文字:

> 伊伏在地上;车夫便也立住脚。我料定这老女人并没有伤,又没有别人看见,便很怪他多事,要自己惹出是非,也误了我的路。
>
> 我便对他说,"没有什么的。走你的罢!"
>
> 车夫毫不理会,——或者并没有听到,——却放下车子,扶那老女人慢慢起来,搀着臂膊立定,问伊说:
>
> "你怎么啦?"
>
> "我摔坏了。"
>
> 我想,我眼见你慢慢倒地,怎么会摔坏呢,装腔作势罢了,这真可憎恶。车夫多事,也正是自讨苦吃,现在你自己想法去。
>
> 车夫听了这老女人的话,却毫不踌躇,仍然搀着伊的臂膊,便一步一步的向前走。我有些诧异,忙看前面,是一所巡警分驻所,大风之后,外面也不见人。这车夫扶着那老女人,便正是向那大门走去。
>
> 我这时突然感到一种异样的感觉,觉得他满身灰尘的后影,刹时高大了,而且愈走愈大,须仰视才见。而且他对于我,渐渐的又几乎变成一种威压,甚而至于要榨出皮袍下面藏着的"小"来。

这是我们都熟悉的鲁迅的短篇小说《一件小事》。作品以第一人称叙述"我"曾亲身经历的一件小事,这件小事完全是以"我"的视角去观察、讲述和思考的。通过"我"的叙述,读者能够清楚地知晓其内心活动。然而对于其他人物——老女人和车夫,读者可以通过叙述者的眼睛和耳朵去看去听,至于他们有何想法与情感,与"我"一样是不得而知的。"我料定这老女人并没有伤"、车夫"或者并没有听到"、看见车夫扶着老女人往前走"我有些诧异",这些语句表明作为聚焦者的"我",只能猜测老女人和车夫的心理和思想,视角受到了限制。

《一件小事》的例子中,"我"作为叙述者就是小说的主人公,通过内聚焦的视角讲述故事,我们能直接看到主人公的思想深处,体现了叙事者冷静而真实的"自我剖析"。另外如鲁迅的《狂人日记》、《伤逝》;阿来的《尘埃落定》;歌德的《少年维特之烦恼》(除去篇首语,全是维特第一人称写就的书信)等,均为主人公"我"在观察和诉说。狂人内心的纠结、疯狂与清醒;涓生的悔恨与追忆;傻子土司超越凡人的预感与想象;维特的深情、矛盾与痛苦均毫无遮掩、栩栩如生地呈现在读者面前。

也有些第一人称内聚焦视角的叙事性作品中,"我"仅仅是故事中的次要人物或旁观者,比如人们熟悉的鲁迅《孔乙己》中酒店小伙计、莫泊桑《我的叔叔于勒》中的侄子约瑟夫等等。复杂的作品诸如芥川龙之介的《竹林中》和福克纳的《喧哗与骚动》,叙事文本由好几个不同身份的"我"来讲述同一个故事,每一个"我"都只站在自己的立场和视角来观察和叙述,同一个故事具有了不同的面貌。甚至《竹林中》所涉及的凶案真相,也因不同的供词而莫衷一是,令人读来费尽思量。虽然不若传统文本带给人们统一而确定的唯一性与真实性感受,但这样的作品所呈现出众声喧哗的复调色彩,也提供了另外一种认识世界本真的通道。

内聚焦视点的作品也有少量采用第三人称,比如上文所举的海岩《拿什么拯救你,我的爱人》。鲁迅短篇小说《幸福的家庭》和卡夫卡长篇小说《审判》都是同样的第三人称内聚焦的叙述视角。《审判》叙述了银行职员约瑟夫.K莫明其妙被"捕",又莫明其妙被杀害的荒诞事件。小说结尾,两位杀手来抓捕K,我们来看看作者是如何运用第三人称的内聚焦视角来叙述的:

> 他走到窗口,再次望了一眼黑洞洞的街道。对面的窗户也几乎全是黑的,许多窗子垂下了窗帘。有间屋子的窗里亮着灯,几个孩子在栏杆后面玩耍,他们无法离开原地,只好互相朝对方伸出小手。"他们把最蹩脚的,老掉牙的角色派来对付我",K自己嘀咕着,又看了一眼四周,以证实这个印象。"他们要把我随随便便地干掉。"他猛地转过身来,对着来的那两个人问道:"你们演的是什么戏?""演戏?"其中一个人说,他的嘴角抽搐了一下,瞧着另一个人,似乎是向他求助。那个人的反应像是一个正在努力摆脱尴尬局面的哑巴。"他们不准备回答问题",K心里想;他去取帽子。

以上一段完全是站在K的角度进行叙述的,无论是他外部的动作、语言、视觉,还是对他内心的自言自语,都做了详细的介绍。以K的视角来观察两个杀手,只能看见对方的神情与反应,听见对方所说的话。这里采用的词语如"似乎"、"像是",都是推测性的,K受制于自己的视角限制,无法给出洞悉他人思想深处的确定解答。再看下面一段:

> 在街灯下,K一再试图看清他的同行者,现在尽管离得很近,但要做到这点却

甚为困难;刚才在光线暗淡的屋子里,他也没能看清楚。"他们可能是男高音",他看着他们鼓鼓的双下巴,心里想道;他们的脸过分干净,使K产生反感。

K看不清他的同行者,读者也只好以K的视角看不清两位杀手,我们跟随着K的视线,只看见他们的双下巴和过分干净的脸。这同样是受到限制的内聚焦视角,观察和讲述的焦点只被限定在文本内部的一个人物身上。

(三)外聚焦

外聚焦叙述的特点是叙述者知道的比任何一个人物所知道的都要少,是一种相对冷静的、不带主观色彩描述的旁观者式的叙述视角。一般也采用第三人称进行叙述,但与"零聚焦"的第三人称不同,不再是全知全能,不对故事中人物的心理活动和情感进行描述,叙述者与故事几乎没有任何关系。它同样也不同于第三人称的内聚焦,在上文分析的《审判》一例中,叙述者仍然可以深入文本中某一人物的内心,对其情感、思想进行细致的刻画描摹;然而外聚焦的第三人称就好像是一台摄影机、一个摄像头,它只客观记录下人物的外貌、神情、动作、语言,而不涉及任何人物的心灵世界,也不做任何感想与评价。试看下面的段落与上面《审判》的不同:

> 抱着小孩的老妈子因为在骚扰时四顾,没有留意,头上梳着的喜鹊尾巴似的"苏州俏"便碰了站在旁边的车夫的鼻梁。车夫一推,却正推在孩子上;孩子就扭转身去,向着圈外,嚷着要回去了。老妈子先也略略一跄踉,但便即站定,旋转孩子来使他正对白背心,一手指点着,说道:
>
> "阿,阿,看呀!多么好看哪!……"
>
> 空隙间忽而探进一个戴硬草帽的学生模样的头来,将一粒瓜子之类似的东西放在嘴里,下颚向上一磕,咬开,退出去了。这地方就补上了一个满头油汗而粘着灰土的椭圆脸。

以上文字选自鲁迅的短篇小说《示众》,小说没有中心人物,也没有复杂的人物关系和情节起伏,描绘了上个世纪二三十年代在北京一条马路上围观行刑的看客。看客与被看的均无名无姓,仅仅有他们的外部特征:职业、年龄、外貌、穿着、性别。除了巡警和犯人(小说中仅仅称其为"白背心",不带有任何价值判断),一群看客包括车夫、卖包子的胖孩子、秃头老人、赤膊的红鼻子胖大汉、抱孩子的老妈、小学生、挟洋伞的长子、一个长着猫脸的人、弥勒佛似的胖子、戴硬草帽的学生模样的人、满头油汗而粘着灰土的椭圆脸等等。里三层外三层的看客们,有没有姓名、什么模样其实已无关紧要,他们都是一样的头脑空空、麻木的大众。叙述者对这些人做了忠实客观的观察与记录,细腻真实而又不动声色。读者只能看到他们的外在,却无法深入他们的心灵和思想。或者说,作者正是借着如此冷静而逼真的视角再现一场示众与围观,在更广阔的时空中复现了一次次同样的场景,刻画了一群群同样的没有心灵和思想的看客。

海明威的短篇小说《白象似的群山》和《杀人者》,几乎以对话建构整个故事,丢弃了传统叙事性作品中的心理刻画、情感描绘、价值判断与态度倾向。故事的前因后果甚至都不明朗,我们仅能看到生活中一个偶然的片段、一个小小的横切面。这种外聚焦的视角,是一种相对冷静的叙述手法,意在造成某种客观或神秘的艺术效果,而作者的倾向和态度则交由读者去判断、思考,扩大了文本阐释的空间。

学者陶东风对聚焦叙述曾做过细致的解释,可供我们参考:

> 在热奈特的《叙事话语》一书中,这三种叙述视角又被称为"无聚焦"叙事或"零聚焦"叙事(即通常所说的"全知叙事")、"内聚焦"叙事(即通常所说的"限制叙事")以及"外聚焦"叙事。外聚焦叙事的特点是:叙述人只讲述人物的活动而不进入他的内心世界,只见其人不见其心,也就是说,叙述人所知的比人物要少。在这类小说中,人物就在我们的眼前活动,但就是不知道他的内心活动。如果说,叙述人是通过作品中的一个人物作为视点人物,那么,外聚焦叙事的方法就要求叙述者"仅仅向我们描写人物所看到、听到的东西等等,但是他没有进入任何意识。"也就是说,叙述者必须只限于描述人物的感觉层次而不能深入人物的深层心理活动。在这种情况下,人物的特点可以概括为只感觉而不思考,他就像一个被动的感受机器,只记录外界信息,而不作主动的思考、分析、评价。外视角的手法除了制造神秘效果以外,还可以达到置悬叙述人与人物的情感态度和道德倾向的目的。

第五章
文学与抒情

第一节 抒情界定

1941年,沈从文在一次关于短篇小说的讲演中,曾说:"一切艺术都容许作者注入一种诗的抒情,短篇小说也不例外。对于诗的认识,将使一个小说作者对于文字性能具有特殊敏感,因之产生选择语言文字的耐心。对于人性的智愚贤否、义利取舍形式之不同,也必同样具有特殊敏感,因之能从一般平凡哀乐得失景象上,触着所谓'人生'。尤其是诗人那点人生感慨,如果成为一个作者写作的动力时,作品的深刻性就必然因之而增加。"①因而,学者王德威认为,沈从文文学创作的最高目的,即是藉创作小说而达到诗歌的抒情境界。读过沈从文小说的人们恐怕也都很同意这种说法和观点,沈从文的名作《边城》恰似一曲悠悠的湘西歌谣,具有诗歌的浓浓意境。汪曾祺的小说《受戒》同样具有抒情化的特点:

> 英子跳到中舱,两只桨飞快地划起来,划进了芦花荡。芦花才吐新穗。紫灰色的芦穗,发着银光,软软的,滑溜溜的,像一串丝线。有的地方结了蒲棒,通红的,像一枝一枝小蜡烛。青浮萍,紫浮萍。长脚蚊子,水蜘蛛。野菱角开着四瓣的小白花。惊起一只青桩(一种水鸟),擦着芦穗,扑鲁鲁鲁飞远了。

《受戒》的这个结尾怎么读,都像是一篇优美的散文或散文诗,句式长短参差,节奏回环,音韵宛转。整部作品也同样犹如一幅清新明丽的江南水乡风俗画。汪曾祺在其《晚饭花集》的自序中说:"散文诗和小说的分界处只有一道篱笆,并无墙壁(阿左林和废名的某些小说实际上是散文诗)。我一直以为短篇小说应该有一点散文诗的成分。"我们再回想《红楼梦》中一些场景,比如史湘云醉卧芍药、林黛玉葬花等,也都抒情味儿十足,有着韵味无穷的深远意境。然而这些作品都是小说,是叙事性的作品。那么抒情与叙事有没有区别?如何区分呢?

"抒情(lyric)"从文学理论的角度来说,指的是"一种偏于表现个人内心感情的文学类型"②。"叙事(narration)"则是"用话语虚构社会生活事件的过程"。③一个偏重情感,一个偏重事件。抒情性作品一般以诗歌和散文这两种体裁居多,而叙事性作品常以小说、剧本为主。理论上将抒情与叙事相对划分,但从上文的分析和文学实例中我们已经发现两者的区分并非绝对。

《毛诗序》中说"情动于中而形于言",人都有表达情感的需要,从这个意义而言,所有的文学艺术作品都是有情感的。"满纸荒唐言,一把辛酸泪,都云作者痴,谁解其中味",谁能说《红楼梦》中没有浸透曹雪芹的情感呢?歌德在自己和友人的不幸的恋爱中所激发的情感,不正是《少年维特之烦恼》的最原始的创作动机吗?鲁迅在《狂人日记》中发出"救救孩子"的呐喊,难道不是来自作家真实的情感体验吗?所以,从广泛的角度来说,抒情性是文学作品的普遍属性。但从不同的作品类型来说,抒情与叙事的分类是看作品中所偏重的部分,往往抒情性作品偏于采用富有音乐美和画面美的语言组织来表现作者自己的主观世界;而叙事性作品偏于用虚构的话语来讲故事、营构艺术世界中的社会与人生。所以,叙事性的作品中会有抒情的成分,而抒情性的作品中也会有叙事的成分。

例如李白的《送孟浩然之广陵》:"故人西辞黄鹤楼,烟花三月下扬州。孤帆远影碧空尽,唯见长江天际流。"诗人将离别之情借碧空、江水、远帆款款倾吐,然而其中也包括了叙事的因素:送别这一中心事件的时间、地点、人物都介绍得很清楚。只不过这些叙事要素是统一在送别的情感抒发中,主要为诗人抒情而服务。再如杜甫的《闻官军收河南河北》:

> 剑外忽传收蓟北,初闻涕泪满衣裳。
> 却看妻子愁何在?漫卷诗书喜欲狂。
> 白日放歌须纵酒,青春作伴好还乡。
> 即从巴峡穿巫峡,便下襄阳向洛阳。

这首诗歌欢畅明快,"喜"的情感一气贯注,痛快淋漓地抒发了作者无限喜悦兴奋的心情。诗篇在情感奔放之余,却也记叙了诗人忽闻叛乱已平的捷报之后,他的种种言行:胡乱卷起诗书、又歌又舞、纵酒畅想。小小事件的起因、过程、结果也粗具雏形。当然,联系整篇诗歌来看,作品主要还是抒发诗人忽闻胜利消息之后的惊喜之情,其字里行间扑面而来的是诗人出自胸臆、奔涌直泻的思想感情。一般来说,抒情性作品中的叙事部分,仅仅"起到介绍某种情境、某个形象,或者某种引起反应与情感的物体的作用"④。因而,我们说抒情与叙事的划分是相对的。

通过上面的分析和举例,也许有人会认为"抒情"即是抒发情感的简称,"情"就是情感、情绪。这么理解当然不能说错,但是有点简单化。比如高尔基的《海燕》、苏轼的《题西林寺壁》、卞之琳的《断章》等一类作品,我们可以肯定地分辨出它们不属于叙事性作品,那是不是"抒情"呢?它们似乎和《送孟浩然之广陵》、《闻官军收河南河北》又不大一样。我们看《断章》,字面意思很是简单:"你站在桥上看风景,看风景人在楼上看你。明月装饰了你的窗子,你装饰了别人的梦。"然而其中所蕴含的思想情感很难说清,诗歌的主旨历来也有不同的见解。评论家李健吾解释这首诗,着重"装饰"的意思,认为表现了一种人生的悲哀。卞之琳自己则说:"'装饰'的意思我不甚着重,正如在《断章》里的那一句'明月装饰了你的窗子,你装饰了别人的梦',我的意思也是着重在'相对'上。"诗无达诂,无论我们依照谁的观点,这首《断章》确实构思精巧,韵味无穷。诗人无意直接抒发个人情感,而是以传达某种人生体悟和哲学思考为主。《题西林寺壁》也是这样,不在于形象或感情,而在于富有理趣,充满智慧。这些作品当然也可以被纳入到抒情作品之内,"抒情"的"情"除了偏感性的个人情感、情绪之外,还应包括某些偏理性的感悟与思索,像讽刺、哲理、颂扬等都属于抒情的内容。因而,对"情",我们不妨理解为情志、情思,可能更恰当一些。

情志或者情感,均出自于作家主体,是作家对客观生活、社会的心理体会和感受。这一方面说明,抒情虽是主观、个人的活动,却离不开现实和社会;另一方面,抒情作为文学艺术的表现形式,它具有理性与形式化的特点。我们结合具体的作品——郭沫若的《天狗》来说明抒情性作品的这两个问题。《天狗》是一首激情澎湃、想象力狂放的抒情诗歌,选自郭沫若的诗集《女神》。全诗如下:

> 我是一条天狗呀!
> 我把月来吞了,
> 我把日来吞了,
> 我把一切的星球来吞了,
> 我把全宇宙来吞了。
> 我便是我了!
>
> 我是月底光,
> 我是日底光,
> 我是一切星球底光,
> 我是X光线底光,
> 我是全宇宙底 Energy 底总量!
>
> 我飞奔,
> 我狂叫,
> 我燃烧。
> 我如烈火一样地燃烧!
> 我如大海一样地狂叫!
> 我如电气一样地飞跑!
> 我飞跑,
> 我飞跑,
> 我飞跑,

> 我剥我的皮,
> 我食我的肉,
> 我嚼我的血,
> 我啮我的心肝,
> 我在我神经上飞跑,
> 我在我脊髓上飞跑,
> 我在我脑筋上飞跑。
>
> 我便是我呀!
> 我的我要爆了!

诗篇以"我"抒情,开天辟地一般发出"我是一条天狗"的宣言。天狗本是民间传说中的形象,当日全食或月全食出现时,原初时代的老百姓会幻想出是天狗吞掉了太阳和月亮。诗人借传说塑造出了更加狂放的艺术形象,这条天狗不仅能够吞食日月,还能吞掉全宇宙!甚而,天狗本身就是整个宇宙的所有能量。飞奔、狂叫、燃烧的天狗最后竟然吃掉了自己,飞跑在自己的神经、脊髓、脑筋之上。这种全然虚构夸张的形象与奔突汹涌的激情似乎与现实人生没有丝毫的联系,然而这销毁一切的力量最终还是隐然与"五四"的时代精神一脉相承:呼唤自由、民主,反叛而创造。诗人之所以具有如此新奇、个性化的想象,塑造了独一无二、极度夸张的叛逆者形象,恰与"五四"时期推举的启蒙主义密不可分,这与同时期鲁迅的"呐喊"是同声同气的。

中国古代还有许多山水田园诗,表面上看起来仅在描写山川草木、花鸟鱼虫、乡村闲趣,抒发的都是诗人个体的情思,也似乎都是极具个人化的主观世界,与客观现实毫无关联。然而陶渊明、孟浩然们果真归隐田园与山林了吗?他们在诗歌中所寄托的情感、理想均是现实人生的投射,他们把对生活的种种体味、见解,把个体的悲苦、寂寞、矛盾、热情、悠然等均化为率真优美的抒情诗篇,蕴含了具有普遍意义的人生智慧与美。高尔基说:"诗不是属于现实部分的事实,而是属于比现实更高部分的事实。"歌德也说:"应该拿现实提举到和诗一般地高。"因而,抒情性作品中的情感虽发自作家主体世界,却来源于客观现实,并超越于现实。

文学的抒情除了与现实相关,还与理性和艺术形式相关。有关这一问题,朱光潜先生在《诗论》中解释得很仔细:

> 诗是情趣的流露……但是情趣每不能流露于诗,因为诗的情趣并不是生糙自然的情趣,它必定经过一番冷静的观照和熔化洗练的功夫,它须受过阿波罗的洗礼。一般人和诗人都感受情趣,但是有一个重要分别。一般人感受情趣时便为情趣所羁縻,当其忧喜,若不自胜,忧喜既过,便不复在想象中留一种余波返照。诗人感受情趣之后,却能跳到旁边来,很冷静地把它当作意象来观照玩索。英国诗人华兹华斯(Wordsworth)尝自道经验说:"诗起于经过在沉静中回味来的情绪"(emotions

recollected in tranquility)……感受情趣而能在沉静中回味,就是诗人的特殊本领。一般人的情绪有如雨后行潦,夹杂污泥朽木奔泻,来势浩荡,去无踪影。诗人的情绪好比冬潭积水,渣滓沉淀净尽,清莹澄澈,天光云影,灿然耀目。"沉静中回味"是它的渗沥手续,灵心妙悟是它的渗沥器。

在感受时,悲欢怨爱,两两相反;在回味时,欢爱固然可欣,悲怨亦复有趣。从感受到回味,是从现实世界跳到诗的境界,从实用态度变为美感态度。在现实世界中处处都是牵绊冲突,可喜者引起营求,可悲者引起畏避,在诗的境界中尘忧俗虑都洗濯净尽,可喜与可悲者一样看待,所以相冲突者各得其所,相安无碍。

诗的情趣都从沉静中回味得来。感受情感是能入,回味情感是能出。诗人于情趣都要能入能出。单就能入说,它是主观的;单就能出说,它是客观的。……比如班婕妤的《怨歌行》,蔡琰的《悲愤诗》,杜甫的《奉先咏怀》和《北征》,李后主的《相见欢》之类作品,都是"痛定思痛",入而能出,是主观的也是客观的。陶渊明的《闲情赋》,李白的《长干行》,杜甫的《新婚别》、《石壕吏》和《无家别》,韦庄的《秦妇吟》之类作品都是"体物入微",出而能入,是客观的也是主观的。[5]

根据上面朱光潜的论述,我们不妨再联系郭沫若的《天狗》,来看看作家艺术家是如何抒情的。

首先,作家所抒之情是"跳到旁边来,很冷静地把它当作意象来观照玩索"。郭沫若的《天狗》创作于1920年初,正是"五四"运动爆发后不久,诗人自己说:"处在这么一个送旧迎新的转折时期,人们对旧时代的腐朽和罪恶是认识得比较深刻的,但对美好理想的向往和追求则比较朦胧抽象,因为那时世界上只有苏联刚刚建立了社会主义社会。虽然十月革命的胜利昭示了一条通往理想境界的道路,但在当时即使是一些先进人物,也只是朦胧地反对旧社会,想建立一个新社会。那新社会是怎样的,该怎样建立,都很朦胧。"(《郭沫若选集·自序》)在《女神》的《序诗》中,郭沫若也说"我是个无产阶级者"和"我愿意成个共产主义者"。诗人这些自述,颇能反映《天狗》所要寄托与抒发的情感与思想。这种"朦胧"和"抽象"的向往与追求是当时很多人们都有的,它固然强烈却显得盲目。而"一个伟大的抒情诗人有力量使得我们最为朦胧的情感具有确定的形态"[6],这力量即是朱光潜所谓"冷静关照"和"沉静中回味"。我们看到,诗人郭沫若将身处"五四"大潮中所感受和激发到的那种毁灭一切、创造一切的果敢、叛逆之精神,经过理性的沉思与玩味之后,将其化为一个强大、自信、奇异的艺术形象"天狗",以此来抒写自我力量的扩张和自我精神的解放。

其次,作家艺术家抒发情志,必须借助一定的艺术形式。任何艺术都需要运用形式和符号来表现情感,音乐借助音符、旋律和节奏;绘画借助色彩、线条和形状;舞蹈借助肢体、姿态与动作;文学则借助创造性的语言和相关的修辞技巧。正如苏珊·朗格所说,文学艺术家不能"像一个大发牢骚的政治家或是像一个正在大哭或大笑的儿童所表现出来的情感。艺术家将那些在常人看来混乱不整的和隐蔽的现实变成了可见的形式,这就是将主观领域客观化的过程"⑦。因此,郭沫若并未如革命社论或广场演讲一般直陈胸臆,或者喊一些空洞的政治口号,他不会写出"让我们打破旧世界吧"、"我们要去开辟一个新的时代"等语句,这也根本不能称之为诗。郭沫若在《天狗》一诗中大量使用排比与重复,每一句均以"我"开头,自信满满,掷地有声。在意象与情绪上,层层递进强化,气势澎湃雄壮;句式以短语居多,节奏干脆急促,语调铿锵有力,配之回环往复的排比,犹如进行曲一般高昂激越。狂放不羁的"天狗"就在这独特的艺术语言与形式之中,飞奔、狂叫、燃烧、爆炸,具有着强烈的震撼力量。

注释:

① 参见王德威:《批判的抒情——沈从文的现实主义》,《现代中国小说十讲》,第131~132页,复旦大学出版社2008年版。
② 童庆炳:《文学理论教程》(第四版),第256页,高等教育出版社2008年版。
③ 童庆炳:《文学理论教程》(第四版),第233~234页,高等教育出版社2008年版。
④ (美)苏珊·朗格:《情感与形式》,刘大基、傅志强、周发祥译,第302页,中国社会科学出版社1986年版。
⑤ 引文中的省略号为引者所加,其中省略了一些与本文主旨关系不大的语句。
⑥ (德)卡西尔:《人论》,干阳译,第231页,上海译文出版社2004年版。
⑦ (美)苏珊·朗格:《艺术问题》,滕守尧等译,第25页,中国社会科学出版社1983年版。

第二节　抒情诗与音乐

抒情性作品最具代表性的文学体裁是诗歌。提起诗歌,人们总是会想到优美的意境、宛转的语调、动人的情感,当代社会的许多流行歌曲也具有这样的特点,请看下面的一段歌词:

　　　　谁在用琵琶弹奏　一曲《东风破》
　　　　岁月在墙上剥落　看见小时候
　　　　犹记得那年我们都还很年幼
　　　　而如今琴声幽幽　我的等候你没听过
　　　　谁在用琵琶弹奏　一曲《东风破》
　　　　枫叶将故事染色　结局我看透
　　　　篱笆外的古道我牵着你走过
　　　　荒烟蔓草的年头　就连分手都很沉默

相信很多人都听过台湾歌手周杰伦所演唱的这首《东风破》,也有许多听众和评论家对方文山所作的这首歌词津津乐道。《东风破》虽是一首当代的流行歌曲，其歌词却颇具古典情怀，抒发了真挚动人的情思，富有一种清雅、哀婉的意境美。撇开音乐的曲调、旋律等问题，单看《东风破》的歌词，确实可以把它当做一首优美的抒情诗歌进行玩味与赏析。

以上的这个例子告诉我们，音乐与诗歌能够完美地结合起来，给人以美好的艺术享受。从文学艺术的发展历史来看，诗歌、音乐、舞蹈是同源的，而且最初三种艺术形式是混合为一体的。而诗歌与音乐的关系则更为紧密，从古至今，诗常常可以谱曲演唱；许多旋律也借助填词来表达更明确的意义。"抒情"的英文为 lyric，"抒情诗"则是 Lyrics，这沿用了古希腊文的表述，其原意是说弹奏竖琴时所唱的歌。在英文中，"歌词"与"抒情诗"是同一个单词。我们中国最早的诗歌总集《诗经》，分有风、雅、颂三类，有学者认为它们是"以音别"。再到汉代的乐府、宋代的词、元代的曲，均是诗与乐历史渊源的体现。即使在今天，诗歌与音乐也有着分割不开的联系，从某种意义上说，当下流行歌曲的歌词仍然属于文学作品中诗歌的范畴，比如前面所举到的《东风破》。由陈洪主编、高等教育出版社出版的《大学语文》教材诗歌单元的首篇，选用了台湾著名音乐人罗大佑的一首歌词《现象七十二变》。在介绍中，编写者写道："今天的流行歌曲，或许就是明天的诗。以此审视，流行歌曲自有超越通俗文化的意义与价值。罗大佑歌曲的价值，在于他唱出了 20 世纪八九十年代，海峡两岸中国青年面临社会转型时所特有的迷惘、困惑、痛苦和思考。"①

另外，从表现情感的角度而言，诗歌与音乐都注重音调、节奏与韵律，强调意境，中国现代诗歌的"新月派"就明确主张诗歌应当具有"音乐美"。而法国的象征派诗人魏尔伦则更是强调诗歌中声音的部分，他在诗歌里高呼："音乐呵，高于一切！"当然，诗歌与音乐毕竟是两种不同的艺术形式，虽然它们都借助声音传情，"但是它们也有一个基本的异点，音乐只用声音，它所用的声音只有节奏与和谐两个纯形式的成分，诗所用的声音是语言的声音，而语言的声音都必伴有意义"②。因而，诗歌比纯乐曲所抒发的情感和表现的意义要更确定、更明晰。听华彦钧的《二泉映月》，二胡声如泣如诉，我们大都能感受到浓郁的凄苦之情，然而其中所涉及的具体情境则是模糊的。可是我们阅读张继的《枫桥夜泊》，诗歌通过语言文字所描绘出的景象：孤独清冷的明月、满江的点点渔火、夜半的钟声，衬托出一个羁旅客子的思乡之愁，有声有色，情境交融。诗歌在抒情之余，也给我们展现了一幅隽永美丽的江南游子夜泊图，其形象与意义相较单纯的音乐旋律是更为具体和确定的。

就抒情性的文学作品而言，其主要体裁就是抒情诗。我们经常说中国是抒情的国度、诗歌的国度，原因就在于中国古代的抒情诗歌非常发达。正如前文所说，抒情诗与音乐的关系是非常紧密的，我们可以借由音乐的角度，以一些语言优美、意境深远的流行歌曲（歌词）为例来谈谈抒情的方式问题。所谓"抒情方式"，指的是文学作品抒情写意的具体手法和艺术技巧，最常见的就是修辞。

《弯弯的月亮》是上个世纪 90 年代初的流行歌曲,其悠扬的旋律、柔美的意境至今为人们所喜爱。歌词由李海鹰所作,前半段极富诗情画意,后半段注入对现实的反思,是一首抒情佳作。歌词是这样的:

> 遥远的夜空
> 有一个弯弯的月亮
> 弯弯的月亮下面
> 是那弯弯的小桥
> 小桥的旁边
> 有一条弯弯的小船
> 弯弯的小船悠悠
> 是那童年的阿娇
>
> 阿娇摇着船
> 唱着那古老的歌谣
> 歌声随风飘
> 飘到我的脸上
> 脸上淌着泪
> 像那条弯弯的河水
> 弯弯的河水流啊
> 流进我的心上
>
> 我的心充满惆怅
> 不为那弯弯的月亮
> 只为那今天的村庄
> 还唱着过去的歌谣
> 啊 我故乡的月亮
> 你那弯弯的忧伤
> 穿透了我的胸膛
>
> 遥远的夜空
> 有一个弯弯的月亮
> 弯弯的月亮下面
> 是那弯弯的小桥
> 小桥的旁边
> 有一条弯弯的小船

弯弯的小船悠悠
是那童年的阿娇

　　这首抒情歌词运用了大量的抒情修辞手法,将景与情、声与情完美地结合在一起。因为是歌词,其语言运用必定要配合或凸显音乐旋律的表达,因而其中音乐性的修辞手法非常突出,除了最基本的押韵之外,还大量使用了叠字、双声叠韵、反复和顶真。

　　在描写客观事物时,运用叠字,不仅增加了作品的形象性,也增加了作品的音乐性。比如这首诗歌中用"弯弯"、"悠悠"来形容月亮、小桥和小船,逼真地描绘了明月如钩挂在天边、小桥如虹横跨河岸、船儿在水面上轻轻漂浮的景象,读起来也叮咚作响,与整首作品轻柔婉转的抒情风格非常贴合。而双声词"遥远"、"惆怅",叠韵词"小桥"配以整篇歌词"ou"、"ang"交替的韵脚,音乐性非常鲜明,抒情动人。另外,与《诗经》中的重章叠唱、回环往复相似,《弯弯的月亮》第一节和最后一节是重复的,反复出现的形象与音节,经过第三节情感高潮部分的反思和呐喊,又具有了更深远的韵味。这和徐志摩的抒情名作《再别康桥》的首尾处理有异曲同工之妙。

　　顶真是《弯弯的月亮》最主要的修辞方式,它是指前后的几个语句之间,由相同的语言成分衔接上下两句,上递下接,使得语意连贯、声音流畅、抒情强烈。一般来说,顶真是后一句的开头承接前一句的末尾的语言成分,《弯弯的月亮》几乎通篇都采用了这种方法。如诗歌的前两小节:"有一个弯弯的月亮/弯弯的月亮下面/是那弯弯的小桥/小桥的旁边/有一条弯弯的小船/弯弯的小船悠悠/是那童年的阿娇/阿娇摇着船/唱着那古老的歌谣/歌声随风飘/飘到我的脸上/脸上淌着泪/像那条弯弯的河水/弯弯的河水流啊/流进我的心上/我的心充满惆怅。"顶真用来抒情,阐明了事物之间的关系,句式又匀称整齐,读起来环环相扣,明快流畅。马致远的杂剧《汉宫秋》中,汉元帝送别王昭君后有一段唱词,也采用了顶真,声调起伏回环,痛苦凄清的情感也百转千回:"他部从入穷荒;我銮舆返咸阳。返咸阳,过宫墙;过宫墙,绕回廊;绕回廊,近椒房;近椒房,月昏黄;月昏黄,夜生凉;夜生凉,泣寒螀;泣寒螀,绿纱窗;绿纱窗,不思量!"再如西方一首著名的"反战"民谣《Where Have All The Flowers Gone》③,也采用了精巧的顶真笔法和诗意的语言文字描绘出战争的残酷与悲惨。不过这部作品的顶真手法稍有不同,它并非在句与句之间形成紧密的词语衔接,而是段落与段落之间由一个共同的形象/词语连缀,从而在整体上形成一个精巧而又紧密的顶真结构。其歌词的中英文版本如下(采用《来自民间的叛逆》作者袁越的翻译):

《Where have all the flowers gone》	《花儿们都到哪儿去了》
Where have all the flowers gone,	花儿们都到哪儿去了,
Long time passing?	上溯至遥远的从前?
Where have all the flowers gone,	花儿都到哪儿去了,
Long time ago?	经过了漫长的时间?
Where have all the flowers gone?	花儿们都到哪儿去了?

Young girls pick them everyone	都被姑娘们摘走了
When will they ever learn,	你们什么时候才能明白？
When will they ever learn?	什么时候才能看见？

Where have all the young girls gone,	姑娘们都到哪儿去了，
Long time passing?	上溯至遥远的从前？
Where have all the young girls gone,	姑娘们都到哪儿去了，
Long time ago?	经过了漫长的时间？
Where have all the young girls gone?	姑娘们都到哪儿去了？
Gone to young men everyone	都跑到小伙子那里去了
When will they ever learn,	你们什么时候才能明白？
When will they ever learn?	什么时候才能看见？

Where have all the young men gone,	小伙子都到哪儿去了，
Long time passing?	上溯至遥远的从前？
Where have all the young men gone,	小伙子都到哪儿去了，
Long time ago?	经过了漫长的时间？
Where have all the young men gone?	小伙子都到哪儿去了？
Gone to soldiers everyone	他们都去参军了
When will they ever learn,	你们什么时候才能明白？
When will they ever learn?	什么时候才能看见？

Where have all the soldiers gone,	战士们都到哪儿去了，
Long time passing?	上溯至遥远的从前？
Where have all the soldiers gone,	战士们都到哪儿去了，
Long time ago?	经过了漫长的时间？
Where have all the soldiers gone?	战士们都到哪儿去了？
Gone to graveyards everyone	他们都被埋在了坟墓里边
When will they ever learn,	你们什么时候才能明白？
When will they ever learn?	什么时候才能看见？

Where have all the graveyards gone,	坟墓都到哪儿去了，
Long time passing?	上溯至遥远的从前？
Where have all the graveyards gone,	坟墓都到哪儿去了，
Long time ago?	经过了漫长的时间？

Where have all the graveyards gone?	坟墓都到哪儿去了？
Gone to flowers everyone	它们都变成了花儿
When will they ever learn,	你们什么时候才能明白？
Oh when will they ever learn?	什么时候才能看见？

这首民谣的歌词分为五个小节，每一小节各有一个中心形象：花儿、姑娘、小伙子、战士、坟墓，这五个形象又前后顶真，形成一个圆形结构：花儿被姑娘摘去，姑娘来到小伙子身边，小伙子成为战士，战士被埋入坟墓，坟墓被花儿覆盖。鲜艳的花朵底下，埋葬着本该同样鲜艳却早早凋零的年轻生命，形象对比异常鲜明。死亡与鲜花，如此循环往复，战争的残酷与悲惨也不断在重复，人们什么时候才能明白？什么时候才能停止彼此杀戮？这种段落之间顶真手法的运用，在声音的层面，同样具有重章叠唱的音韵美感，既贴合该首歌词中所要表达的主题，又具有强烈的艺术感染力。

前面提到的几种修辞手法，都是偏重声音层面的，还有些修辞手法在抒情作品中比较偏重形象和画面的塑造。我们仍然以《弯弯的月亮》为例，谈谈其中运用到的比喻、拟人、排比和移用等修辞手法。

在抒情性作品中，比喻可以使情感更加形象化，运用得最经常、最广泛。《弯弯的月亮》中"脸上淌着泪/像那条弯弯的河水"，这是非常典型的明喻，有本体、喻体和"像"、"比如"、"似"等这样的比喻词。李海鹰将眼泪比喻成河水，非常动人地将抒情主人翁内心的忧思与惆怅表达出来。紧接下来"弯弯的河水流啊/流进我的心上"一句，又是借喻的使用，没有比喻词，也没有出现本体"眼泪"，直接用喻体"河水"来表示，加深了读者的印象，并给人以委婉含蓄的诗意体验。除了明喻和借喻，比喻还有暗喻和博喻两种。暗喻也称"隐喻"，是指句子中有本体和喻体，并且有比喻词"是、就是、成了、成为、变成"等，或者不出现比喻词。比如《再别康桥》中"那河畔的金柳，是夕阳中的新娘"。博喻则是指用多个不同的喻体来表现同一个本体，比如余光中两首描写乡愁的作品：《乡愁四韵》中分别选用极富中国传统文化韵味的"长江水"、"海棠红"、"雪花白"、"腊梅香"四种形象来譬喻远离故乡的愁情，沧桑而深挚；更为读者熟知的《乡愁》则将海外游子深沉强烈的思归之情浓缩成为"邮票"、"船票"、"坟墓"和"海峡"这样四种独具"故乡"意味的事物当中，令人欷歔感叹。

拟人和排比两种修辞手法也出现在《弯弯的月亮》这首作品中。在运用语言时，把人的思想感情灌注在无生物或生物身上，把它写得跟人一样，就是拟人。月亮本是宇宙中的一个星球，没有情感，不会忧伤，但在歌词中，词人却写："我故乡的月亮/你那弯弯的忧伤/穿透了我的胸膛。"这种拟人手法的运用，使得情感更为生动和强烈。我们似乎能看见词人故乡天空中的那轮明月，散发出幽幽的悲伤的光芒。排比的修辞方式在《弯弯的月亮》中第一节和第二节均有使用，这两节各自的前四行与后四行无论从句式、结构、节奏、字数，还是从形象上来看，都是整齐对称的。这使南方乡村的夜晚图景，犹如一幅印象派的绘画，在清朗月色与波光潋滟中栩栩如生，也含蓄地表现了词人的哀愁与痛苦。

所谓"移用",指的是将一些词语固有的意义、词性和用法临时改变,从而收到一定的修辞效果。《弯弯的月亮》歌词中写道:歌声"飘到我的脸上",河水"流进我的心上",忧伤"穿透了我的胸膛",并且用"弯弯"来形容忧伤,这都属于移用。歌声本来应该随风飘到耳朵中,这里写飘到脸上,恰与后一句"脸上淌着泪"形成了一种顺承关系,造成感觉间的相通,抒情效果强烈。河水是无法流进心上的,如果联系前一句的比喻(泪水喻为河水),那么此处可以理解成为借喻,河水实际上指的是泪水。但独立来看"弯弯的河水流啊/流进我的心上",则又是词语搭配关系的移用了,形象地抒发了词人心中的痛楚之情。而本来是抽象的、看不见摸不着的情绪"忧伤",却有了可见的"弯弯"的形状,并能够强有力地"穿透"胸膛,凸显了词人对故乡落后现状的反思,这种移用手法的使用,使整首作品达到了一个抒情的高潮,并深化了歌词的理性意义。

以上我们联系了通俗歌曲的歌词,谈了抒情作品的修辞方式问题。除了上文所提到的一些修辞手法之外,在抒情话语中还有其他很多的修辞方式,比如象征、倒装、夸张、对比、用典、设问、对偶等等。而且,这些修辞手法也并非只在抒情性作品中才能使用,叙事性的作品和应用性的文章以及我们生活中都会广泛地用到它们。通过抒情话语中修辞方式的分析,我们可以了解作家是如何运用具有不同表达效果的词语、句子、声音来有效地表达思想感情的。

注释:
①陈洪主编:《大学语文》,第 257 页,高等教育出版社 2005 年版。
②朱光潜:《诗论》,第 109 页,安徽教育出版社 1997 年版。
③词曲作者为美国著名民歌歌手皮特·西格(Pete Seeger),创作于 1956 年,后由西格的一个律师朋友在原版本的基础上又加了两段歌词,目前流行的为改编后的新版本。详见袁越《来自民间的叛逆(上)》,第 226~229 页,现代出版社 2003 年版。

第六章
文学风格

第一节 风格界定

"这正是/不是我喜欢的 style。"

这是当下年轻人,尤其是 90 后的新新人类的一句流行口头用语。以此来表示他们对事物,尤其是对人的一种态度,肯定或否定的态度。那么,这里的"style"是什么意思呢?

翻开《英汉大词典》,会看到这个词有多种释义,如方式、文体、风格;卓越、时髦、气派、特异、格调;样式、款式、时尚;一般的外表、形式、图案或设计;种、类;(古代在蜡板上书写所用的)尖笔、铁笔等等。① 这么多种解释,看得人越发困惑。用在上面那句话中的"style"到底该如何理解呢?回答这个问题之前,我们必须明白一件事,那就是词语的意义不是一成不变的,而是随着时间的流逝在不断演变。

比如"咖啡"一词,是取自英文"coffee"的音译。而西语"Coffee"一词,又源于埃塞俄比亚的一个名叫卡法(kaffa)的小镇,在希腊语中,"Kaweh"的意思是"力量与热情"。现在这个词可指代咖啡树、咖啡豆、咖啡粉、咖啡饮料等。

由此可见,词语在演变的过程中,其原有的意义会发生变化,这已早非鲜事。"style"也如此。

"style",源于希腊文。原是指木堆、石柱和雕刻刀,也就是希腊人用来在蜡板上写字的工具。拉丁人从"雕刻刀"中引申出两种寓意:一是指"组成文字的一种特定方法";二是指"以文字装饰思想的一种特殊方式"②。西方诗学中的"style"一词,最初是和写作演讲的语言形式、修辞技巧紧密联系在一起的。直到 18 世纪后,理论家们才把创作主体与风格的研究联系起来。如果说"style"在西方有着修辞、笔调、文风、文体等多种相近的含义,而在我国"风格"中则存在着一义多词的情形。

我国的风格理论起源于魏晋时期。刘勰最先在《文心雕龙》中写出专论风格的《体性》篇,把"风格"概念引进文艺理论与批评。当时就出现了一些与"风格"相近的新概念,比如"风韵"、"风骨"、"风力"、"风神"、"气"、"气韵"、"神韵"等。可能大家都想不到的是,在当时出现的这些新名词,起初并不是用来论文的,而是用来论人的,包括"风格"一词。兴盛于汉末的人物品评之风,一直延续到魏晋,世人多用上述这些词语来形容和品评士人的气质、风度、体貌和德行等特点。曹丕在《典论·论文》中提出"文以气为主,气之清浊有体,不可力强而致",可谓是以"风格"论人转向论文的开始。

要言之,"风格"及与其义相近的词,在中国于诞生之初,就是用来形容人的风度、气质、品格的。这一最初的用法,至今尚存犹未弃。在我们当下的日常生活中,也还是常常有人用"风格"一词来指称一个人的风度气质、风采神韵和体貌特征。现在年轻人所说的"style",貌似新颖时尚,实际上不过是沿用了"风格"的传统用法而已。

在对"风格"的界定上,一直以来有两种看法:一是偏重主观,把风格看做创作主体个性或人格的体现;二是偏重于客观,把风格视为作品的外在形式特征的显现。中国的"文如其人"和西方的"风格即人"就是第一种观点的代表。"风格即人"的提出者布封,曾明确说:"只有写得好的作品才是能够传世的。作品里面所包含的知识之多,事实之奇,乃至发现之新颖,不能成为不朽的确实保证;如果包含这些知识、事实与发现的作品只谈论些琐屑对象,如果他们写的无风致,无天才,毫不高雅,那么,它们就会是湮没无闻的。因此,知识、事实与发现都容易脱离作品而转入别人手里,它经更巧妙的手笔一写,甚至于会比原作还要出色些哩。这些东西都是身外物,风格却就是本人。"③

布封的"风格"论,是典型的主观内在说。认为风格的形成与创作主体的个性、品质、境界等密切联系,与作品表现的对象无关。用布封自己的话说就是"文章风格,仅仅是作者放在他的思想里的层次和调度"。文格与人格,一般来说,是有一定联系的。比如19世纪俄国现实主义文学的代表列夫·托尔斯泰,他本人是一位关注现实、同情下层、不满腐朽统治的人道主义者,他的作品也无一例外地充满着对人民的悲天悯人的人道关怀和对丑恶现实的强烈的批判激情。可以说,托尔斯泰的一系列作品,不仅让我们了解到当时的社会现实,同时也让我们感受到了一个真正的文学大师不朽的人格魅力。正如歌德所说的:"总的来说,一个作家的风格是他的内心生活的准确标志……如果想写出雄伟的风格,他也首先就要有雄伟的人格。"④但我们必须明白,创作者的个性、人格也会与作品出现不一致的情况。这种不一致,有时候是创作者刻意的追求,如萧纲在《诫当阳公大心书》中所倡导的:"立身先须谨慎,文章且须放荡。"也有时候是一种不自觉的流露。曾与民国才女张爱玲有过一段情的胡兰成,就自诩为才子,文章写得也漂亮。但是拨开他的华丽字眼,跃出文章看真相,胡兰成不过是一个轻浮、浅薄、鄙陋的荡子。

与上述的主观论相对应,客观论者是强调风格的客观属性。因为风格是以言语的形式呈现出来的,不同的风格要求不同的文辞表现。不同的表达方式、语言结构和修辞技巧,带来作品与作品之间风格的差异。如"新月社"的主创徐志摩,以《再别康桥》等轻灵飘逸的诗作得到"轻悄体"这一评价。而鲁迅先生,则以为数不多的古体诗作呈现出他一贯的"忧愤"特色。

事实上,文学风格既与创作主体的个性、人格有密切的联系,也与作品的外在形式及主题等内容要素有关。但不是两者的简单相加,而是两者的有机统一。换言之,风格存在于作家的主体要素和作品的客体要素高度融合所形成的整体风貌中。所以,要判定一部作品的风格,从总体上去把握就可以了。同样的,要概括一位作家的创作风格,也应该从总体上去评判。

如19世纪法国作家司汤达的作品,无论是他的长篇小说代表作《红与黑》,还是其知名短篇小说《法尼娜·法尼尼》,都带有浪漫的想象、充沛的激情,但因为作品总体上的写实性、批判性和典型性,还是被视为批判现实主义的力作。而司汤达本人,也更适合被视为一位具有浪漫气质的激情现实主义作家,而不是他本人一直自居的"浪漫主义者"。

正如一个人的着装打扮、品味格调,需要长期有意识的摸索、培养和追求才会形成一样,文学的风格也需要经过长时间的探求。一个作家必须要在有了坚实的基本功的基础上,才有资格谈及风格,也才有可能形成自我独特的风格。

文学风格被视为作家创作个性与具体话语情境带来的相对稳定的整体话语特色。所以,风格的形成既与创作主体先天个性有关,也与文学形态的样式相连。换言之,作家的创作个性是形成作品风格的内在动因,文体则是作品风格的外在表现。

由"文如其人"和"风格即人",就可看出中、西方文论都比较认同文学风格即作家的创作个性说。如中国古典诗学提倡的"诗言志",既然诗歌是诗人自我情志的书写,那么诗人个体的精神、气质、气度、品行等,无疑会对作品的风格产生一定的影响。还有《易经》提出的"修辞立其诚",诚者,心也。意思是说,文辞必然要表现作者的思想情感和道德品质,因此要写出好的文辞,必须先要有好的思想情感和道德品质。刘勰《文心雕龙·体性》的"各师成性,其异如面"也是近似的意思。

文心与人心相通。文格也与人格相连。好作品是发于心的。创作者的性情、精神、心力,还包括个体丰赡的生命感受,都要通过作品来呈现。不见性情,作品难以感人,其人也难成大师,终究只是匠人而已。"在艺术和诗里,人格确实就是一切"[⑤]。要言之,文章无高下,境界有高低,思想有优劣。托尔斯泰的作品,与才华或许有关,与性灵是必然有关。他笔下的男主人公形象,无论是早期自传体三部曲中的"聂赫留朵夫",还是成熟期的"列文"和晚期《复活》中的"聂赫留朵夫",都打上鲜明的自我的印记。他的创作,可谓是其内心真实的证词,自我情感体验的书写和自身生命历程的写照;他的创作,无一不是在向自我心灵最神圣的地方靠近,与自我执著的精神探索相连。同样的,鲁迅先生的文章,也无一不是其内心的真实写照。鲁迅先生的文字,虽批评人不留情面,但是,总有一种深沉的大爱洋溢在字里行间。其冷嘲热讽文学风格的形成,与他少时就经历家道中落、体味世态炎凉所造就的"冷眼看世界"的性格有关。但冷漠与尖刻只是一面,鲁迅先生始终怀有一颗火热的心,始终真诚地面对世界,热切地关注人民大众。正因其内心拥有深沉、坚毅、伟大的情感,才会下笔如此真切、冷静和悲怆。

刘勰指出:"才有庸俊,气有刚柔,学有浅深,习有雅郑。并情性所铄,陶染所凝,是以笔区云谲,文苑波诡者矣。"[⑥]正是因为创作者具有各自的特性,才会形成文学多样的风格。同时,也不可忽略作家内在的品格与人性,因为"一切伟大的艺术家,必须兼有独特的个性与普遍的人性"⑦。总之,创作者如果拥有充沛丰盈的生命、勇敢的心灵、顽强的精神、伟大的灵魂、超凡的品质、高洁的志向,那么其作品风格也必然是与之相呼应的,绝不会形成浅薄、平庸、世俗且轻飘的文风。而创作者境界的不同,也导致作品境界的高下。每一部作品背后,都或明或暗地透露着创作者的性情、胸襟、抱负和志趣。无论是率性、挥洒、放达,还是隐忍、狭隘、促狭,都可能会被接受者所洞察。如苏轼,既开"豪放"词风之先,又被誉为"旷达"之代表。不仅因为苏轼是"秉性难改的乐天派",还因为"苏东坡的人品,具有一个多才多艺的天才的深厚、广博、诙谐,有高度的智力,有天真烂漫的赤子之心——正如耶稣所说,具有蛇的智慧,兼有鸽子的温柔敦厚"⑧。苏轼的人格、境界及天性,孕育和造就他的词作独特的风格,那就是超拔不脱俗。也因此,他的词作从古到今都具有最为广大的读者和较强的吸引力。

除了创作者的个性气质,文体形式,也就是文学形态发展的样式,也与文学的风格的形成密不可分。文体是风格的载体。风格的随体成势,就是文体对文学风格的形成所产生的影响。每一种文学样式都有相应的形态要求,对创作者自然就具有一定的约束力。陆机《文赋》,不仅提出"体有万殊,物无一量",而且把文体分为十类并具体概括其风格特征:"诗缘情而绮靡,赋体物而浏亮。碑披文以相质,诔缠绵而凄怆。铭博约而温润,箴顿挫而清壮。颂优游以彬蔚,论精微而朗畅。奏平彻以闲雅,说炜晔而谲诳。"⑨陆机对十种文体风格特征的论述,既有内容方面的特点,也有形式方面的特点。正是因为不同的文体在内容和形式上都有特定的要求,因此表现在风格上也就有明显的差异。

通常来说,叙述体擅长描绘波澜壮阔的社会画面,而抒情体则更偏重于抒写个人情感。词,又被称为"长短句",在唐五代初创时期,词只是用来抒写个人情感的,到了宋代,词的表现范围明显扩大。但说到底,词是诗歌的一种,依然以抒情为主。比如苏轼,正是他将词的表现范围扩大到无一事不可以填词的地步,但他的每一首词作,几乎都抒写了他的情感体验。如《江城子》("老夫聊发少年狂")、《江城子》("十年生死两茫茫")和《水调歌头》("明月几时有")。如果说"出猎"词抒写的是壮志"豪情",那么"记梦"则抒写的是对逝去妻子的眷眷"深情","明月几时有"则抒发了兄弟之间的拳拳"真情"。

抒情体文学,以诗歌为代表;以叙事为主的叙述体文学,则以小说为主,尤其是长篇小说。长篇小说,能够细致地分析和研究社会,也最适宜于全面地反映广阔的社会生活,真实地展现错综复杂的历史事件和历史画面。19世纪30年代之后的西欧,迎来了长篇小说空前的繁荣与发展。这一时期的长篇小说创作,不仅在思想内容上具有极高的史料价值,在艺术形式上也达到了前所未有的高度。巴尔扎克的《人间喜剧》被认为是法国19世纪社会生活的风俗史。狄更斯用十几部小说再现了19世纪上半叶英国社会的方方面面。托尔斯泰的作品,则全方位地展示了19世纪俄国生活的图画。为了如实地再现生活,现实主义作家们不仅注重细节的描写,而且在叙事技巧、情节结构和人物描写等方面,都比以往的小说更为成熟和完善,从而取得了前所未有的辉煌成就。

注释：
① 《牛津现代高级英汉双解词典》，第1151页，商务印书馆1988年版。
② 歌德等：《文学风格论》，王元化译，第17页，上海译文出版社1982年版。
③ 布封：《论风格》，《译文》1957年9月号。
④ ⑤艾克曼：《歌德谈话录》，洪天富译，第39、229页，人民文学出版社1978年版。
⑥ 刘勰：《文心雕龙》"体性"篇，第256～257页，中华书局1986年。
⑦ 傅雷：《傅雷家书》，摘自《文学界》2010年9月上。
⑧ 林语堂：《苏东坡传》，第9页，陕西师大出版社2006年版。
⑨ 郭绍虞：《中国历代文论选》第一册，第171页，上海古籍出版社1979年版。

第二节 风格的特征

文学风格成因丰富又复杂，作家主体因素和社会客观因素各显其能。通常，前者决定了作家文学风格的个性方面，后者则制约着文学风格的共性方面。就作家所体现出来的文学风格而言，风格通常具有下述特性。

首先是独创性。风格是一个作家创作成熟的标志。优秀作家无不拥有自我的独特风格。李白的潇洒飘逸、杜甫的沉郁顿挫，都是风格独创性的表现。李白的《宣州谢朓楼饯别校书叔云》名为"饯别"，重在咏怀，即使是在"抽刀断水水更流，举杯销愁愁更愁"之时，畅想的依然是"人生在世不称意，明朝散发弄扁舟"的慷慨激昂之情。杜甫的《登高》，书写了秋日天高风劲的美景"无边落木萧萧下，不尽长江滚滚来"，但结尾却落笔"艰难苦恨繁霜鬓，潦倒新停浊酒杯"的伤感之中。一豪迈飘逸，一沉郁悲愤，特点鲜明。独创性，可以说是文学风格的根本特征。严羽《沧浪诗话》说：子美不能为太白之飘逸，太白不能为子美之沉郁，就很好地说明了风格的独创性和不可替代性。每一位作家都应该让读者通过阅读作品就能辨识其作者为何人，通过读其文，达到知其人。据说李清照的创作才华，曾让她的丈夫金石考录家赵明诚心有不甘。为了能与李清照的词作一决高下，他把自己关在书房两个星期埋头创作了多首词作，然后两相混杂，交与友人陆德夫评判。结果陆德夫不仅准确辨别出他们各自的词作，并给予李清照的作品以高度褒奖，感叹《醉花阴》堪称是"千古绝唱"，其中"莫道不消魂，帘卷西风，人比黄花瘦"三句更是绝妙之至。这让赵明诚既觉羞愧，又对妻子的才华心服口服。

文学风格因人而异，不可强求相同，也不可一味模仿他人，唯有独创，才有生命力。明智的作家，都会弃绝模仿，因为"模仿别人的风格犹如戴上一只假面具，不管它多么精美，用不了多久就会引起人们的厌恶和憎恨，因为它毫无生气；因此，一张丑陋的活人的脸也比它强得多"①。尽管每一个初涉写作的人，都会难以避免地去模仿他人。"风格的模仿这个问题，起步阶段的作家这么做无可厚非（事实上这也无法避免，作家每进入一个新的阶段都以某种模仿为标志),但人不可能模仿一个作家处理某种题材的独特方式,虽然这种写法看起来平淡无奇"②。但模仿的目的是为了超越,为了找到适合自我的风格,否则"结果写出的多半只是些苍白无力的模仿之作"③。莫泊桑曾是福楼拜忠实的门徒,歌德也是赫尔德的仰慕者,罗曼·罗兰更是被托尔斯泰的才华深深折服,但这些名师的高徒,都在短暂的学习、模仿和借鉴后,很快地找到了真正适合于自己的创作路径,形成了自己独具的艺术风格。

比如罗曼·罗兰。自幼钟情于音乐和文学,视贝多芬和莎士比亚为心灵的知己。1886年7月,20岁的罗兰以优异的成绩考进了巴黎高等师范学校,选读的是哲学,后来又选读了历史和地理。但文学却是他的最爱。在图书馆诸多的图书中,与俄国大文豪托尔斯泰的"邂逅"让他欣喜不已。后来,罗兰几乎拜读了托尔斯泰的所有作品,对这位大文豪是越加的佩服,还怀着无限敬仰之情给他眼中的活着的"莎士比亚"——异国的文学大师托尔斯泰写了封长信。几个月后,罗兰收到了大师长达28页的回信。大师的回信极大地鼓舞了罗兰,大师的人道主义思想和现实主义的艺术观也对罗兰产生了深刻的影响。他就此立下"不创作,毋宁死"的决绝誓言。但在创作的道路上,罗兰在接纳前辈经验的基础上,没有放弃自己对世界的审视与认知,充分利用自我对音乐与文学的兴趣与特长,用了近20年的时间,创造出10卷本的"长河小说"《约翰·克利斯朵夫》。小说表现出的"伟大的心"和天才艺术家不畏强权、坚持真理的勇气赢得了世人的赞叹;艺术上将音乐与文学的完美结合,更是具有前所未有的开创性。小说不仅让罗兰一举成名,更让他获得了诺贝尔文学奖的殊荣。心有偶像,但不是一味的膜拜,而是吸取偶像的优点和他们成功的经验,为我所用;然后力图突破,甚至是超越偶像,做真正的自我。这就是罗兰。也是无数创作领域成功者的共性。

其次是稳定性。文学风格具有相对稳定的特点,作家的风格一旦形成,就会在一定时间里保持稳定和延续。"江山易改,本性难移",这是由作家的个性稳定性所决定的。陶渊明的恬淡质朴、李白的潇洒飘逸、杜甫的沉郁顿挫、苏轼的豪放旷达、李清照的清新婉约、鲁迅的深沉冷峻、荷马的活泼明快、维吉尔的悲观忧郁、莎士比亚的清丽高远、拜伦的恣肆不羁、果戈理的辛辣嘲讽、马克·吐温的幽默诙谐、哈代的清醒悲悯、卡夫卡的怪诞神秘,是他们各自在文坛上的独特标签,也是他们作品的主导色调。

如狄更斯与哈代,都是英国19世纪维多利亚女王统治时期的作家,虽然他们都遵循现实主义的创作原则,作品也都体现了悲天悯人的人道关怀和社会批判精神,但作品的创作风格和基调却截然不同。从总体上来看,狄更斯的作品在艺术上一直以妙趣横生的幽默、细致入微的心理分析,以及现实主义手法和浪漫主义气氛的巧妙结合而著称;而一惯以悲观主义的眼睛看待世界的哈代,其小说作品则始终弥漫着浓浓的悲凉色彩,因此而遭到当时评论界的尖锐批评。比如在《德伯家的苔丝》与《无名的裘德》中,哈代怀着悲悯之情分别讲述了苔丝与裘德的故事,两个年轻人都是一心向善、追求美好,但在他们短暂的人生里程中,都历经苦难,结局悲惨。带给人无尽的悲凉之感。承认现实的丑恶,对现实抱悲观态度,然后在遵循自然法则的基础上改善现实,并争取最好的结果。这就是哈代在那个动荡不安的时代所进行的思想探索。事实上,相较于以狄更斯为代表的同时期作家的盲目乐观主义,哈代的悲观主义,显然是一种更为清醒的现实主义,其作品也更具有现代的色彩和意义。

不过,风格的稳定性也是相对的。时代的变革、作家自身生活境遇的改变,都会带来风格的变化。李清照是宋词婉约派的一大代表,其早期创作多抒写生活闲适的上层女性的闺怨闲愁,词风格调清新、活泼明丽,如《如梦令》("昨夜雨疏风骤")和《如梦令》("常记溪亭日暮")等。词作《一剪梅》("红藕香残玉簟秋")可为代表:

　　红藕香残玉簟秋。轻解罗裳,独上兰舟。云中谁寄锦书来?雁字回时,月满西楼。　　花自飘零水自流。一种相思,两处闲愁。此情无计可消除,才下眉头,却上心头。

元人伊世珍《琅嬛记》卷中载:"易安结婚未久,明诚即负笈远游。易安殊不忍别,觅锦帕书《一剪梅》词以送之。"用诗词来抒写男女相思之情,这并不稀奇新鲜,但李清照的这首《一剪梅》以其清新的格调、女性特有的微妙心理和细腻缠绵的情感,以及不落俗套的表现方式,给人以美的享受,更让人感同身受。全词设色清丽,意象蕴藉,不仅工笔刻画出四周景色,画面感极强,而且烘托出词人内心真挚的情感和思妇的绵绵情怀。

但中年后遭遇国破家亡夫死之痛,促使李清照从个人的狭小生活天地跳跃出来,转向广阔的家国命运中去,词风也随之发生巨大变化,不仅写出《声声慢》("寻寻觅觅")和《武陵春》("风住尘香花已尽")等悲愤沉郁之作,更是写出了《渔家傲》("天接云涛连晓雾")这样雄浑壮阔之作:

　　天接云涛连晓雾,星河欲转千帆舞。仿佛梦魂归帝所。闻天语,殷勤问我归何处。　　我报路长嗟日暮,学诗谩有惊人句。九万里风鹏正举。风休住,蓬舟吹取三山去!

这首词应该是李清照南渡之后的词作。南渡以前,李清照是个足不出户的大家闺秀,多写闺中女子的相思之情;南渡以后,"飘流遂与流人伍",视野逐渐开阔起来。该词作写梦中海天相接的景象以及与天帝的问答。一开头,便展现一幅雄浑、辽阔又壮丽的海天一色图卷。这样开阔大气的境界描写,隐寓着词人对南宋黑暗社会现实的失望,对理想境界的追求和向往。就此点来看,该词与李白的《梦游天姥吟留别》有异曲同工之妙。作者以浪漫主义的艺术构思,梦游的方式,设想与天帝问答,倾诉隐衷,寄托自己的情思,景象壮阔,气势磅礴。李清照一向被视为宋代婉约派之词宗。这首词却气势磅礴、豪迈,具有明显的豪放派风格,显然是其风格迥异的另类作品。近代梁启超评为:"此绝似苏辛派,不类《漱玉集》中语。"甚是恰切。以含蓄、委婉、清丽为主体风格的婉约派代表的女词人,而能写出这样具有浪漫情调又气魄宏伟的豪放词作,确实值得注意,亦令人由衷地佩服。

再次是多样性。风格的多样性,是由创作主体的个性才能的差异性、创作题材的丰富性和读者审美需求的多样性共同决定的。不同文学风格的多样性,往往是一个时代文学发展与繁荣的重要标志。如堪称中国诗歌史上的黄金时期的唐代,就出现了"盛唐气象",引领当时诗坛的诗人,几乎都具有自己的独特风格。李白的清新飘逸,杜甫的沉郁顿挫,王维的空灵超脱,孟浩然的恬淡清雅,王昌龄的高俊畅达,高适、岑参的悲壮慷慨等等。到了宋代,文人多致力于词作的创作,出现了以周邦彦为首的讲究格律、富艳精工的"格律派"(还有姜夔、吴文英等),柳永、李清照等人为代表的"婉约派"和以苏轼、辛弃疾和张元幹为主的"豪放派"。另外,还有风格多样的李煜(代表作有《虞美人》"春花秋月何时了"、《浪淘沙》"帘外雨潺潺"等)、秦观(代表作有《望海潮》"梅英疏淡"、《踏莎行》"雾失楼台"等)和贺铸(代表作有《青玉案》"凌波不过横塘路"等)。

文学风格的多样性,在很大程度上是作家有意识的追求。既然"没有任何诗的风格能够常保新奇"④,那么在继承前人基础上的突破与创新就是必然的了。正是作家具有这种自觉意识,才会推动文学的发展和常新。

上文已述,李清照前期创作以含蓄细腻柔婉胜,多以"才下眉头,却上心头"的儿女情长为主,后期经历种种磨难后,历练稳重,写下了"生当作人杰,死亦为鬼雄"的诗句,骋怀纵目的挥洒、压倒须眉的气魄,曾笑傲多少男儿。又如辛弃疾,既是一位以毕生精力从事抗金事业的人,也是一位以毕生精力从事词的创作的伟大爱国主义作家。他的词作大都表现其强烈的爱国主义思想感情,其词风多彰显为悲壮慷慨和雄壮豪放。《破阵子》("醉里挑灯看剑")、《水龙吟》("楚天千里清秋")和《菩萨蛮》("郁孤台下清江水")堪称代表。可是,就是这样一位不屈的抗金英雄,也写出了《西江月》("明月别枝惊鹊")和《清平乐》("茅檐低小")等活泼自然、清新明丽之作。此外,辛弃疾还有少数缠绵妩媚之作,比如那首让人心动的《青玉案》"元夕":

> 东风夜放花千树,更吹落,星似雨。宝马雕车香满路。凤箫声动,玉壶光转,一夜鱼龙舞。　蛾儿雪柳黄金缕,笑语盈盈暗香去。众里寻他千百度,蓦然回首,那人却在,灯火阑珊处。

这种词作风格的多样化看似令人费解,实则是词人刻意的追求。其实,只要我们想到辛弃疾对同乡李清照词作的一贯推崇,也就不难理解其词作风格的多样化了。

再如柳永。素来缠绵婉转,却也写过一首极为精彩雄浑的《八声甘州》,连苏轼看了都不得不赞赏。之前,苏轼是不太认可柳永的。他当翰林学士时,曾问幕府中的歌者:我的词比柳七如何?歌者的回答是:柳永的词,只合十七八岁的姑娘,手握红牙板,敲起点子,柔柔怨怨地唱:"杨柳岸,晓风残月";大学士的词,则须关西大汉,手执铜琵琶、铁拍板,跺脚大喊着"大江东去,浪淘尽"。柳永的词委婉通俗,在当时流传极广。但他的阴柔气质却得不到那个时代的认可。苏轼也不太欣赏他。其实人性里面包含两种气质,一面阳刚豪放,一面阴柔婉约。就像柳永,貌似一直是阴柔婉约的,却也写出连苏轼都大为激赏的诗句。苏轼高度评价说:"渐霜风凄紧,关河冷落,残照当楼"作为诗句,不亚于唐人的高明之处也。

就是苏轼本人,其创作也体现了多样化的风格。苏轼虽素以豪迈奔放胜,但也写下"细看来不是杨花,点点是离人泪"。而那句"枝上柳绵吹又少,天涯何处无芳草",更是被清代诗人王士禛评论说,即便柳永写情也未必能超过他。

要言之,文学风格总体上的多样性,反映出的是一个时代文学的成熟与繁荣;作家个体创造上体现出来的文格的多样化,则是个体自我有意识地追求和创作成熟的标志之一,这与作家文学风格的独创性和稳定性是不矛盾的。

注释:

① 《文学研究丛刊》(第一辑),第418页,上海社会科学院出版社1984年版。
② ③ 斯蒂芬·金:《写作这回事——创作生涯回忆录》,张坤译,第156、156页,上海译文出版社2009年版。
④ 韦勒克、沃伦:《文学理论》,刘象愚等译,第278页,三联书店1984年版。

第三节　风格中的文化因子

文学风格不仅是作家个人创作成熟的标志,也是辨识一种文化的标志。作家总是生活在一定的时代、民族、地域之中的,受一定时代、民族、地域的影响,就形成了文学的时代风格、民族风格和地域风格。而在文学发展过程中,一旦流派形成,就会有流派的风格。

1. 风格与时代文化

一定时代的社会生活、思想观念、时代风尚会给当时的文学打上鲜明的时代印记。所以风格中不可避免地具有时代性。时代精神通常是通过作家进入到作品中的。"汉魏风骨"和"盛唐气象"分别是对建安文学和盛唐文学风格的概括。

关于建安文学,刘勰在《文心雕龙·时序》中概括说:"观其时文,雅好慷慨,良由世积乱离,风衰俗怨,并志深而笔长,故梗概而多气也。"①乱世扰人心,但乱世也会带来一定的机遇。建安时期的文人勇敢面对乱世,大胆抒发内心壮志,渴望建功立业、成就自我,形成上述群体性的文学风格。正如傅雷先生所说的:"汉魏人的胸怀更接近于原始,味道浓,苍茫一片,千载之下,犹令人缅怀不已。"②

曹氏三父子,可谓是建安文学的突出代表。曹操更是被鲁迅先生誉为"改造文章的祖师"(《魏晋风度及文章与药及酒之关系》)。作为建安时代杰出的政治家和文学家,曹操的诗文创作都取得了很高的艺术成就。《短歌行》、《蒿里行》和《步出夏门行》都是其脍炙人口的名篇。《短歌行》有二,其中"对酒当歌,人生几何"这一首,是曹操在宴会上抒发自己的雄心壮志和人生感慨,并表达了对贤才的渴慕。

对酒当歌，人生几何？譬如朝露，去日苦多。慨当以慷，忧思难忘。何以解忧？唯有杜康。青青子衿，悠悠我心。但为君故，沉吟至今。呦呦鹿鸣，食野之苹。我有嘉宾，鼓瑟吹笙。明明如月，何时可掇？忧从中来，不可断绝。越陌度阡，枉用相存。契阔谈䜩，心念旧恩。月明星稀，乌鹊南飞，绕树三匝，何枝可依？山不厌高，海不厌深。周公吐哺，天下归心。

这首乐府旧题诗，每四句为一章，每两章为一个层次。第一、二章，感叹人生苦短，只好借酒消愁。第三、四章，化用《诗经》中对友人思念的诗句，表现对贤才的渴慕。第五、六章，写因思念而产生幻觉，幻想友人来到，饮酒叙旧。第七、八章，表达自己要像周公那样礼贤下士，完成统一大业。该诗把言志和抒情相结合，带有建安文学诗歌特点的悲凉慷慨的格调，具有很强的感染力。诗作所彰显的慷慨豪迈之风、细腻伤感之情，也为我们呈现出作为军事家和政治家的曹操的另一面，那就是他同时也是一位多愁善感和恣意性情的文人。

文学与时代之间的关系甚是紧密。一个自由开阔的时代与社会，其文学风格必定是大气磅礴、自由随性的；相反，如果是一个保守封闭、严苛重律的社会，其文学风格势必是谨小慎微、含蓄低隐的。比如唐代。如果说盛唐是盛世，那么中唐之后，时局明显发生变化，唐代也逐渐由盛转衰。与之相对应，文风也发生极大改变。唐代在"安史之乱"后，不仅注重边防的守卫，也加强对文人思想上的控制，导致诗人有话不能直言，有情难以直抒，有怨也不能明发。相较于盛唐的大气开阔诗风，中、晚唐诗风呈现出诡秘和隐蓄色调。诡秘诗风的代表有被誉为"鬼才"的李贺与贾岛，隐秘含蓄的代表则为李商隐。《贾生》、《安定城楼》、《行次西郊作一百韵》等，都是李商隐的代表作。这些诗作大都抒写了诗人仕途潦倒与人生失意的苦闷。最让研究者关注的还是他的《无题》诗。《无题》诗非一时之作，多写爱情，但可能也另有寄托，诗人在诗中善用典故，多用双关和比喻，构思巧妙，有时却又伤于晦涩难懂。如"昨夜星辰昨夜风"和"相见时难别亦难"都是如此。而那首以诗的首二字为题名的《锦瑟》，其隐晦程度堪比其"无题"诗。

有人喜欢盛唐诗歌，但也有人更喜欢魏晋时期的诗歌和诗人，认为那些歌于乱世、以隐逸为清高、以山林为乐土的诗人，比起在盛世高歌的李白，更具苍凉的美感。相较于李太白的潇洒飘逸，有过一定阅历的读者可能更加推崇陶渊明对生命深邃洞察后的洒脱。为人的境界决定文学的境界，好比"采菊东篱下，悠然见南山"：采菊是有意为之，见南山是无意偶遇。这种境界不是谁都可以做到的。陶渊明的诗作，勾起历代无数读者对魏晋的向往之情。

每个时代的文学，都或隐或显带有时代的印记。如果说但丁创造出《神曲》是"时势造英雄，英雄歌时事"，那么《神曲》无疑也成为读者了解时代的一面镜子。当下，充斥着享乐主义和庸俗主义的气息。诗意与浪漫，已经伴随着物质欲望的急剧膨胀而渐行渐远。在普通人面前，如果你介绍说某某是大款，可能换来的是羡慕的眼神和仰慕的赞叹；如果你介绍说某某是诗人，可能得到的只是不屑的眼光和讥笑。王蒙在《铿锵三人行》里曾玩笑似的说道,有几位文艺界的领导在那儿议论,古有楚辞、汉赋、唐诗、宋词、元曲、明清小说,到了咱们这儿该怎么办?有一位领导说,咱们现在有小品和短信。这可真是现实的真实写照。

2. 风格与民族文化

中、西方有着鲜明的民族差异。与中国人讲究含蓄蕴藉的禅味不同,法国人彰显的是浪漫和幽默。同样地处欧洲,通常我们会觉得意大利人开朗热情,希腊人闲适从容,西班牙人激情奔放,法国人风趣浪漫,英国人典雅绅士,德国人严谨持重。不仅民族精神、民族个性有显著差异,文化上也一样有差异。如意大利的歌剧闻名于世,法国的时装与香水引领世界风潮,德国的哲学与音乐也是举世知名。

很明显,不同的民族有不同的文化传统。作家生活在民族文化传统中,不能不受到民族文学传统的影响。一个民族的精神文化、集体的审美意识、共同的心理积淀、生活习俗和民族语言,共同孕育和造就了一个民族的文学风格。就如18世纪法国启蒙领袖伏尔泰所说:"从写作的风格来认出一个意大利人、一个法国人、一个英国人或一个西班牙人,就像从他面孔的轮廓,他的发音和他的行动举止来认出他的国籍一样容易。"③

如同样是19世纪的小说家,同样写的是以历史为题材的小说,大仲马的《三个火枪手》与狄更斯的《双城记》体现出截然不同的艺术风格和民族精神。《三个火枪手》写的是17世纪法国路易十三统治时期的四个火枪手的冒险故事。作品以主人公达塔尼昂与他的三个火枪手朋友为主线,以英、法宫廷为主要背景,围绕一个有十二颗金刚钻的坠子发生的一系列事件,塑造了四个火枪手的形象。四个火枪手个个神勇,各具特点,性格鲜明。当时就有评论说,小说堪称是法兰西的缩影,而四个侠肝义胆、风流潇洒的火枪手则体现了法兰西特有的民族性格和精神风貌。而在狄更斯的创作中具有重要地位的历史小说《双城记》,则具有浓重的道德说教意味。小说以法国大革命为背景,以梅尼特医生的遭遇为主线,集中反映了作者的人道主义思想。作者笔下的梅尼特、露西、卡尔登与代尔那都是其人道理想的体现。狄更斯是一个反暴力的人道主义者,他表达的用爱化解仇恨,以牺牲自我换得人与人之间的和谐的道德理想,表现的是英国19世纪的时代精神和社会思潮。

事实上,有多少个民族,就会有多少种民族精神,而这些民族精神又或多或少、或明或暗地反映在民族文化上,从而进一步形成各自鲜明的民族文化风格。不仅创作上如此,在文学欣赏与文学接受上也是如此。一个让西方人听了捧腹大笑的笑话,说给中国人听,可能听者只会觉得莫名其妙和不知所云。如朱光潜所说:"文艺趣味的偏向在大体上先天已被决定,最显著的是民族性。拉丁民族最喜欢明晰,条顿民族最喜欢力量,希伯来民族最喜欢严肃,他们所产生的文艺就各具一种风格,恰好表现他们的国民性。"④趣味如口味,可区分,难以言明。很多中国人喜爱的豆腐乳,在西方人眼里却是变质不可食用的东西;而西方人普遍喜爱的奶酪,于中国人而言,也是怪味难食。这种趣味与口味的迥异,看似云里雾里,实际上早就隐藏在民族的血液中了。

再以中国为例,中华民族悠久的历史孕育了辉煌的文化和优秀的文学传统。其中体现了鲜明的民族性。中国人相对来说比较内敛含蓄,表情达意不是那么直接。于是就会借用他物来传情,如"月亮"。纵观古典文学史,你会惊异地发现有如此之多的诗歌是写月亮的。单在李白的诗句里,月亮就曾多次出现,而且用法不一:"举头望明月,低头思故乡"是借月表达思乡之情;"举杯邀明月,对影成三人"表达的则是孤寂之感。这种对月亮的情有独钟,不单李白,也见于其他文人的身上。如在霍达的长篇小说《穆斯林的葬礼》中,月亮的描写随处可见。毫不夸张地说,月亮不仅是这部作品的主线,而且还是这部作品的灵魂。作者正是通过对月亮的明暗、圆缺的描写来暗喻作品主人公情感发展和人生变迁。

不独中国人对月亮的执著喜爱让西方人困惑,中国人对红色的偏爱,对松竹梅兰的赞赏,对数字"8"的钟情,都暗含着独有的民族心理和情结。

3. 风格与地域文化

上面我们曾对欧洲各国的国民个性给予概括,事实上他们之所以具有各自独特的国民性特征,及其在文学艺术哲学方面的成就,与他们所处的地理位置有着一定的关系。比如位于欧洲南部的意大利,靠近海洋,一年四季都是气候温暖、空气清新,所以人们多愿意呆在户外,参加唱歌跳舞等集体狂欢活动,性格大都开朗外向。而位于北部的德国,冬季漫长阴郁,寒冷彻骨,人们大都躲在室内,在火炉边沉思冥想,因而德国的古典音乐流传四方,德国人在哲学领域达到的高度与深度也让人望尘莫及。

不同地域有不同的文化。俗语说:一方水土养一方人。作家总是生活在一定的地域中,地域的气候、语言、风尚习俗、宗教传统等,无疑会影响到作家的精神特质和创作倾向。与雨果同时期的法国作家、文论家斯达尔夫人,就细致研究了地域差别对文化的影响。她把欧洲划分为南部和北部,认为两地迥异的自然环境是造成南部与北部人民精神风貌及文化特性差异的主要原因。在其主要理论著作《从社会制度与文学的关系论文学》中的第十一章"论北方文学"中,她不仅对英国文学与德国文学进行比较,还对她所提出的两大类型的文学(南方文学与北方文学)的主要区别作了细细考察。⑤斯达尔夫人关于地域和文化的研究,自问世就获得学术界的广泛关注与借鉴。

说起作家和地域、环境之间的密切联系,人们多半会举20世纪美国南部作家威廉·福克纳为例,他不断写"家乡的那块邮票大小的地方",形成了一个世系,并借这个世系来表现美国南方社会的生活图景。如今,福克纳小说中的斯特拉特福镇,早已成为一处文学圣地,每年都会吸引大批游客蜂拥而至。还有19世纪后半叶英国现实主义作家托马斯·哈代,他的小说都是乡村题材,故事大都以他的家乡为背景,不过他并没有用过他家乡的真名"多塞特"来称呼他所描写的乡村,而是统一用"威塞克斯"这个古老的名称。哈代因描写威塞克斯而扬名天下,威塞克斯的自然景色因哈代的描写而不朽。

值得关注的作家还有19世纪英国女性作家的代表艾米莉·勃朗特。提起这个生命短暂,而且一生基本上都生活在英国北部的哈沃斯荒原地带的女作家,大家都惊异她能够写出《呼啸山庄》这部弥漫旷野气息、风格如此独特的作品。其真正的秘密就在于哈沃斯。哈沃斯是勃朗特姐妹生活的地方，也是最终接纳她们和她们的亲人躯体的地方。这个地处英格兰北部的小镇，地理位置偏低又封闭，气候恶劣多变。但在夏秋季节，哈沃斯也会呈现出一种粗犷而狂野的美。大块裸露的黑岩石、遍布的荒原野草和默默盛开的石楠花，还有呼啸而过的劲风。要言之，哈沃斯既有着英格兰北部的那种粗狂、狂野和彪悍的气息，又有着让人难以捉摸的多变的气候。这种复杂性不仅造就了当地约克郡人的性格，也深深地影响了深爱荒原的艾米莉。幼年时期的艾米莉曾数次随同自己的姐姐夏洛蒂·勃朗特离家去外地求学，但每一次都坚持不下来，都急着返回哈沃斯。也许只有自由地行走在荒原上呼啸的冷风中，艾米莉才能够真正地呼吸和思考。也正是哈沃斯荒原，唤起她诸多的灵感，为她丰富的想象力插上飞翔的翅膀。天性强烈的艾米莉，热情而坚贞地眷恋着她生活一生的地方，并且把自我那强烈的感情和强烈的性格赋予她笔下的人物身上，带给人强烈的震撼。读者从呼啸山庄旷野里暴风雨的咆哮声中，从希刺克利夫残酷无情的报复中，仿佛可以听到作家本人那发自内心、激情洋溢的呐喊。

不独西方，中国自古以来，也常以黄河为界进行区分，如把黄河流域称为"中原"，是中国的核心区域；把靠近长江的，尤其是江南的地域，视为未开化的蛮夷之地。不独经济、政治，当时的文化，也是以中原为正宗。《诗经》不仅是当时文学的代表，更被视为正统文学的经典。直到《楚辞》的出现。《楚辞》产生于荆楚地区，是一部南方诗歌的总集。以屈原为首的《楚辞》作者，吸收了楚地民歌的形式特点，打破北方诗歌的四言格式，创作出字数不等，结构错落有致，语调跌宕起伏，与北方整齐划一的诗歌形式判然有别的诗歌体。就这样，以《诗经》为代表的中原文化和以《楚辞》为代表的楚国文化，各领风骚，最终形成南北文化对峙的局面。

在中国现代文学史上，也形成地域特色明显的文学代表。如老舍的正宗"京味"，沈从文的湘西"边城"，赵树理的"山药蛋风格"，孙犁的"荷花淀风格"和张爱玲的"都市文学"。到了当代，又出现了贾平凹的"陕西风情"，莫言的"山东红高粱"，方方、池莉的武汉写实，迟子建的东北特写等。

4. 风格与文学流派

文学流派是指一定历史时期内，一些思想倾向、创作理念和审美趣味比较接近的作家，自觉或不自觉地结合在一起而形成的文学派别。文学流派，是一种群体文化的表征。在中、外文学发展过程中，都曾出现过众多文学流派。

流派风格的多样化，往往是文学繁荣的一个重要标志。20世纪的西方文学，是由传统向现代转型并走向新的繁荣的时代。其繁荣的一大标志，就是涌现出更迭频繁的众多文学流派。有后期象征主义、表现主义、意识流小说、未来主义、达达主义、超现实主义、存在主义、荒诞派戏剧、新小说、黑色幽默和魔幻现实主义等主要流派。尼采的"上帝死了"宣告了西方传统理性主义价值体系的崩溃，取而代之的是非理性思潮的泛滥。上述文学流派都从非理性的视角呈现出他们眼中的"世界"和"自我"。世界是荒诞的，人是孤独的，人的存在是没有意义的，这是它们的共性，但在表达方式、审美趣味上又各具特色。

　　唐诗宋词，在中国但凡读过几年书的，谁人不能背上几首？但经过进一步学习的人才会知道，唐诗宋词内部又区分出不同的派别。举唐诗为例。有以王维、孟浩然为首的山水田园诗派，以高适、岑参为代表的边塞诗派和以白居易、元稹领衔的"新乐府"，以及韩愈、孟郊联手的韩孟诗派。而宋词，在发展的过程中也形成创作理念、表现方法、语言格调和审美风格大相径庭的"豪放派"和"婉约派"。前者的代表有苏轼、辛弃疾等，后者的代表有柳永、秦观、李清照等。上述文学流派的出现，标志着中国古典文学发展的繁荣与多样化。这里要说明一点，即使是属于同一流派风格的作家，在总体风格相近的基础上，也不可避免地具有细微的差异。比如同属于"豪放"派词风的苏轼与辛弃疾。从比较的角度上看，苏轼的词风在豪放的基础上体现出豪迈、旷达，如知名词作《定风波》（"莫听穿林打叶声"）、《水调歌头》（"明月几时有"）等；而辛弃疾，则明显体现出一股豪放的悲壮、悲愤之情，如《丑奴儿》（"少年不识愁滋味"）、《破阵子》（"醉里挑灯看剑"）等。

　　中国现代文学史上也涌现众多的风格流派。如"五四"时期，不仅出现了创作原则鲜明对立的"文学研究会"和"创作社"，还涌现了很多诗社，如以徐志摩、闻一多为首的"新月社"，以戴望舒、卞之琳为代表的"现代派"，李金发、穆木天为代表的"象征"诗派，胡风为代表的"七月"诗派和以冯至为代表的"校园"诗派等。文学流派的竞相出现，不论是从创作角度还是从接受的角度看，都是幸事。

注释：

①刘勰：《文心雕龙》，第404页，中华书局1986年版。
②傅雷：《傅雷家书》，见《文学界》2010年9月上。
③伍蠡甫主编：《西方文论选》（上卷），第322页，上海译文出版社1979年版。
④朱光潜：《谈文学》，第18~19页，安徽教育出版社1996年版。
⑤伍蠡甫、胡经之主编：《西方文艺理论名著选编》（中卷），第13~20页，北京大学出版社1986年。

第七章
文学接受与鉴赏

第一节 读者的期待视野

作为文学接受活动的主体,读者不是消极被动地参与到作品中,去理解作者融入作品中的内涵意蕴。他总是要依据自己既有的经验与认识,在一定的心理状态下,进行一种审美的再创造活动。因此,文学接受活动所产生的各种审美效果、艺术魅力和社会功能等,都是建立在接受主体的基础之上得以实现,期待视野、阅读动机和接受心境这些主体性因素始终影响着人们的文学接受活动。

"期待视野"(Expectant Horizon)又称为"先见"或"前理解",源自西方的接受美学理论。一般来说,读者为什么要阅读,为何选择某个作品,他想从中得到什么,会对作品作出怎样的解读,往往与其自身的历史经验有关。在童庆炳主编的《文学理论教程》(第四版)中是这样解释"期待视野"的:

> 在文学阅读之先及阅读过程中,作为接受主体的读者,基于个人与社会的复杂原因,心理上往往会有既成的思维指向与观念结构。读者这种据以阅读文本的既定心理图式,叫作阅读经验期待视野。

在这个定义中有许多抽象的理论术语,该如何去理解呢?笔者曾有过这样的一次阅读经验:几年前在国内某高校的 BBS[①] 上阅览文章,偶然看到一个帖子的题目为清代著名词人纳兰性德的名句"人生若只如初见"。当时心里便不自觉地想,这恐怕是一篇关于回忆的、哀伤的文章,于是去点击阅览。看完之后发现,文章是用倒叙的手法讲述了一个遗憾、感伤的爱情故事,与笔者之前的猜测基本是一致的。这种在阅读之前及阅读过程中的"先入之见"就是我们所说的"期待视野",它会影响读者对作品的欣赏与理解。一部作品有语言、形象、意蕴等多个层次,在阅读过程中,期待视野一般呈现为以下几个方面:

1. 文体风格

对作品文体风格的期待,即希望读到什么类型、什么体裁的文学作品,是现实主义还是浪漫主义作品,是小说还是诗歌、散文。我们知道,每一种文体都有它特定的风格特色,文学欣赏者对所选择的作品类型有自己的理解和预期,希望作品与他的文学知识、阅读经验具有某种程度的一致性,从而获得审美享受。例如,当读者希望欣赏豪放词的慷慨、激昂,可读到的却是苏轼《江城子·十年生死两茫茫》的缠绵、凄楚,那么他的期待就遭遇了挫折。有的读者曾经读过古典主义的戏剧作品,了解一定的古典戏剧创作原则,那么他在欣赏曹禺《雷雨》之前或开始阅读时,可能就会用"三一律"来对作品进行预期与构想。假如一个读者对张爱玲的小说有自己的阅读经验和理解,市场上出版了她的最新作品《小团圆》,那么读者便会按照张爱玲以往小说的风格特点对其新作进行相应的期待。

2. 艺术形象

对作品艺术形象的期待,是指读者期待着能从自己选择的作品中读到符合自己审美理想与生活经验的艺术形象。这意味着读者希望从初次接触到的形象和情景中,预期出形象的总体特征或作品的整体氛围。例如读者欣赏海明威《老人与海》,会希望看到老人捕获到鱼,捕到鱼后希望他能赶跑鲨鱼,把猎物顺利拖回村子,希望看到的是一个可以打败大海的风暴、打败鲨鱼群的硬汉形象。大多数读者翻开一本通俗爱情小说,一般都希望从中看到才子佳人的美好形象。沈从文在《边城》开篇这样描写主人公翠翠:"在风日里长养着,故把皮肤变得黑黑的,触目为青山绿水,故眸子清明如水晶。自然既长养她且教育她,为人天真活泼,处处俨然如一只小兽物。人又那么乖,如山头黄麂一样,从不想到残忍事情,从不发愁,从不动气。"我们读到这里,便会期待着一个善良聪慧、温婉多情的湘西少女形象。而中国读者在作品中看见"红梅"、"青松"、"翠竹",便会联想到冰清玉洁、坚忍不拔的人格精神。在作品中寻找自己理想和经验中的人或物,这就是对形象的期待。

3. 作品内涵及艺术价值

读者在阅读之前或刚开始阅读的时候,不仅希望知道作品叙述了什么故事、描绘了什么场景,同时也希望弄清作品的思想情感,期待着深入理解作品的内涵及价值,期待着作品能符合自己的人生理想与审美情感。比如读者读到祝英台女扮男装与梁山伯同窗共读,自然而然地希望"天下有情人终成眷属",两位青年可以冲破礼教的禁锢共同开拓人生。而读到西方现代主义作品,比如卡夫卡的《变形记》、约瑟夫·海勒的《第二十二条军规》时,读者可能会希冀从中获得对现代社会的理性批判与深刻思索。

一般来说,在文学阅读开始之前,最容易激发读者期待视野形成的客体因素有:作者姓名、作品名称或题词、书籍的装帧封面、广告语等。比如鲁迅的作品,其总体风格是犀利警醒、深刻而含蓄的,这已被大多数中国读者所熟悉。因而,当人们拿到一篇鲁迅的小说或散文,虽然从未看过,但一般都会暗暗期待从崭新的文本中读到同以往相似的阅读体验。所以,在不知作者是谁的情况下,如果读者自身的期待视野非常成熟,他很可能通过文本的语言文字及文体风格便推测出作者的姓名。

自印刷时代以来,文学作品主要通过书刊的形式呈现在读者面前。书刊的封面设计因与文本的内容、审美意蕴等存在内在的关联,所以能更为直观地影响人们的期待视野。仍以鲁迅的作品为例。鲁迅于1926年出版的第二部小说集《彷徨》,在扉页引用了屈原《离骚》的诗句:"路漫漫其修远兮,吾将上下而求索。"这部作品的封面是陶元庆设计的,"封面是三个坐在长椅上的人物,两个向前看,一个看向天空。一轮放光的太阳照耀着他们。橘红色的底,深蓝色的图,强烈的对比,却有一种时光静止感。仍是图案,仍是抽象,难以解说,又似有多种解说的可能(比如'上下而求索')。鲁迅说'看了使人感动'。"②(见图1)当读者看到这样的题目、封面和题词,在开始阅读之前会很自然地对作品的内涵产生丰富的联想与期待。还有一部特别的作品是萧红的小说《生死场》(1934年),作者自己设计了封面:"一道红黑色的粗线把封面斜切成两半,上半东北三省的地图是深色的,反阴文写着'生死场'三个大字;作者的名字,一半在东北的黑暗中,一半在明亮的地方。"③(见图2)"突兀、大胆"的画面,非常鲜明地将读者引入历史、引入"生与死",触发人们对小说内涵的不尽想象。

图1:鲁迅《彷徨》封面　陶元庆设计　　　　图2:萧红《生死场》封面　萧红设计

当然,期待视野更多地依赖读者自身的主体状况,当读者与作者、心灵和文本相遇时,总会产生丰富的期待和碰撞。文本潜藏着神秘的意义和召唤,而读者因为既定的心理结构,只会与某些文本、某些内容心心相印。

《红楼梦》中有一段关于林黛玉聆听《牡丹亭》唱词的描绘,当林黛玉听到"原来姹紫嫣红开遍,似这般都付与断井颓垣","则你如花美眷,似水流年……你在幽闺自怜"时,不觉"心痛神痴,眼中落泪"。明代才女苏小青在读《牡丹亭》时也有和林黛玉相似的情感体会,并写下了诗句:"冷雨幽窗不可听,挑灯闲看《牡丹亭》。人间亦有痴于我,岂独伤心是小青。"年纪轻轻就抑郁而终。翻看古代的笔记杂谈,读《牡丹亭》以至于怨怼而死的,并非苏小青一人。杭州女伶商小玲"每演至《寻梦》、《闹殇》,真若身其事者,缠绵凄楚,横波之目,常搁泪痕。一日,复演《寻梦》,唱至'打并香魂一片,阴雨梅天,守得梅根相见'盈盈界面,随声倚地而死"。商小玲、苏小青大都如林黛玉般性格内敛、多愁善感,同时也都是身世飘零,命运凄楚。所以,在读《牡丹亭》时自然感同身受,悲从中来。

某些学者在分析形成期待视野的个人因素时,援用心理学的研究方法,将气质作为一个重要因素进行讨论。因为气质是一种较为稳定的心理特征,在很大程度上影响着主体的思维、情绪、感知。上文所说的林黛玉、苏小青均属较为孤僻、寡言的气质内倾型,再加上情绪比较敏感,感受力比较强,所以很容易为作品中的内容而触动、抑郁。可以肯定的是,不同气质类型的人在文学接受上确实会有不同的表现。有的气质类型表现为活泼好动,反应敏捷,注意力容易转移,这种读者往往难以静下心来阅读长篇作品,而且比较关注人物、情节,忽视较为深层次的思想意蕴;有的气质类型表现为安静寡言,观察细致,体验深刻,这种读者的文学感受能力更加细腻、丰富,往往会全身心地沉浸在作品所构筑的情境之中。但是,关于气质的研究在心理学界一直存在争论,而且大多数读者的气质类型并不单纯、典型。

读者的期待视野由心理结构决定,而个体的心理结构还受众多因素的影响。比如性别、年龄、职业、爱好、经历、学养等。如果从性别上来区分,大致说来女性趋向于情感,更偏好于爱情、婚姻类题材的作品,更易被作品所打动,而男性趋向于理智,更喜爱历史、军事类题材的作品,阅读作品时较为冷静。另外,有学者把幼年到青年时期的阅读分为六个阶段:绘画期、传说期、童话期、故事期、文学期、思想期。这一划分方法虽然不够严谨和科学,但是大致反映了年龄和期待视野的某些关联。古人说:"年少莫漫轻吟味,五十方能读杜诗",黄庭坚谈读陶渊明诗歌时说:"血气方刚时,读此诗如嚼枯木。"综合说来,上述因素对读者期待视野的影响,一方面是因为性别等先天的生理机制,另一方面是因为不断增长的体验和经历。

鲁迅在《为了忘却的纪念》一文中写下:"年轻时读向子期《思旧赋》,很怪他为什么只有寥寥几行,刚开头却又煞了尾。然而,现在我懂了。"向子期的《思旧赋》是为了悼念被司马政权所杀的好友嵇康,而当鲁迅身处于国民党的统治之下,眼见着身边的青年好友被残忍杀害,所以才突然明白向子期的欲言又止。所有体验和经历都会沉淀在每个人的意识深处,潜在地影响着阅读的期待和接受。有人说,阅读的过程是个确认自我的过程。读者总会不由自主地期望作品的人物、情节、意蕴符合自己的期待指向,而对那些似曾相识的情感和思想,总是有着更加深刻的体会和共鸣。

那么,是否所有普遍的思想和情感都会与读者的期待视野相呼应呢?《牡丹亭》表现了最普遍、最永恒的主题——爱情,但是如果交给当代的大多数青年读者,恐怕总会觉得隔了一层,难以引起强烈的情感共鸣。这是什么原因呢?因为文学中的思想和情感是通过一定的艺术技巧和方式来表现,而《牡丹亭》是一部明代戏曲,文辞典雅,大多数当代读者并不具备相关的文学知识和欣赏能力。所以,影响读者期待视野的还有一个重要因素——文学素养。

大多数中国的读者小时候就会背诵李白的《静夜思》:"窗前明月光,疑是地上霜。举头望明月,低头思故乡",于是,以月亮寄托思乡之情很早就在个人的期待视野里固定下来。而"月"这一形象在文学作品中经常出现。张若虚的《春江花月夜》："江畔何人初见月？江月何年初照人？人生代代无穷已，江月年年只相似"，富有哲思，含蕴了深广的时空之叹。如果阅读面更加广泛一些，在俄罗斯诗人叶赛宁的《我辞别了我出生的屋子》中，月亮是一个崭新的形象："月亮像一只金色的蛙，扁扁地趴在安静的水面"；在张爱玲的短篇小说《金锁记》中，月亮是"铜钱大的一个红黄的湿晕，象朵云轩信笺上落了一滴泪珠，陈旧而迷糊"。在不同的文本中，"月"展现着不同的形象，同时也凝聚着不同的情感和思想意蕴。读者的阅读越广泛，文学积淀就越深厚，期待视野也就越丰富。

很多读者认为李商隐的诗歌意象朦胧，指向不明，晦涩难懂，如他的代表作《锦瑟》：

锦瑟无端五十弦，一弦一柱思华年。
庄生晓梦迷蝴蝶，望帝春心托杜鹃。
沧海月明珠有泪，蓝田日暖玉生烟。
此情可待成追忆，只是当时已惘然。

这不是一首简单的咏物诗。对于此诗的解读大致需要以下条件：熟悉作者的生平和艺术风格；了解诗中运用的几则典故；具备一定的文学领悟能力。这些较为专业的知识和能力来自于长期的阅读和积累，同时也决定了期待视野的不同层次。

每位读者的期待视野在各种境况下不断改变，这些因素除了个人的人生阅历和阅读经验之外，还有时代和社会的群体因素。首先，每一个个体都生活于一定的历史时期，这个时期的历史事件、时代特征会作为背景存在于读者的期待视野中。在上个世纪前半期，中国饱受侵略者和战火的蹂躏，艾青的《我爱这土地》正是写于这一时期：

假如我是一只鸟，
我也应该用嘶哑的喉咙歌唱：
这被暴风雨所打击着的土地，
这永远汹涌着我们的悲愤的河流，
这无止息地吹刮着的激怒的风，
和那来自林间的无比温柔的黎明……
——然后我死了，
连羽毛也腐烂在土地里面。
为什么我的眼里常含泪水？
因为我对这土地爱得深沉……

诗歌的标题和正文一再出现"土地"这一意象，读者很容易就想到"土地"象征着水深火热中的祖国，"悲愤的河流"、"激怒的风"象征着人民的愤怒和这愤怒中集聚的反抗力量，"温柔的黎明"是独立自由的未来。

其次，每一个个体都继承并延续着共同的历史传统和文化精神。艾青的这首诗鼓舞着那个特殊时代下的人民，同时也激励着一代又一代的读者。当代读者虽然没有生活在那个战乱的年代,但是不屈的抗争、爱国的情怀早已作为一种集体无意识融化在每一个普通人的血液里。而且,更细致一些说来,很多文学作品里的思想情感、艺术手法,也通过悠久的文化传统代代传承。比如说把土地比作祖国母亲抒发爱国情怀,以莲花歌颂出淤泥而不染的高洁品质,以梅喻不畏严寒的坚韧品格,这些形象及意蕴在几千年来的文学作品中不断传诵,早已为一般读者所熟知。

关于读者的期待视野,上述的几类因素只能勾画出最粗疏的结构图示。在读者进行阅读之前或阅读过程中,个体心理结构中很多细微的、不可知的因素在影响着阅读的方向、层次和效果。接受美学家姚斯总结了几个具有普遍性的因素,可以给我们一些启示:"一、读者所熟悉的文学标准或诗的艺术种类;二、文学史的环境中著名作品之间的内在关系;三、虚构与现实、语言的诗的功能与实用功能的对立……还包括读者既从狭义的文学期待的视野又从生活经验的广义的期待视野来感知一部新作品。"④

此外,我们必须了解,期待视野是一种比较复杂的心理状况,不同的读者有不同的期待视野。即使是同一个读者,由于社会心理、社会思潮的变化,或者他个人的生活经历、文化素养的丰富提高,他的期待视野也会处在变化和修订当中。

当读者阅读作品时,不同的文本与读者既定的期待视野往往会呈现出顺向相应和逆向受挫两种情形。面对一些比较熟悉的文体,作品中的语言、形象、情节等都和作者的期待视野大致相符,这就是顺向相应。而一些较为陌生的文体、内容,或者新的艺术表现手法则会超出读者的期待视野,意味着期待指向的受挫。在这种逆向受挫的情况下,有的读者知难而退,扔下书本,而有的读者则通过细读、探索,不断地获得更新奇的艺术享受。

浅显的诗歌和一般的通俗小说往往简单易懂,阅读起来比较轻松愉悦。这一类的作品虽然能让读者获得暂时的快乐,却未必能产生长久而深刻的艺术魅力。当我们在欣赏一部作品时,不会只愿意看到与自己原有期待吻合的东西,如果完全顺应了我们所有的期待视野,那么,我们很可能会觉得索然无味。没有读者会纯粹喜爱那些毫无新意的陈词滥调,会迷恋于那些看了开头就能猜中结尾的公式化作品。有人曾总结电视剧中的"新八股",比如生病必咳嗽、若病入膏肓必定会吐血在白色手帕上、警察们回到家刚端起饭碗就会发生罪案……某些作品里一旦写到敬业的老师,就会有晕倒讲台的一幕;一旦写到好人好事,就会是在公交车上让座;看见描写"红烛",就知道要描写奉献、牺牲……看到这样的作品,恐怕任谁都很难体会到作品的艺术魅力、获得审美享受,更别提提升精神、陶冶情操、思索人生了。

而当期待视野逆向受挫的时候,如果读者可以不断打破习惯方式,调整自身视野结构,以开放的姿态接受作品中与原先经验理解不同的东西;那么,欣赏者将有可能对作品做出独特的发现与理解,拓宽和建立新的期待视野,在思想情感、文化视野和文学能力等方面得到升华和提高。德国接受美学家沃尔夫冈·伊瑟尔非常强调这种新的"发现",他说:"读者发现本文的意义,以否定作为他的出发点;他通过一部至少是部分不同于他自己所习惯的世界的小说而发现一个新的现实。他在流行的规范中和他自己受规范约束的行为中发现内在的缺陷。"⑤余华的短篇小说《十八岁出门远行》的开头是这样写的："柏油马路起伏不止,马路像是贴在海浪上。我走在这条山区的公路上,我像一条船……我就这样从早晨里穿过,现在走进了下午的尾声,而且还看到了黄昏的头发。但是我还没走进一家旅店。"接着,"我"寻找旅店,在路边搭车,遇到车上苹果遭抢,"我"挺身保护苹果被打,司机却在一旁哈哈大笑,然后抢走我的背包离开。小说里的人物、环境、情节都是如此的荒诞不经,无法用现实的经验来印证、理解。很多读者读完小说以后,都觉得一头雾水,不知所云。这些读者之所以无法读懂,是因为小说超出了他们原有的期待视野。大多数读者所接触的都是传统的叙事手法,作品中有鲜明的人物形象,波澜起伏的情节,现实的社会环境或自然环境,而这篇作品则是运用现代主义表现手法的"仿梦小说"。作者认为"只有脱离常识,背弃了现实世界提供的秩序和逻辑,才能自由地接近真实",所以他刻意回避用再现的手法描绘现实世界,而是通过想象的、主观的、象征的手法,表现欢快明朗的青春世界在遭遇了成人世界后的荒诞、迷惘。青春的懵懂,成长的烦恼,这类题材的作品其实并不少见,但是独特的表现手法超出了许多读者的期待视野,造成了期待受挫。当读者了解了现代小说的艺术表现手法,就会对这类小说及现代艺术有了进一步的认知,同时,期待视野也会得到进一步的拓展。

不过,关于期待视野的逆向受挫,我们需要区分两种情况:其一,期待视野的完全遇挫;其二,期待视野的部分受挫。

有些作品的内涵过于复杂晦涩、艺术手法又很"先锋",语言表述也过于"陌生化",可能会出现读者根本无法介入作品,期待视野完全遇挫的情况。比如被称为"天书"的意识流小说《尤利西斯》,在译者萧乾所写的序文中提到当年心理学大师荣格读完小说之后,曾给作者詹姆斯·乔伊斯写过一封毁誉参半的信,说:"我花了三年时间才读通它。我很感激你写了这么一部大书,我从中获益不少。但我大概永远不会说我喜欢它,因为它太磨损神经,而且太晦暗了,我不知你写时心情是否畅快。我不得不向世界宣告,我对它感到腻烦。读的时候,我多么抱怨,多么诅咒,又多么敬佩你啊!全书最后那没有标点的四十页真是心理学的精华。我想只有魔鬼的祖母才会把一个女人的心理捉摸得那么透。"荣格这些半夸赞半调侃的读后感告诉我们,他的期待视野恐怕是完全遇挫了。此类作品也许不无深意,但因无迹可循,令人如坠雾中,很难让读者体会到强烈的共鸣和艺术感染力。

有时候,真正让读者喜爱的,或者说能产生强烈艺术魅力的作品,往往令人们的期待视野部分受挫,也就是既有顺向相应又有逆向受挫,恰如上面所提到的余华《十八岁出门远行》。无论是欧·亨利《麦琪的礼物》《最后一片藤叶》,还是莫泊桑《项链》,均属此类作品,它们让读者的期待视野在顺应—受挫—顺应—受挫的交错之中,体验到出人意料、又在情理之中的审美乐趣,感受到作品的艺术魅力。我们来看香港著名词人林夕的一首歌词作品《催眠》:

第一口蛋糕的滋味 第一件玩具带来的安慰
太阳上山 太阳下山 冰淇淋流泪
第二口蛋糕的滋味 第二件玩具带来的安慰
大风吹 大风吹 爆米花好美
从头到尾 忘记了谁 想起了谁
从头到尾 再数一回 再数一回 有没有荒废
第一次吻别人的嘴 第一次生病了要喝药水
太阳上山 太阳下山 冰淇淋流泪
第二次吻别人的嘴 第二次生病了需要喝药水
大风吹 大风吹 爆米花好美
忽然天亮 忽然天黑 诸如此类 远走高飞
一二三岁 四五六岁 千秋万岁

按照惯有的期待视野，我们知道一般通俗歌曲的歌名都会出现在歌词之中，而且会在高潮部分反复吟唱。比如看到歌名"催眠"，我们就会期待在歌词里面看到"催眠"、"夜晚"、"睡觉"等词语。然而词作仅仅通过"天亮"、"天黑"暗示了与睡眠、夜晚有关，其他的语言表述似乎与歌名没有任何关联，初读之下很难看懂，这让读者的想象惯性难以为继。可多读几遍之后，便能从"催眠"中悟出另外一层意思：生活中人们了解的催眠，通常是数数字或数绵羊，一只两只三只……N只，数多了人们就会感到疲惫而入睡。《催眠》中，抒情主人公将数数字数绵羊换成了数自己人生中曾经经历过的"第一次、第二次"，但这样的催眠方法，恐怕越催越难成眠，回忆的痛楚只会让人愈发清醒，作品深层的悲哀寂寥于是缓缓渗出。读到此处，除了被深深打动产生强烈共鸣之外，读者的期待视野也得到了扩充与提升，这种豁然开朗的艺术体验令人欣悦而振奋。

通过以上的分析，我们发现，造成读者期待视野部分逆向受挫的作品往往在思想意蕴和艺术手法上，体现出了一定的创新性。读者若能超越暂时的期待受挫，便会获得更丰富的艺术滋养，提升原有的期待视野。因而，姚斯在《走向接受美学》中说："一部文学作品，即便它以崭新的面目出现，也不可能在信息真空中以绝对新的姿态展示自身。但它却可以通过预告、公开的或隐蔽的信号、熟悉的特点，或隐蔽的暗示，预先为读者提供一种特殊的接受。它唤醒以往阅读的记忆，将读者带入一种特定的情感态度中，随之开始唤起'中间与终极'的期待，于是这种期待便在阅读过程中根据这类文本的流派和风格的特殊规则被完整地保持下去，或被改变、重新定向，或讽刺性地获得实现。在审美经验的主要视野中，接受一篇本文的心理过程，绝不仅仅是一种只凭主观印象的任意罗列，而是在感知定向过程中特殊指令的实现……这一新的本文唤起了读者（听众）的期待视野和由先前本文所形成的准则，而这一期待视野和这一准则则处在不断变化、修正、改变，甚至于再生产之中。"⑥

注释:

①BBS 是英文 Bulletin Board System 的缩写,翻译成中文为"电子布告栏系统"或"电子公告牌系统"。BBS 是一种电子信息服务系统。它向用户提供了一块公共电子白板,每个用户都可以在上面发布信息或提出看法。国内很多大学都有 BBS,清华大学的"水木清华"、复旦大学的"日月光华"、南京大学的"小百合"等站点知名度较高。

②汪家明:《那个时代的书装艺术》,《读库0803》,第147页,新星出版社2008年版。

③汪家明:《那个时代的书装艺术》,《读库0803》,第168页,新星出版社2008年版。

④(德)H.R.姚斯:《文学史作为文学科学的挑战》,章国锋译,《世界艺术与美学》第9辑,第8页,文学艺术出版社1988年版。

⑤(德)沃尔夫冈·伊瑟尔:《隐含的读者·导言》,转引自朱立元著《接受美学导论》,第214~215页,安徽教育出版社2004年版。

⑥(德)H.R.姚斯、(美)R.C.霍拉勃:《接受美学与接受理论》,周宁、金元浦译,第29页,辽宁人民出版社1987年版。

第二节 接受心境

有这样一则历史故事:战国时代齐国有善鼓琴者雍门周,有一次他带着琴去见孟尝君,孟尝君问:"听说先生琴音能令人悲伤流泪,你也能使我悲哀吗?"雍门周说,听琴者必须是潦倒不幸之人,才能闻琴动心,凄恻流泪。您是养尊处优之人,我的琴声不能打动您。孟尝君点头称是。雍门周接着又指出了孟尝君当时的处境,说他曾经抗秦伐楚,随时有被秦、楚两大强国灭亡的危险,然后又为他描绘出国破家亡之后荒凉惨淡之景。这时,雍门周才缓缓鼓琴,一曲未完,孟尝君已歔欷不已,流下泪来。这个故事说明了不同的心境之下聆听音乐会引起不同的感受。聆听音乐如此,阅读文学作品也是同样。

心境是一种微弱、持久的情绪状态,会在一定程度上影响人的言行举止。在阅读活动开始之时,这种情绪状态会影响阅读。读者的这种影响阅读的情绪状态,就叫做接受心境。

读者生活在现实的世界,总会因社会时代、人生经历甚至环境天气而产生喜、怒、哀、乐等不同的状态和情绪。这些情绪状态会自觉或不自觉地带入阅读中,影响阅读的感受。处于恋爱中的男女青年,经常会经历很多情感上的折磨,经常会处于抑郁的心境,这时候很难静下心来阅读一部作品。但是,假如他读的是《少年维特之烦恼》、《简·爱》,或者是其他描写爱情的作品,他会在作品中看到类似的人生经历,体会到相同的情感苦闷,甚至找到了如鲠在喉、难以表达的话语,必然会引起极大的阅读兴趣,激起强烈的共鸣。同样,如果是屡屡失败的人,偶然间看到了普希金的《假如生活欺骗了你》,即便是很少接触诗歌,也有可能会被深深地打动,甚至重新振作精神。当然,如果是生活幸福、心情愉悦的人,恐怕会对鲁迅、杜甫的作品敬而远之,也很难体会屈原的"虽九死其犹未悔"、李清照的"怎一个愁字了得"。黑格尔曾指出:"艺术对于人的目的在让他在外物中寻回自我。"我们在阅读文学作品的过程,其实也是一个寻找自我、观照自我的过程,如果接受心境与作品的内容、情感有呼应,就会激发兴趣,加强阅读效果,同理,如果接受心境与之相悖,则有可能阻碍阅读的进行。

如何有效地调节接受心境,或者说什么样的接受心境最有利于阅读呢?刘勰在《文心雕龙·神思》中说"陶钧文思,贵在虚静",强调虚静是最佳的创作心境。很多学者认为虚静也是最佳的接受心境。

那么,"虚静"到底是什么样的心境呢?"虚静"是否是最佳的接受心境呢?"虚静"一词,来源于道家,老子和庄子都多次描绘过虚静,总的说来,就是要求主体要做到"无己"、"无欲"、"无知"、"无名",祛除欲望、功利的奴役,消解知识、理智的禁锢。比如看见鱼缸里的一尾金鱼,有人会辨别金鱼的颜色、品种,有人会想到金鱼饲养的方法、经历,还有人甚至会考虑金鱼到底能不能吃,这些人都离不开现实生活的经验和需求,忽略了金鱼本来的形象。英国的心理学家布洛曾经以"海上遇雾",更直接地阐述了这种无直接功利性的心境。假如人们乘船在茫茫的大海上航行,突然遇到了大雾,这时,乘客会担心延误旅程,甚至害怕有撞船和触礁的危险,感到忧虑、惊慌。但如果暂时忘记由此带来的拖延和惊恐,而把注意力集中于眼前的景象,一定为它的广阔、静谧所吸引,会欣赏到海上雾景之美。布洛把这一原则叫做"心理的距离"。

细致说来,老庄的"虚静"和布洛的"心理距离",并不完全相同,但是同样强调主体须摆脱现实世界的经验,才能真正面对客体。读者在面对作品时,能完全摆脱现实经验,达到虚静吗?

读者阅读作品总是出于各类动机,有些读者是为了放松心情、调节生活;有些读者是为了获得专业知识、人生启迪;有些读者是为了学习技巧、方法,提高写作水平。这些动机化入接受心境,指引着读者孜孜不倦地去欣赏、思考。狭隘的动机有时会阻碍阅读,急功近利的读者大多会失望地丢下书本。

文学是人学,大量文学作品中塑造了很多鲜明的形象,而读者最初的阅读也是由接触一个个形象开始的。读者对于形象的了解依据于作者的创造,但更多是依据自己的生活经验进行想象、加工。鲁迅先生曾经说:"譬如我们看《红楼梦》,从字面推见了林黛玉这个人,但须排除了梅博士的'黛玉葬花'照相的先入之见,另外想一个人,那么,恐怕会想到剪头发、穿印度绸衫,清瘦、寂寞的摩登女郎;或者别的什么模样,我不能断定。但试去和三四十年前出版的《红楼梦图咏》之类的画像比一比罢,一定是截然两样的,那上面所画的是那时读者心目中的林黛玉。"一直到现在,不同的演员扮演林黛玉总会遭到各种否定和质疑。真正的林黛玉既不在画像上,也不在影像上,而是活在每一个读者的想象之中。沈从文小说《边城》的开头是这样的:"由四川过湖南去,靠西有一条官路。这官路将近湘西边境上一个地方名为'茶峒'的小山城时,有一条溪,溪边有座白色小塔,塔下住着一户单独的人家。这人家只一个老人,一个女孩子,一只黄狗。"这是一个什么样的小山城?这小溪、白塔、老人、女孩都是什么样的?文学不同于绘画、建筑,不能提供给观者一个具体的、可见的形象,文学诉诸文字。不管文字对于形象的勾勒是精细似《红楼梦》,还是简省如《边城》,都需要读者借助于现实生活的经验加以具象化。

　　文学是人学,不仅描绘形象,也反映情感。贺铸最为人所称道的一句词是:"试问闲愁都几许?一川烟草,满城风絮,梅子黄时雨。"人的感情是细微复杂的,除了我们常说的喜怒哀乐,还有很多难以言说的状态,贺铸在这里连用了三个比喻来描摹,我们在脑中回忆、想象连绵不绝的细雨,烟雨笼罩下的小草,满城飘飞的柳絮,那种弥漫心间、似有若无、无法摆脱的闲愁,立刻心领神会。陆机早就提出了"诗缘情而绮靡",实际上不仅诗歌主情,几乎所有的文学作品都是人类表达情感、沟通情感的渠道。有位读者在读完《红与黑》之后,这样描述:"我真想像于连似的死去,我沉浸在痛苦的孤独中,把自己和这个主人公完全合二为一了。"契科夫的短篇小说《第六病室》讲述了一个阴郁低沉的故事,第六病室是监狱似的精神病房,到处是铁窗和毒打,第六病室的拉京医生因同情被关的病人,也被作为疯子抓了进去,最后迫害致死。列宁读了这篇小说以后,觉得自己也被关在第六病室似的,恐怖极了。小说虽然是虚构的,但大多是取材于真实的生活环境,有鲜明的人物形象、完整的故事情节,读者常常会忘记自我,化身其中,与书中的角色一起经历悲欢离合。正如梁启超所总结:"凡读小说者,必常若自化其身焉,入于书中,而为其书之主人翁。读《野叟曝言》者,必自拟文素臣。读《石头记》者,必自拟贾宝玉。"

　　但是,如果过于沉浸在作品中,或者完全以现实的心境、情境来衡量作品,也会影响阅读。据说当年《白毛女》话剧在各地演出时,有当地民兵因为过于义愤,举枪要射杀舞台上的黄世仁。同样,福楼拜的著名小说《包法利夫人》面世时,甚至受到当局指控,接受审判。因为他以客观、冷静地笔触讲述了女人通奸的故事,有伤风化,败坏道德。这显然是没有区分清楚艺术世界与现实世界,或者说没有把握好"心理的距离"。

　　该如何以一颗"虚静"之心,把握好"心理的距离"呢?读者不仅不是完全隔绝地、孤立地面对作品,而且还需要在作品的引导下积极地调动自己的感知、感情,甚至与作品化为一体。读者与作品之间的关系不是客观的、静止的,而是主观的、交流的。一方面,读者难以忘我,难以完全摆脱现实的目的和情绪,另一方面,如果彻底地无己、无欲、无知,又难以真正地理解和体验作品。不管是在文学作品的接受心境上,还是更广泛的艺术规律上,似乎都存在这种矛盾和悖论。朱光潜先生在探讨文艺心理时也发现了这种"距离的矛盾",他提出:"不即不离。""虚静"只是一种理想的、难以企及的状态,"不即不离"的接受心境似乎更加可能。

　　保持"不即不离"的距离,就需要读者把握好理性和感性的平衡协调关系。在阅读作品开始时,适当地控制现实的情绪和目的,不要带着先入为主的观念和情绪;在阅读作品过程中,可以尽情地投入作品,甚至声泪俱下,但是最终一定要跳脱出来,运用理性的力量去梳理、分析。因为所有的文学作品虽然来自于现实的世界,但最终经过作者的创造,形成了一个自成一体的虚构的世界。纳博科夫说:"好小说都是好神话",越是优秀的文学作品,其中的艺术性与独创性就越突出,也越需要读者保持"不即不离"的接受心境。

第三节 文学鉴赏的再创造

文学接受理论的奠基人之一伊瑟尔认为:"文学作品有两极:可将它们称为艺术的和审美的。艺术的一极是作者的本文,审美的一极则是由读者完成和实现。"①伊瑟尔特意将作品和本文区别开来,是为了强调读者的作用,文学作品不仅仅是作者已完成的具体的文本,还需要读者创造性地参与,共同构成作品整体。

打一个比方。高超的制琴大师穷尽数月甚至数年的心血雕琢出一把精妙的小提琴,而小提琴只有在演奏者的手中才能够传出美妙的乐声,它的价值必须通过演奏者来实现。离开了演奏,一把闲置的小提琴和任何一件其他普通物品并无区别。文本正如一件乐器,如果离开了读者的阅读,那么摆在桌子上的《红楼梦》与《西游记》有何区别,又与摆在桌子上的花瓶、台灯有何区别?

不妨将读者的参与做一个更为细致的划分:消费、阅读和鉴赏。消费,既指精神消费,也指物质消费,所以也包括只购买、未阅读的行为;阅读是一般意义上的"读",哪怕是囫囵吞枣,哪怕是茫然不知;鉴赏则指品鉴、欣赏,是更高层次的"读",读者不仅受到情感的触动,而且会含蕴良久,细细品味分析。只有鉴赏,才能实现文本的再创造,才能实现作品的意义。

读者鉴赏文学作品时首先面对的是语言文字。文学语言不同于一般语言,具有多义性和象征性。元好问说:"文须字字作,亦须字字读。"文学作品的语言,除了其通行的含义以外,往往还有作者赋予的特殊意蕴,而读者在鉴赏过程中的感受和领悟也有鲜明的个性特征。在曹禺的代表作《雷雨》中,当繁漪发现周萍另有所爱,毅然离开时,望着窗外自言自语:"好,你去吧,小心,现在风暴就要起来了。"这句话里的"风暴"是什么意思?自然界的风暴、繁漪内心的愤恨还是这个家庭的突变?每一位读者会有自己的理解。如果从更广阔的视野中考察,不同的时代、国家、民族也都是影响文学作品理解差异的因素。顾城著名的诗歌《一代人》:"黑夜给了我黑色的眼睛,我却用它来寻找光明。"诗中的"黑夜"显然已不是自然时间概念的"夜晚",一部分读者认为"黑夜"就是诗歌创作时的社会背景——十年"文革"浩劫;也有一部分读者跳脱诗歌产生的社会背景,认为"黑夜"是指"压制真理的传统"、"限制自由的力量"等。

文学话语是一种极富主观性特征的语言表达系统,蕴含了作家丰富的知觉和情感,文本不仅是表层的字、词、句所构成,还包括隐藏在字里行间的深层意蕴。诗人卞之琳创作的《断章》只有两章:

你站在桥上看风景,

看风景的人在楼上看你；

　　明月装饰了你的窗子，
　　你装饰了别人的梦。

这首诗的语言简单、平实，而意蕴丰富、朦胧。有的读者认为这首诗不过是诗人日常所见的两个场景，被巧妙地排列在一起，诞生出美妙的诗意。有的读者认为这里的"你"暗指作者苦恋的张充和，表达了诗人的一往情深。著名的文艺评论家李健吾先生则认为整首诗歌着重在"装饰"一词，表达了诗人对于人生的理解。人生不过是互相装饰罢了，蕴含说不尽的悲哀。②读者在认真地阅读每一个具体的字、词、句时，都会唤醒自己的情感，融入自己的经验，而且越是优秀的作品，越是具有多重的、挖掘不尽的意蕴，越是能够激发读者再创造的兴趣和灵感。

　　海明威的短篇小说《白象似的群山》自面世以来，关于小说中的语言、人物的讨论就未中断过。小说仅两千多字，主要由对话构成，一个美国男人和一个叫吉格的女人在西班牙的一个小火车站的酒吧间等车，男人一直在试图劝说女人去做一个小手术，女人一边在刻意地回避这个话题，一边在不断地强调远处的山看起来像一群白象。小说中反复出现的"白象"是什么意思？小说中男人和女人是什么关系？他们讨论的什么手术？小说文本留下了太多的问号和空白。小说中的美国男人可能是英俊潇洒、多情温柔的，也可能是矮小猥琐、自私冷酷的，那个叫吉格的女人可能是美丽善良、单纯朴实的，也可能是心思细密、矫揉造作的；他们之间的关系可能是夫妻、情侣、情人，也可能是外出旅行时浪漫的邂逅；他们一直在讨论的手术也许是许多读者揣测的堕胎，也有可能是治疗某种疾病的其他手术。关于文中反复出现的"白象似的群山"，有人认为这个从女人口中反复出现的比喻，表现出女人的故作风雅、卖弄诗意；有人认为白象是想象中的、现实中不存在的生物，以此隐喻女人腹中不可能真正诞生的胎儿；也有人认为这个比喻凸显出男人和女人在性格上、心理状态上的巨大差异。小说虽然有具体的对话和情境，却又如神话原型般抽象，读者可以据此创造出无数个故事。这篇小说体现了海明威的"冰山理论"。他认为，冰山只有八分之一露出海面，非常庄严雄伟，作者的写作要如冰山一样，尽可能隐藏，只要作者写得真实，读者会强烈地感受到被省略的部分。小说的文本真实地记录和还原了生活的片段，省略了男女的形象描写、心理描写、主题思想及结尾，同时也给予读者更多的创造空间。

　　西方的学者曾把审美者分为两类：分享者和旁观者。分享者欣赏事物时把自己的知觉和情感投射在物体里，物我合一；旁观者则静观对象之美，物我分开。读者在进行文学审美时，一般既是分享者，又是旁观者。小说、散文、诗歌等各类文本，都是作者根据现实经验的主观再造，浸透了作者细腻的感受和精巧的构思，读者在进入这个主观再造的艺术世界时，必须细读语言文字，充分调动自己的知觉和情感。这是沉醉于其中分享的阶段，同时也是情感共鸣的阶段。当然，读者必须最终从这种感性的交流中跳脱出来，对文本进行较为理性的静观,从而达到对于文本主题意蕴、艺术形式等方面的再认识。这时,读者便进入了旁观者的角色。

很多读者在阅读文本时,往往停留在分享者的阶段,偏重于文本内容的形象性、故事性、情感性,忽视了文本的艺术形式和深层意蕴。宗白华先生早年就曾指出,常人在欣赏文学时,对于艺术形式和技巧是"不反省"、"无批评"。读者在对艺术形式和技巧进行分析鉴赏时,需要更丰富的知识积累,这主要指对文学史、文学体裁、文艺创作规律等专业知识的熟悉。修养较高的鉴赏者不仅要了解国内外文学史及发展规律,还需要对音乐、绘画等艺术门类略知一二。因为艺术的基本规律和理论是相通的,各种艺术门类的形式和技巧也是相通的,甚至相互交融、借鉴。中国古代的诗歌和音乐、绘画等艺术形式都有着密切的关联。

杜甫的《登高》是依照格律而做的七言律诗,诗的每一句平仄都有严格的要求,而且每一句诗结尾的音调都暗合了情感的抒发。诗歌前两句的景物描写色彩鲜明、线条流畅、动静结合,给人以空远之感,暗合了古代画论的审美要求。如果更细致地探究,诗歌第二句写"落木萧萧下",似乎不通。到底是"落木"还是"落叶"?熟悉古诗的读者应该知道,屈原《九歌·湘夫人》里有"洞庭波兮木叶下",庾信《哀江南赋》里有"辞洞庭兮落木",杜甫在这里点化了前人诗歌中的意象。那么杜甫为什么不用"树叶"、"木叶",而用"落木"呢?两者间的区别不仅在音调上,更在修辞效果上,后者更能体现出秋日里树木的枯黄、干燥和疏朗,更加符合整首诗的情感色彩。如果进一步细致地分析诗歌中的对偶、用韵、炼字,则会更加叹服于此诗精巧纯熟的艺术形式。当然,这也需要读者具备更高的艺术修养。这首诗以高超的艺术技巧描摹诗人登高所见之景,抒发羁旅之悲,同时还以广阔无尽的宇宙,反衬出无常悲苦的人生。情感浓烈却不是直接抒发,更显苍凉沉郁。

任何一部优秀作品,作者一定都是有所寄托、有所抒发,而读者能否穿透言语的外壳,直达作品的内核呢?曹禺的话剧《雷雨》一直不缺少观众,其剧本也不缺少读者。从故事情节上来看,《雷雨》展现了周、鲁两家三十年来复杂的矛盾纠葛和爱情悲剧。而作者通过这个故事表达的主题是什么呢?反映了资产阶级的罪恶和必然崩溃,还是隐而不见却最有力量的命运,或者如部分读者认为,体现了"善"与"恶"的斗争,有鲜明的宗教色彩?当读者平复了最初阅读时情感的激荡,从具体的故事情境中跳脱出来以后,就能对作品的内在意蕴有着更为多重、深刻的剖析。

当然,作者创作之初,可能只是受到创作冲动的驱遣,对作品的主题意蕴尚处于一种不自觉的状态。曹禺先生在谈到《雷雨》的创作时说:"累次有人问我《雷雨》是怎样写成的,或者《雷雨》是为什么写的这一类问题,老实说,关于第一,连我也莫名其妙,第二个呢?有人已替我下了注释,这些注释有的我可以追认——比如'暴露大家庭的罪恶'——但是很奇怪,现在回忆起三年前提笔的光景,我以为我不应该用欺骗来炫耀自己的见地,我并没有明显地意识着我要匡正、讽刺或攻击什么。也许写到末了,隐隐仿佛有一种情感的汹涌的流来推动我。"

有些作家凭着灵感和情感的激励创作,对于作品的内容和形式没有较为明确的追求,而有的作者则能够较为冷静、理性地把握自己的创作。那么读者对于文本的鉴赏和解读如何追溯作者原意呢? 或者是否会对文本产生不恰当的误解呢? 罗兰·巴特在《作者之死》中回答说,作品一经问世,作者实际已经"死亡",作品的阐释权完全在接受者——读者、听众和观众手中,根本就不存在客观的作者本意。上文提到著名的文艺评论家李健吾先生曾撰文表达对于《断章》的赏析:诗歌寓有无限的悲哀,着重在"装饰"一词。诗人卞之琳却明确指出:"'装饰'的意思我不甚着重,正如在《断章》里的那一句'明月装饰了你的窗子,你装饰了别人的梦',我的意思也是着重在'相对'上。"李健吾的鉴赏显然不符合作者的原意。而对于自己和诗人的分歧,李健吾先生认为:"我的解释并不妨害我首肯作者的自白。作者的自白也并不妨害我的解释。与其看作冲突,不如说作有相成之美。"③确实,作品的含蓄多义增添其艺术魅力,吸引读者玩味、赏读,而读者充满个性色彩的解读又进一步扩充了作品的艺术含量。所有伟大的作品都是未完成的,都有作者力求达到而未达到的,都有作者不明晰、不自知的,需要读者的理解和再创造。

　　读者阅读、鉴赏的过程,就是对文本进行个性化的再加工、再创造的过程。但是,这并不是说读者的分析、鉴赏可以天马行空、自由发散。作者的原意虽然难以确定,但作者在创作时依然留下了一些限定性的要素。比如说尽管《红楼梦》中的人物千人千面,后人的解读也不尽相同,但是宝玉真挚、黛玉多愁、熙凤泼辣……这些人物的基本特质是没有争议的,所以读者的鉴赏不可能完全脱离文本和作者的限定。其次,读者的再创造也必须遵守基本的艺术规律。比如说《诗经·关雎》明明是一首深挚的情诗,《毛诗序》却解说是"以喻后妃之德";郭沫若晚年时评杜甫的《茅屋为秋风所破歌》:四川贫民屋上最多一层茅,杜甫屋上有三层茅,大地主无疑。邻村的革命小将拿走他的茅草是革命行动,我们应该为之欢呼。这些解读用当时社会的主流意识形态强解古人的作品,践踏了作品的内容和情感,有悖于文学鉴赏的基本准则。

注释:
① 伊瑟尔:《本文与读者的交互作用》,《上海文论》,1987 年第 3 期。
② 李健吾:《咀华集·咀华二集》,第 69 页,复旦大学出版社 2005 年版。
③ 李健吾:《咀华集·咀华二集》,第 77 页,复旦大学出版社 2005 年版。

第八章
文学批评

第一节 文学批评价值取向的多元化

文学批评就其属性而言,是一种意识形态评价。批评者的价值取向直接决定了他对作品价值的判断。因而,在对同一部作品进行分析、评论时,不同的批评者在观念、态度和立场上可能存在较大的差异。文艺的争鸣往往由此产生。

1957年,作家宗璞创作的短篇小说《红豆》在《人民文学》"革新特大号"上刊登。小说运用倒叙的方式描写了新中国成立前夕一对青年男女之间艰涩的爱情故事。因为相同的兴趣爱好,女大学生江玫与银行家少爷齐虹相爱了。但是,随着时局的发展,两人在思想观念方面的分歧越来越大。最终,江玫谢绝了齐虹的一起前往美国的邀请,留在国内积极参加革命,成长为一名优秀的共产党人。

尽管宗璞在创作时迎合了当时的主流意识形态,试图讲述一个革命战胜爱情、小资产阶级知识分子在斗争中成长的故事,但是,这部小说很快就遭到了严厉的批评。为此,北京大学的海燕文学社甚至召开了题为"《红豆》问题在哪里?"的座谈会,将《红豆》定性为一部宣扬小资产阶级恋爱至上、暴露作者思想改造不彻底的坏作品。

当时对《红豆》的批评主要集中在两点:

1. 思想立场错误。小说中,"受了党的六年教育的女主人公江玫在回忆她过去爱过的那个极端仇视人民革命,在解放前夕仓皇逃往美国的贵族大学生的时候,是多么惋惜、惆怅和悲痛"。[①]小说表现的"主要方面不是江玫的坚强,而是江玫的软弱。不是成长为革命者后的幸福,仿佛个人生活这部分空虚是永远没有东西填补得了"。[②]

2. 审美趣味落后。小说里多处充满诗情画意的描写,尤其是下雪天氛围的营造,使江玫和齐虹的爱情带有浓郁的小资产阶级情调。此外,对齐虹形象的塑造,作者进行了刻意的美化,更主要地突出了他儒雅、痴情的一面,而不是自私、虚伪的一面。对于这段风花雪月式的"旧社会的爱情",作者没有予以批判和否定,反而抱着欣赏的态度。

这些批评显然是缺乏对作家作品深入理解的一种误判。需要指出的是,《红豆》的误判并不是偶然的。十七年文学时期,在"文学为政治服务"观念的影响下,文学批评也必须为阶级斗争服务。而随后的十年"文革",这股政治之风愈演愈烈,甚至出现了以大批判为基调,动辄"扣帽子"、"打棍子"的文艺批评。大量优秀的文学作品被打成"毒草",很多优秀的作家因文罹祸,肉体和精神遭受严重摧残。这种政治凌驾于文学之上的批评模式,是那个"政治挂帅"的特殊历史时期的产物,它将一元化的价值取向发挥到了极致。

"文革"结束后,一元化的格局被打破,文学批评逐渐摆脱了政治的桎梏。80年代中期,文学批评的评价标准开始向文学本体复归。1985年,刘再复发表了《论文学主体性》一文,引发了文艺界对长期忽视的文学的"本体"问题的关注。在一段时间里,"回到文学自身"和"文学自觉"成了作家和批评家们经常讨论的话题。回归本体意味着重新重视文学的审美特性,审美成为新的价值评价标准。这一时期文学创作的繁荣兴盛,正是文学回归本位,走向自觉的表征。

然而,传统的"文以载道"、"教化"的观点在批评界依然占据主导地位。一些批评家在作品的题材问题上认识片面,他们特别关注社会上的重大问题,认为只有写这样的题材才是积极、正面、有利于社会的。而关注文学本体性的批评家却认为,文学的审美价值应该是超功利性的,他们更注重的是作品的艺术表现力和艺术感染力,关注其文学形象是否感人,艺术手法是否独具魅力,能否引发读者对生命本体的关注和对人生价值的思考。由于存在两种不同的价值取向,涉及一些具体作品的评价时,批评界往往会出现两种完全相左的声音。

1979年,第11期的《北京文艺》发表了女作家张洁的短篇小说《爱,是不能忘记的》。小说甫一发表,便掀起了轩然大波。这部小说讲述了一个单身母亲钟雨与一位已有家庭的老干部之间的爱情故事。围绕着对它的评价,文艺界展开了激烈的讨论。争论的焦点集中在两个关键性的问题上:

1. 是"真爱"还是"不道德"。一些批评者认为,这部小说反映的是真实的社会现象,是作家心灵的自然流露。他们高度肯定钟雨和老干部之间的爱情,认为这种爱情追求的是精神上的共鸣,体现了爱情的真谛。作家写作这部小说的目的是"摆脱镌刻着私有制度烙印的一切习惯、情感、规范和传统","摆脱那散发着市侩气息的、庸俗的婚姻关系,渴求精神生活高度和谐、高度丰富、高度一致的纯真的爱情"。③

另一些批评者却对这种"真爱说"不以为然,认为这段爱情是不道德的。他们指出,老干部的妻子多年与他生活在一起,关系十分融洽,两者之间也有爱情;钟雨和老干部之间的感情完全可以转化为知己者的友谊。还说,并非一切爱情都是神圣的,只有符合道德的纯洁真挚的爱情才是高尚的。因而,这篇小说格调不高,在思想上存在弱点。

2. 作品的艺术性。对于这部作品抒情化的叙述风格,很多作家和批评家表示了肯定。1979年12月,王蒙率先撰文赞赏道:"张洁的名字出现在报刊上还不那么久,然而像一颗新星一样,一出现在天空,就以它独特的光辉吸引了人们。"它"写的是人的感情,人的心灵中的追求、希冀、向往、缺憾、懊悔和比死还强烈的幸福与痛苦"。④作家黄秋耘也指出:"张洁同志的作品并没有什么曲折离奇甚至完整的情节,也不着重去描绘人物的行动和笑语音容,而只是倾注全力去刻画人物心灵深处的微妙活动。"⑤

但也有批评者对这部作品的艺术性提出质疑。李希凡就认为这部作品并不能像古今中外很多优秀的描写爱情的文学作品那样成为不朽的经典。经典的爱情是"真善美得到统一的",因此人们读后会受到感动,精神上有所升华。他认为作家应当描写"纯洁、真挚的爱情与为伟大理想壮烈牺牲的精神融合成一股浩然正气,一直铭刻在人们的心目里"⑥。肖林也认为,"离开充满浓厚的抒情气息的语言外壳,这部小说的思想本质是极为贫弱和渺小的"。他还提醒文艺工作者要"警惕和剔除小资产阶级思想和情调的浸染","用光明的、坚强的、乐观的和道德高尚的生活态度教育和影响群众,而不应把暧昧的、缺乏道德力量和不健康的情绪美化成诗"。⑦

80年代后期,随着批评观念进一步的开放,当初持否定的观点的人有的已经慢慢改变了自己的看法。比如,1980年,曾镇南指出,这部"小说所歌颂的那种爱的美感的幻灭,其根本原因在于作家为了表达、宣泄一种爱情与婚姻离异的愤懑而牺牲了人物形象的艺术真实性,牺牲了正常的美感"。⑧但是到了1987年,他在《文艺争鸣》中却旧事重提,称需要"自审一下当年对《爱,是不能忘记的》的某些气盛但却很难说是言宜的批评意见",公开承认这部作品是"有代表性的、在社会思潮和文学思潮的发展上产生过重大影响的重要作品"。⑨

随着文学审美价值取向的复归,这部小说逐渐获得了应有的肯定,成为当代文学史上的一部经典之作。

80年代末90年代初,文学的商品化势不可挡。文学接受也是一种消费的观念撼动了批评的权威地位,市场的导向极大地触动了作家们的神经。港台言情小说和武侠小说形成一股强劲的浪潮推动大陆的通俗文学大大兴盛起来,并形成了完整的消费体系和宣传策略。一部分批评家敏锐地觉察到读者对纯文学关注程度的降低,提出了文学已经失去轰动效应,甚至逐步走向边缘化的见解。雅文学与俗文学形成了对抗局面,作家也面临着分化。而一直坚守精英立场的文学批评,也不得不将目光投向正在蓬勃发展的通俗文学,文学批评的价值取向逐渐趋于多元化。

这一时期,在通俗文学领域里备受争议的作家首推王朔。他高喊"我是流氓我怕谁",直言"写作就是做生意",以一种娱乐消遣的态度去创作,用特有的夹杂着粗口的改良版"老北京话"言说爱情、调侃人生,创造了一年稿费收入100万元的奇迹。不仅如此,他还有意识地采用叙事性强、节奏快的语言,为作品改编影视剧提供便利。他曾说自己"在1988年之后的创作无一不受到影视的影响",就是"用金钱的诱惑把这些故事写下来","说它们毫无价值也无不可"。这种玩世不恭、游戏人生的态度引起了很多批评家的不满,有的甚至直斥王朔的小说是"痞子文学"。

"王朔现象"被上升为一种文化现象始于1993年2月18日发生在华东师范大学宿舍的一场著名的谈话。围绕着王朔的小说和张艺谋的电影,王晓明和他的几个博士生展开了一场深入的讨论。他们认为,当代的文学创作已由"载道"转向"缘情",具体可分为"自娱"和"媚俗"两种,而王朔无疑是媚俗的代表。这种媚俗的文学已经失去了人格和信念的意旨,逃离了真实的生命体验,消解了痛苦和焦虑,沦为语言的亵渎和形式的玩弄。他们指出,"王朔现象"是正统价值观念崩溃后的产物,是对残存的文化废墟的嘲笑,暴露了当代中国人文精神的危机。不久,这次的谈话内容以对话录的方式公开发表在1993年第6期的《上海文学》上(题为《旷野上的废墟——文学和人文精神的危机》),进而引发了文化界在全国范围内的一场旷日持久的"人文精神大讨论"。

今天看来,这场大讨论是坚守精英立场的知识分子对世俗文化的一次声势浩大的宣战。王晓明等人对于王朔作品的讨论和研究,引起了批评界对文本之外的文化内涵的关注,继而引发了90年代对"人文精神"和"大众文化"的爆发式的探讨。

随着时间的流逝,"王朔现象"和由此引发的"人文精神大讨论"已成为一段旧文案而逐渐被历史的风尘所掩埋,一些曾经炙手可热的文化名词已经逐渐淡出批评视野。唯有大众文化立场的建立,使得文学批评的价值取向出现了新的维度。而站在这个角度,也有一些批评家对王朔的写作表示理解,认为其小说的意义"主要是表达这一时期微妙的文化心理矛盾:'世俗'生活愿望的认同和排拒,对政治、知识'权力'的消解性调侃和依恋,在文学的'雅'、'俗'之间的犹疑徘徊……"⑩

文艺的争鸣,思想的碰撞,对于文学批评来说是一种向上发展的驱动力量。文学批评的多元价值取向与不同文学流派、文学风格的并生共存是相适应的,它的实践性、倾向性、论争性和社会性不容忽视。鲜明的倾向性和尖锐的对抗性正是文学批评效能的体现,通过不同意识形态之间的冲突与对抗,文学批评往往对社会中的意识形态产生非常重要的影响。比如上文所提到的90年代末的"人文精神大讨论",它在一定程度上奠定了精英文化、主流文化和大众文化三足鼎立格局的基础,加速了作家的分流与文学阵营的形成。这对于当代文学事业的发展贡献巨大。在当前这样一个多元化的时代,活跃的思想和交响的声音共同构成文学和理论生生不息的发展动力。

注释:

① 孙秉富:《批判〈人民文学〉七月号上的几株毒草》,《人民文学》1957年第10期。
② 姚文元:《文学的修正主义思潮和创作问题》,《人民文学》1957年第11期。
③ 唐挚:《纯真爱情的呼唤》,《文汇》增刊1980年第2期。
④ 王蒙:《当你拿起笔……》,第161页,北京出版社1981年版
⑤ 黄秋耘:《关于张洁同志作品的断想》,《文艺报》1980年第1期。
⑥ 李希凡:《倘若真有所谓天国……——阅读琐记》,《文艺报》1980年第5期。
⑦ 肖林:《试谈〈爱,是不能忘记的〉格调问题》,《光明日报》1980年5月14日。
⑧ 曾镇南:《爱的美感为什么幻灭?——也谈〈爱,是不能忘记的〉》,《光明日报》1980年7月2日。
⑨ 曾镇南:《王蒙与〈爱,是不能忘记的〉引起的争鸣》,《文艺争鸣》1987年第1期。

⑩洪子诚:《中国当代文学史》,第248页,北京大学出版社2004年版。

第二节 文学批评视角的多层次与多方位

苏轼游庐山,感叹于它变化多姿的面貌,写下了"横看成岭侧成峰,远近高低各不同。不识庐山真面目,只缘身在此山中"的诗句。对文学作品的审视和解读也是如此。同一部作品,只要变换一下视角,就会获得不同的审美享受。

采用多层次和多方位的视角,可以对叙事文本的主题进行多重阐发。鲁迅曾经说过,《红楼梦》"单是命意,就因读者的眼光而有种种:经学家看见《易》,道学家看见淫,才子看见缠绵,革命家看见排满,流言家看见宫闱秘事"。这说明,由于批评视角的不同,对作品主题的理解往往会见仁见智。曹禺的话剧《雷雨》便是一个很好的例子。《雷雨》主题的多义性一直是其丰富的艺术魅力的重要组成元素。不妨从不同的角度着眼,对其主题进行阐释:

从社会历史的角度看,《雷雨》暴露了封建大家庭的罪恶,描写封建家庭的专制蛮横和对人性的扼杀,揭露了资本家的冷酷无情;从伦理道德的角度看,《雷雨》展现了伦理道德与爱情之间的冲突,谴责周朴园对侍萍的始乱终弃、周萍与繁漪之间的不伦之恋,展现父子之间的矛盾关系,谴责周朴园作为父亲的失职,周萍、鲁大海作为儿子的不孝;从宗教思想的角度看,《雷雨》的主题反映了基督教的原罪思想和救赎意识;从心理学的角度看,由于视角的不同,便造成人们对《雷雨》主题理解的不同。

又如,我们可以从多个角度来分析陈忠实的《白鹿原》。从社会历史的角度看,它反映的是清末民元到建国之初,白鹿原上白姓和鹿姓两大家族发生的一系列兴衰变化,展现了近代中国民族和国家的时代变迁。从伦理道德的角度看,它反映的是儒家的传统文化和道德价值观念在社会剧变中遭遇的冲击,表现了宗法制度、家族观念受到的来自现代文明和政治意识的双重侵蚀。从人类学的角度看,它使用了"白鹿"、"祠堂"等原型,"白鹿"代表着"祥瑞"和"仁义","祠堂"则代表着"祖宗崇拜"和"认祖归宗",因而小说带有强烈的文化寻根的意味。从新历史主义的角度看,它以无阶级立场、无政治主张的态度,对建国前50年间的历史事件进行了民间化的书写,集中描写平民百姓的内心情感,颠覆传统历史小说的宏大叙事。

尽管不同的视角可以使对主题的阐释呈现复杂性和多样性,但其核心内蕴是不会改变的。我们从社会历史、伦理道德、人类学、新历史主义这四个角度分析了《白鹿原》的主题,然而,无论从哪个角度看,这部作品小说强烈的历史文化感和民族民俗特色不会改变。它记录了中华民族在一段特殊历史时期的演进过程。扉页上所引用的巴尔扎克的名言:"小说被认为是一个民族的秘史",是阐释这部小说主题的出发点和落脚点。

除了主题之外,在叙事文本中,人物也是一个核心的要素。优秀的作品为读者刻画了大量鲜活的人物形象,我们也可以从不同的视角对其进行分析。比如,《金锁记》中的曹七巧本是一个买卖婚姻制度的受害者,后来变得只认金钱和权势,最终成为剥夺儿女幸福的害人者。从社会历史的角度看,她是半殖民地半封建的旧上海的特殊产物,是封建礼教、封建婚姻制度以及资本主义拜金文化共同作用下的牺牲品。从心理学的角度看,她心灵的扭曲主要由于长期性力的过剩和情感上的压抑;她疯狂地追求金钱和权势,是缺乏安全感的一种表现。从女性主义的角度看,她的"恶"是长期父权压制下的一种人性变异,是对父权体制表面认可下的潜在反扑和畸形复仇。总之,不同的视角对人物形象分析的侧重点是不同的:社会历史的视角侧重曹七巧身上反映的时代特征、社会因素;心理学的视角侧重分析她性格的成因;而女性主义的视角则侧重发现这一形象的文化意义。

有时候,视角的改变,也会让读者对人物形象的认识有很大的差异。乐黛云教授曾讲过一个例子:她在美国教中国文学的时候,给学生讲解赵树理的《小二黑结婚》。小说讲完之后,她问学生:"在这篇小说里,你认为最美好的形象是谁?"结果,美国学生的回答让她大吃一惊——"三仙姑!"这个在国内被认为是反面人物的三仙姑,在美国学生的眼中却被大大美化了。文化的差异、视角的不同,造成了人们对人物形象理解的迥异。在20世纪40年代中国的解放区,一个劳动妇女的美好品德应当是安守本分、勤劳善良。而三仙姑好吃懒做、爱打扮、"不正经",还要包办婚姻,这显然是落后的、反面的。但是,在20世纪末的美国,出于个性解放、标榜自我的西方文化传统,再加上受反对男权社会、追求主体意识的女性主义社会思潮的影响,学生们普遍认为三仙姑是一个追求自我、热爱生活的人,甚至是女人的骄傲。

《高老头》中的伏脱冷是一个苦役监狱的逃犯。他残暴、阴险、冷酷,是罪恶的制造者、不择手段向上爬的野心家。按常理,这样的人物无疑是个反面角色,是批判的对象。但是,巴尔扎克自己却不这么认为。他甚至说,伏脱冷是"一首恶魔的诗"。这与法国大革命以后,"恶"与"美"相互联系,在"恶"中发掘"美"的美学新思潮有关。伏脱冷机智、冷静、坦诚、讲义气、阅历广又熟知法典,他在《人间喜剧》中多次出现,是巴尔扎克塑造得非常成功的一个人物,其审美价值不容忽视。法国著名批评家和传记家莫洛亚就指出,正是伏脱冷和拉斯蒂涅"这两个人物,确保了《高老头》的伟大性"。

对于一些具有象征意味的人物,变换不同的视角旨在更好地对其进行解读。比如《浮士德》中的靡菲斯特,是以上帝的对立面和浮士德奋斗历程的见证者和旁观者出现在作品中的。从社会历史的角度看,他是与浮士德签订灵魂契约的魔鬼,是丑恶与罪恶的化身,是反面人物。从人类学的角度看,他是"善"的二元对立项,同时也是撒旦原型在19世纪欧洲的延续。从解构主义的角度看,他是一个叛逆者的形象。他否定上帝的权威,对传统的审美观念持否定态度,对人类理性进行嘲弄,显示出一种彻底的怀疑主义与虚无主义。通过这三个视角的解读,靡菲斯特的形象就可以视为一种否定的力量,一种以对立面形式存在的动因。他不断推动浮士德向前、向善,不断推动文化向前、更新。

除了叙事文本之外，抒情文本同样可以采用多层次和多方位的批评视角。比如，李商隐有一首《无题》："相见时难别亦难，东风无力百花残。春蚕到死丝方尽，蜡炬成灰泪始干。晓镜但愁云鬓改，夜吟应觉月光寒。蓬山此去无多路，青鸟殷勤为探看。"这首诗的语言含混，意象朦胧，具有多义性的特点。

我们先从社会历史的角度对其进行分析：写作这首诗时，诗人在牛、李党争中受到牵连，处于政治上失意、精神上苦闷的时期。"别离"是指远离君王、不受赏识，欲展宏图可谓"难"。"东风无力百花残"隐喻当时由于藩镇割据、宦官干政、党派斗争，晚唐国势衰微，政治上一片混乱。"春蚕"、"蜡炬"的意象，是作者心忧天下的政治信念的兴寄。正如他在《谢河东公和诗启》中所说："为芳草以怨王孙，借美人以喻君子。"时光易逝，才华难以施展，诗人欲回"蓬山"（秘书省别称，李商隐曾在其中任校书郎一职）而无门，只好请殷勤的"青鸟"帮自己探问好消息。

但是，把原本幽隐婉曲的诗歌句句坐实，完全与作者的经历、情感的特殊性联系在一起，会使诗歌失去蕴藉之美。况且以政治、历史涵括一切，也失之武断、片面。如果我们从审美的角度对这首诗歌进行解读，抛开文本之外的历史事实，抛开诗人创作的背景，只关注诗歌审美特征，关注其所反映的人类情感的共性方面，那么，《无题》也可以解读成对美好爱情的追求，表达因现实阻碍不能相守的恋人间的相思之情。这首诗的一二两句写离别的痛苦；三四句表达对爱情的信念；五六句写相思的痛苦，并推测对方亦是如此；七八句则是希望通过信使替自己去看望对方。

我们还可以用从语言的角度对这首诗进行解读。文学语言与日常生活语言的区别在于它对常规语言加以扭曲变形，从而增加了读者认知的难度，延宕了审美的感知的过程，给人以新鲜感。为了达到陌生化的效果，作家往往使用一些不规范的语法搭配、容易产生歧义的语句以及比喻、拟人、夸张、通感等修辞手法。以诗中的"春蚕到死丝方尽，蜡炬成灰泪始干"为例进行分析：这句诗采用了比喻、双关、拟人的修辞手法。"春蚕"、"蜡炬"用以比喻相思的情人，以到死丝尽、成灰泪干表示爱情的深厚。"丝"与"思"同音，语音双关；"泪"既指烛泪又指相思之泪，语意双关。蜡烛本无眼泪，这里把蜡烛拟人化，使无情无感的自然物有了人的情感。

诗歌的语言还具有含混、多义的特点。一些看似简单的话语，往往蕴蓄着多重的、不确定的含义，令人回味无穷。比如，"相见时难别亦难"便可有多种解释。"难"，既可以理解为困难、难得，又可以理解为痛苦、为难。而"别"，既可以理解为离别的动作，又可以理解为别离的状态。因而，这句诗既可以理解为："相见不容易，离别更是很痛苦"；又可以理解为："相见时内心很痛苦，而不能相见时，内心也很痛苦"。同样，"无多路"也可以理解为"没有多少路程"或者"没有别的路可供选择"。这种语意解读上的巨大差异就造成了诗歌语言的张力。

文学批评的形态是多种多样的。不同的视角，造成了文本阐释的不同、欣赏评价的不同。话语蕴藉正是文学作品的艺术魅力所在。多层次多方位的视角有助于我们从不同的角度切入文本,从而挖掘出文本深层次的含义,对作品进行更为全面、深入的理解。

第三节 文学批评方法之意象批评

　　意象批评是我国古代批评的一种传统形式,它的特点在于以人、物为喻或者以事为譬,来比附文学以及绘画作品之中作者所表达的意境和情感,进而对其进行阐释或者品评。意象批评中所使用的意象,往往都是一些具体可感的形象,批评家通过它来表达某种抽象的观念或者哲理。

　　早在《诗经》里,就有借助直观的形象来对文学作品进行评论的例子,这可以说是中国古代意象批评的滥觞。尹吉甫是周宣王时期的一个极有才华的辅政大臣,《大雅·崧高》里写周宣王之舅申伯被封于谢,尹吉甫特地作诗送他,诗的结尾这样评价自己的诗作:"吉甫作诵,其诗孔硕。其风肆好,以赠申伯。"但是,先秦时代的人们通过什么来表现尹吉甫的诗"孔硕"的程度呢?《大雅·烝民》里这样总结:"吉甫作诵,穆如清风。"尹吉甫作诗送别仲山甫,这首诗写得非常好,就像缓缓吹来的和风一样。用"清风"这一现实生活中常见的物象来比喻吉甫所做诗,包含了批评者的个体感知和审美经验,简单明了,形象传神。

　　庄子善用譬喻。他不仅用大量的比喻和寓言故事来阐释说明自己的人生态度和哲学观念,还在《天下》篇里这样评价自己的诗文:"以天下为沈浊,不可与庄语,以卮言为曼衍,以重言为真,以寓言为广,独与天地精神往来,而不敖倪于万物,不谴是非以与世俗处。其书虽瑰玮,而连犿无伤也。其辞虽参差,而諔诡可观。彼其充实,不可以已。"①在这里,"卮言"的意思是无心之言。"卮"是古代的一种盛酒器。酒盛满了,自然就会溢出,四下流淌。庄子用"卮言"来形容自己所说的话是无心而自然的流露,是不拘常规、自由发挥的心声。

　　意象批评往往采用直觉感悟式的思维方式,从日常审美经验中抽取通俗易懂的事物和情境,对自己阅读时产生的审美知觉加以描摹。比如,南宋李涂在《文章精义》中说:"韩如潮,柳如泉,欧如澜,苏如海。"这是对唐宋八大家中的韩愈、柳宗元、欧阳修和苏轼散文风格的概括。这里,潮、泉、澜、海都是常见的事物,用它们来比喻韩、柳、欧、苏的散文风格,便可以将不易言说的作家创作风格之间的区别具体化。

　　这里我们试选取韩愈和柳宗元的散文片段进行分析。

　　韩愈的散文气势磅礴,自由奔放。我们选韩愈《师说》的第一段来看:

　　　　古之学者必有师。师者,所以传道授业解惑也。人非生而知之者,孰能无惑?惑而不从师,其为惑也,终不解矣。生乎吾前,其闻道也固先乎吾,吾从而师之;生乎吾后,其闻道也亦先乎吾,吾从而师之。吾师道也,夫庸知其年之先后生于吾乎?是故无贵无贱,无长无少,道之所存,师之所存也。

这一段先是概括地指出"学必有师",接着谈师的作用,继而谈师的重要性,然后谈师不拘年龄,最后得出师"无贵无贱,无长无少"、"道之所存,师之所存"的结论。整段文字结构严谨,说理透彻,层层衔接,一气贯通,确有潮水之势。李涂所说的"韩如潮",是建立在对韩愈散文阅读鉴赏的基础之上的。他能够非常准确地抓住韩愈散文的特质,一语中的。

柳宗元的散文自然流畅,清峻幽深。我们选柳宗元《小石潭记》的第一段和第四段来看:

> 从小丘西行百二十步,隔篁竹,闻水声,如鸣佩环,心乐之。伐竹取道,下见小潭,水尤清洌。全石以为底,近岸,卷石底以出,为坻,为屿,为嵁,为岩。青树翠蔓,蒙络摇缀,参差披拂。
>
> 坐潭上,四面竹树环合,寂寥无人,凄神寒骨,悄怆幽邃。以其境过清,不可久居,乃记之而去。

第一段连用了"行、隔、闻、伐、取、见"六个动词,生动自然地展现了作者发现小石潭的过程,语言十分流畅。继而写小潭水之清洌,周围青树翠蔓之缠绕遮掩、参差披拂,突出了小石潭所处之荒僻、环境之清幽,为第四段写小石潭的"寂寥无人"、"其境过清"埋下了伏笔,奠定凄清的情感基调。第四段寓情于景,通过写小石潭周围过清的环境不可久居,展现了柳宗元被贬之后内心孤寂忧伤,因而有清峻幽深之感。李涂使用的"泉"的这一意象来比喻柳宗元的散文清幽的风格,恰如其分。

在意象批评中,意象的选择离不开批评者的联想与想象。批评者通过想象不断再现他曾经历的时间和空间,在审美经验的基础上,将想象具体化、客体化,从而赋予作品新的审美价值。但这里的想象并不是随心所欲的,它受到作者意图和批评者审美经验的限制。批评者必须对作者在作品中传达的情思进行仔细的揣摩,也就是孟子所说的"以意逆志"。通过揣摩和反思,批评者把个人的情感记忆和审美经验投射到作品中,作品的意义和批评者的情感达成一致。这时,一方面,批评者的情感受到作品的激发,产生了引譬连类的效果;另一方面,他们运用意象作譬对作品进行评价,本身也是一种文学创造。

意象的组合,有时会形成一种独特的意境。在意象批评里,用意境来说明文学作品的风格、特点等,也是一种常见的方法。比如,司空图的《二十四诗品》就是通过大量意象的组合,来营造不同的意境,进而说明诗歌所包含的二十四种风格。这里试以其中的《典雅》进行分析:

> 玉壶买春,赏雨茅屋。坐中佳士,左右修竹。白云初晴,幽鸟相逐。眠琴绿阴,上有飞瀑。落花无言,人淡如菊。书之岁华,其曰可读。

司空图在论及"典雅"这一文学风格时,并不是基于对包含"典雅"风格的具体作品的分析。他通过描写三种情景和情境,来表现文学作品中典雅的境界。一是竹林茅屋中佳士饮酒赏雨,一是天刚刚放晴时佳士在飞瀑绿阴之下抱琴而眠,一是落花悄然而下佳士淡泊如菊。其中,"玉壶买春,赏雨茅屋。坐中佳士,左右修竹",写的是文人的居处以及生活情状;"白云初晴,幽鸟相逐。眠琴绿阴,上有飞瀑"写的是美好的风景和幽静的环境;"落花无言,人淡如菊"写的是文人的品格和精神追求。"玉壶"、"赏雨"、"茅屋"、"修竹"、"白云"、"幽鸟"、"眠琴"、"绿阴"、"飞瀑"、"落花"、"如菊"这些意象融入了司空图的主观情志,共同构成了存在于这些具体景象之内的艺术意境,读者通过自己的想象对其进行补充和丰富,最终形成对诗歌典雅风格的认识。

严羽在《沧浪诗话·诗评》中曾说:"诗有词理意兴。"② 在《诗辨》中说:"诗有别趣,非关理也。"③"意兴"指的是诗歌中的审美意象,"别趣"强调的是诗歌中的审美趣味。严羽认为,理是蕴含于象之中的,诗歌必须通过能引起人的审美趣味的象来传达思想,不能只有枯燥无味的议论和说理。这恰好可以用来说明古代文论中存在大量意象批评的原因。通过理与象的有机结合,意象批评阐述了很多文学理论的问题,构建了有中国特色的诗学体系,为我国古代的文学欣赏和批评作出了巨大的贡献。

注释:
①韩湖初、陈良运主编:《古代文论名篇选读》,第32页,中国书籍出版社2002年版。
②张少康:《中国文学理论批评史教程》,第257页,北京大学出版社2003年版。
③韩湖初、陈良运主编:《古代文论名篇选读》,第339页,中国书籍出版社2002年版。

下 篇

批评实践

现实型文学的典范
——以《红与黑》为例

"现实性文学是一种侧重以写实的方式再现客观现实的文学形态"。[①]这种文学有着悠久的历史和光荣的传统。19世纪欧洲批判现实主义文学使它发展到完善阶段。这个时期的现实主义文学遵从按照生活原有的样子再现生活的基本原则,具体、全面而又深入地展示社会风貌,塑造典型环境中的典型人物,对现实生活中的丑恶现象进行犀利的剖析和深刻的批判。司汤达是法国批判现实主义文学的奠基人之一,他的长篇小说《红与黑》是法国批判现实主义文学的奠基作。

司汤达把自己的小说比喻为时代的镜子,"小说好像一面镜子,摆在大路上。有时它照出的是蔚蓝的天空,有时照出的却是路上的泥沼"。[②]这面"镜子",既照社会,也照读者。对于社会,他既要表现"时代的真实的东西",也要有"思想"和"热情"。这成为他小说创作的基本原则。

《红与黑》的素材来自于法国当代的现实生活。1828年10月,一份司法公报引起了司汤达的高度关注。在他的家乡格勒诺布尔,巡回法庭审理了一桩令人震惊的谋杀案。该案的被告贝尔泰是马蹄铁匠的儿子、当地神学院的学生。在富有的米舒律师家里当家庭教师期间,他勾引米舒夫人,成了她的情人。此事没有被公开。后来,他又在当地一个贵族的家里找到了同样的工作,竟然又诱惑了主人的女儿!一个女仆揭发了他。他因此被所在的神学院开除。失去前程的贝尔泰因怨恨和绝望竟然在教堂里向米舒夫人打了两枪,然后企图自杀。可是米舒夫人只受了轻伤。法庭最终判处他死刑。这起案件触发了司汤达的创作灵感。他怀着对复辟王朝的满腔愤怒,于1830年发表了长篇小说《红与黑》。小说保留了一个男人和两个女人的情感纠葛的基本线索。小说的题词"真实,严酷的真实"清楚地表明了司汤达的写作态度。他本着面对现实、正视现实,直接揭示社会矛盾、触及人生的现实主义原则,细致、全面、逼真地描绘了19世纪二三十年代王政复辟时期法国社会的政治生活环境和社会风气,塑造了于连这个不朽的艺术典型,展示了千千万万平民青年的悲剧人生,也表达对现实的独特认识和强烈批判。

"若是你的人物不谈政治,那就不是1830年的法国人了。你的书也就不再是一面镜子,像你所要求的了"。因此,司汤达赋予《红与黑》深刻的社会政治内容。小说用大量的篇幅描写了王政复辟时期法国社会各阶级的政治状况、精神面貌和心理状态,剖析了各种政治力量之间的关系。卷土重来的国王、贵族和教士们沆瀣一气,从中央到地方瓜分了国家的政治权利和经济资源。作为封建王权的统治基础,贵族阶级一方面拒绝接受历史教训,与天主教会相勾结,对广大人民实行严厉的高压统治,极端保守派更是企图彻底抹杀法国大革命和拿破仑时代的成果;另一方面,他们在过着花天酒地、奢侈糜烂生活的同时,总是惶惶不可终日,预感到新的革命风暴即将来临。天主教会是王权统治的另一个基础。它曾为波旁王朝的复辟立下过汗马功劳。王权出于自身统治的需要,赋予天主教会巨大的权利和活动空间。天主教会的影响无处不在,不但掌控着规模庞大的经济实体,而且还拥有巨大的政治影响力,以致可以操纵地方政府高级官员的任命。因此,在与大贵族的利益争夺中天主教会咄咄逼人,出尽风头。小说中写道,当朝权贵木尔侯爵和贝尚松主教打了一场旷日持久的官司,结果却无可奈何地败下阵去。厚颜无耻的瓦列诺在福力列代理主教的庇护下,先是取代德·瑞那成为维利叶尔市长,最后又爬上了贝尚松省长的高位。在这种暗无天日的体制下,广大的平民阶级似乎又跌回到了大革命以前。法国有三千万人没有选举权,他们中间的绝大多数人痛恨封建专制制度和封建统治者,怀念法国大革命和拿破仑时代,等待暴动机会的到来。"山雨欲来风满楼",这是司汤达对1830年七月革命前夕法国社会政治形势的基本判断。

《红与黑》的主要成就是塑造了世界文学史上不朽的艺术典型于连。"一个不朽的艺术典型必须有贯穿其全部活动的,统摄其整个生命的'总特征'"。③对于连来说,这个"总特征"就是强烈的自我中心意识。他的梦想,他的野心,他的个人奋斗,他的爱情,他对统治阶级的反抗与妥协,他的虚伪,无不根源于此。

于连是锯木工厂小业主的儿子,在拿破仑时代,他度过了自己的童年。那时候,他曾亲眼看到从意大利凯旋的拿破仑龙骑兵把战马拴在自家门口。这激起了他热烈的幻想。少年时代,拿破仑军队中退役的老军医给他讲述的意大利战争史则使他心里充满了英雄梦。他喜爱卢梭的《忏悔录》,接受了启蒙思想的熏陶。情节展开时,于连不足18岁,他追求自由平等和个人奋斗;他精神叛逆、野心勃勃,拒绝像统治阶级要求的那样安于现状、循规蹈矩、苟且偷生;他以自我为中心,不愿意和任何人、任何政治集团结盟。他崇拜拿破仑,因为拿破仑的一生轰轰烈烈。他向往拿破仑时代,因为,那时像他这样出身微贱的青年有一显身手的舞台,有凭借个人的聪明才智和英雄行为改变命运的机会。他仇视复辟王朝,因为它恢复了血统论和等级制,从而阻断了贫民青年的晋升之路。

于连曾梦想在战场上建功立业,出人头地。"假如我早生二十年,我也会像他们(年青贵族)一样穿着军服。那时候,像我这样的人,不是被杀,便是在三十六岁做了将军"。然而,于连是生不逢时的一代。他14岁时,那个寄托着他的无限梦想的拿破仑时代便结束了。取而代之的是波旁王朝的复辟。封建贵族和天主教会成了法国的统治者。他们狼狈为奸,垄断着国家的政治权利和经济资源。广大的平民阶级又重新跌回到任人宰割的深渊。然而,于心不甘的于连却敏锐地看到新的机会,"如今我们眼见四十岁左右的神父们,能拿到十万法郎的薪俸","三倍于拿破仑手下的著名大将收入,并且这些大将还要有人来为他们撑腰。瞧瞧这个裁判官,他的头脑如此清楚,为人这样清廉,年纪又是这样的老迈了,然而,他害怕得罪一个三十岁的小小的神父。这样看来,我应该做神父了"。正是出于这种动机,这个压根就不信仰上帝的贫民青年在西朗神父的引导下刻苦钻研拉丁文和天主教经典,甚至利用自己惊人的记忆力,把整本的拉丁文《圣经》和墨士德的《教皇传》背诵下来。和德·瑞那夫人的私情败露后,他又毅然决然地告别爱情,进入人间地狱般的贝尚松神学院。在那里,他攻读自己压根就不相信的神学,天天向令他厌恶的上帝祈祷。他每时每刻都在假冒伪善,在尔虞我诈、"他人就是地狱"的险恶环境中修炼,直至成为十足的伪君子、不择手段的野心家。日后他又在神学院院长彼拉的推荐下,戴着神父的面具,利用自己的聪明才智为大贵族木尔侯爵效力。他又利用木尔侯爵的信任和赏识,征服了追求浪漫和冒险的侯爵小姐玛特尔。如果不是德·瑞那夫人迫于教会的压力写的那封揭发信,不择手段的于连就得到了为之奋斗的一切:贵族身份、军衔、财富和美女。而所有这一切都是靠虚伪、卑鄙、忍耐甚至出卖灵魂才能得到的。

  于连的性格充满矛盾。他是真诚与虚伪、自我与依附、叛逆与屈从、反抗与妥协、自尊与自卑、自爱与卑鄙、勇敢与怯懦、激情与冷静、情欲与理智的矛盾统一体。他梦想在战场上光明正大地博取功名利禄,却不得不像伪君子一样扮演神父的角色;他发自内心地崇拜拿破仑,却为了迎合封建统治者,在公开场合咒骂拿破仑;他具有强烈的自我意识,拒绝封建统治阶级给他设定的社会角色,却又总是被动地在他们的面前俯首称臣;他痛恨贵族阶级,却又千方百计地跻身于上流社会;在追求个人奋斗的过程中,他像斗士一样坚定勇敢,却又像懦夫一样忍气吞声、委曲求全;他常常因良心未泯而深深自责,却又信奉"为达到目的,不择手段"的极端利己主义原则。

  于连的矛盾性格是环境的产物。于连出生在一个没有温暖和亲情只有金钱和暴力的家庭里。他的父亲老索黑尔是一个粗俗、暴戾、唯利是图、灵魂卑鄙的小业主,兄长四肢发达、头脑简单、灵魂空虚。喜爱读书、抱负远大的于连与家人格格不入,甚至屡遭家庭暴力。这种恶劣的家庭环境对于连的心理和性格造成的负面影响是显而易见的。可以说,在很大程度上正是这个家庭导致了于连的叛逆倾向、自我中心、内向性格、孤独心理、人格分裂、时常表现出的自私与冷漠、缺少安全感、对他人缺乏信任处处设防。

  然而,于连的矛盾性格更是法国王政复辟时期的社会环境造成的。他是接受过启蒙思想教育的一代,他相信自由平等是人与生俱来的权利,追求世俗幸福是人生的主要目标。他的座右铭是"平凡的人听从命运,只有强者是自己的主宰"。他欲望强烈,野心勃勃。他也和天下的青少年一样曾有过一颗真诚的心。然而,不幸的是,他生活在一个畸形的时代。在这个时代,血统决定着人的等级,千千万万有雄心壮志的平民青年失去了公平竞争的舞台。虽然贵族阶级在政治上卷土重来,但是贵族阶级的传统观念早已分崩离析。整个社会,从上到下,弥漫着利己主义、拜金主义、享乐主义的风气。法国19世纪的著名作家缪塞提到法国复辟王朝时期的风尚时说:"当孩子们谈到人生的光荣时,人家便对他们说,你们去当神父吧!当他们谈到志愿的时候,他们也是说:你们去当神父吧!当他们说到希望、爱情、势力和生活时,人们还是说:你们当神父吧!"④这段话既尖锐地指出了当时封建教会的炙手可热的权势,也客观地反映了当时整个社会的信仰危机、物欲横流的状况。在这个价值颠倒的时代,对广大的平民青年来说,虔诚、诚实、勤劳意味着遭人践踏、任人宰割。唯利是图、卑鄙无耻、虚伪狡诈才是博取功名利禄的法宝。在于连的故乡维利叶尔,"带来收益"是决定一切的至理名言,代表了四分之三的居民的习惯性思想。德·瑞那市长出身贵族世家,可是,他在拿破仑时代就办起了工厂。他之所以在妻子"红杏出墙"后依然保持和她的婚姻关系,那是因为妻子是一大笔财产的继承人。资产阶级暴发户瓦列诺是个十足的流氓,"他赚钱甚至于赚到最悲惨的孤儿弃婴身上去了"。可是在教会的撑腰下,他竟然聚敛了万贯家财,而且爬到了省长的高位。在贝尚松神学院,几百个来自于穷乡僻壤的青年学生在利益的诱惑下攻读神学。他们之所以走上这条路,不是出于信仰,而是因为可以借此摆脱贫困、博取功名。那里的人们,从老师到学生,或者热衷于拉帮结派,或者本能地把他人视为竞争对手而加以猜忌甚至陷害。一位神学老师,故意引导于连谈论维吉尔——古代异教文化的精英,其目的竟然不是考查学生的学识,而是为了寻找学生有异端思想的把柄。而他之所以如此憎恨于连,仅仅是因为于连是自己帮派的对立面彼拉院长的人。"我爱真理!……但真理在哪里?到处都是伪善,至少也是欺诈。甚至最有德性,最伟大的人也不例外";"哼,人绝不可能相信人!"于连的虚伪性格,他那日益膨胀的利己主义和自我中心,正是在这样恶劣的环境影响下逐渐形成的。走出神学院来到巴黎以后的于连几乎成为一个不择手段的野心家和伪君子。为了往上爬,他手段卑鄙地征服侯爵小姐玛特儿;为了得到侯爵的信任,他昧着良心参加极端保皇分子的秘密黑会,临危受命出使外国;为了成为侯爵的乘龙快婿,他甚至厚颜无耻地接受侯爵替他伪造的出身。

然而,环境对于连的影响并不都是负面的。曾在拿破仑军队中服役的老军医,虔诚、高尚的西朗神父,清廉、古怪的彼拉院长,慈祥、温柔、无私的恋人德·瑞那夫人,甚至高傲任性的侯爵小姐玛特儿,这些人不但使出身卑贱的于连幸运地得到了一个又一个的恩惠,而且也使他看到了生活的另一面:诚实、虔诚、慷慨、廉洁、无私、爱心。虽然污浊的大环境使得于连逐渐走向了他们的反面,但是,这些生活中的另类又使得他不至于良心泯灭、丧尽天良,使得他儿时形成的叛逆性格、自由意志不至于彻底淹没在乌烟瘴气的社会环境中。

于连的形象具有高度的典型性。他是19世纪二三十年代法国贫民青年中追求个人奋斗的典型。整部小说通过于连短暂的一生真实地再现了时代政治风云的变幻,揭示了一个重大的社会问题:19世纪二三十年代法国贫民青年的命运问题,愤怒谴责了压制、腐蚀、摧残贫民青年的封建复辟势力,表达了对有主体意识、敢于主宰自己的命运、敢于向统治阶级挑战的平民青年的同情、痛心和惋惜。

今天,《红与黑》被公认为是19世纪批判现实主义长篇小说的经典之作。它的成功经验告诉我们,现实主义作家遵从的首要原则是按照生活原有的样子反映生活,他们"偏重于对客观现实的冷静观察和理智分析",[⑤] 敢于直面"惨淡的人生"和"淋漓的鲜血"。而一部经典的现实主义小说不但追求细节的真实而且塑造典型环境中的典型人物。

(任合生)

注释:
①③童庆炳主编:《文艺理论教程》(第四版),第180页,高等教育出版社2008年版。
②司汤达:《红与黑》,罗玉君译,第476页,上海译文出版社1981年版。
④(法)阿·德·缪塞:《一个世纪儿的忏悔》,梁均译,第5页,人民文学出版社1980年版。
⑤童庆炳主编:《文艺理论教程》(第四版),第180页,高等教育出版社2008年版。

理想、夸张和美丑对照
——以《巴黎圣母院》为例

在欧洲,兴起于18世纪末的浪漫主义文学把理想型文学发展到极致。这种重主观轻客观的文学的主要特征是:表现理想、抒发情感、重视想象和幻想、着力描绘大自然、喜用夸张和对比手法。这些特征在维克多·雨果的文学创作中得到了充分的体现。

雨果和司汤达是同时代的作家,可是他们的创作方法却截然不同。作为现实主义作家的司汤达追求像"镜子"一样逼真地反映当代的现实生活。作为浪漫主义作家的雨果则不同,他强调要"按照我希望于人类的,按照我相信人类所应当的来描绘它"。也就是说,他要在作品中艺术地创造出一个理想的世界,表达他超越现实的主观愿望。他的浪漫主义长篇小说代表作《巴黎圣母院》就是这一创作方法的成功实践。

在《巴黎圣母院》中,虽然雨果以较大的篇幅细致地描绘了庄严宏伟的巴黎圣母院,展示了中世纪巴黎五光十色的社会环境,但是这些仅仅是小说的背景,"不是书中的重要部分"。小说的主体内容却是建立在想象、虚构、夸张、变形、对比、理想、激情的基础上的。它是一部典型的浪漫主义长篇小说。

《巴黎圣母院》的素材不是来自于当代的现实生活,而是来自于雨果的想象和虚构。雨果在小说的原序里写道:"几年以前,当本书作者去参观,或者不如说去探索圣母院的时候,在那两座钟塔之一的暗角里,发现墙上有这样一个手刻的单词:ANATKH(希腊文,意为命运)。这几个由于年深日久而发黑并且相当深地嵌进石头里的大写希腊字母,它们那种哥特字体的奇怪式样和笔法不知标志着什么,仿佛是叫人明白那是一个中世纪的人的手迹。这些字母所蕴含的悲惨、宿命的意味,深深地打动了作者。"[①]以此为基点,雨果充满激情地展开想象的翅膀,在历史的时空中自由翱翔。在雨果建构的想象的世界里,汇聚着法国中世纪的风俗民情,穷人的喜怒哀乐,专制王权的野蛮暴行,封建教会的阴暗生活,离奇、虚幻的情节,不同寻常的人物,冲击力极强的场景和画面。走进这个世界,读者仿佛置身于梦幻之中。它与当代生活相去甚远,却又使读者似曾相识。它激情四射、异乎寻常,却又使读者感到真切自然。

作为一部浪漫主义的长篇小说,《巴黎圣母院》的情节奇异、想象丰富。小说的主要线索是爱斯梅拉达的悲剧人生。与其紧密联系的是三个男人:伽西莫多,克罗德·弗罗洛副主教,弗比斯。爱斯梅拉达本是平民少女巴格特的私生女,原名阿涅,出生不久被过路的吉卜赛女人偷走。后者还扔下一个蜷缩一团的小怪物在巴格特家里。这个小怪物就是伽西莫多。他后来为克罗德神父收养,成了巴黎圣母院的敲钟人。成为吉卜赛流浪女的阿涅后来改名爱斯梅拉达,长大后又来到巴黎卖艺。她美丽迷人、才艺出众,差点被受命于克罗德·弗罗洛副主教的伽西莫多劫持。事后爱斯梅拉达却对伽西莫多以德报怨。奇丑无比的伽西莫多由感恩而发展到全身心地爱上了她。情窦初开的爱斯梅拉达爱上了"英雄救美"的近卫队长弗比斯,因此遭到疯狂妒忌的克罗德·弗罗洛副主教的陷害。法庭刑讯逼供,屈打成招。爱斯梅拉达被判死刑。女修士(爱斯梅拉达的生母)痛恨吉卜赛人,因为他们偷走了自己的女儿。结尾处,母女意外地久别重逢,天伦重聚,但转瞬间,母女又面临生离死别。爱斯梅拉达被送上绞架,母亲也撞石而死。悲愤的伽西莫多摔死了对自己有养育之恩的克罗德·弗罗洛副主教,当晚就失踪了。十八个月以后,人们在隼山的地窖里发现了他的尸骨。他紧紧地拥抱着爱斯梅拉达。人们想把他们分开,"他就倒下去,化成了灰尘"。这样的情节安排曲折离奇,其中有关爱斯梅拉达和伽西莫多的故事,充满了诸多的不可思议的巧合。这种离奇和巧合只可能出现在作者的主观想象中,不可能出现在现实生活中。可是,在封建专制制度下,广大的平民阶级受苦受难,封建统治者(无论是世俗的还是披着宗教外衣的)手段残忍、为所欲为,美德存在于社会的底层,无论何时何地穷人都在追求爱的永恒,雨果所要表达的这些认识都是符合历史真实的。小说写于七月革命时期,它的现实针对性一目了然。

　　曲折离奇的情节是为塑造非凡的人物形象服务的。在《巴黎圣母院》中,无论爱斯梅拉达还是伽西莫多都是在作者独特的"放大镜"下被充分放大的人物,都是理想化的非凡人物。

　　开篇作者用夸张的笔法描写了伽西莫多的肖像。他又聋又哑,长着"四角形的鼻子","马蹄子形的嘴巴","那猪鬃似的红眉毛底下小小的左眼,那完全被一只大瘤遮住了的右眼,那像城垛一样参差不齐的牙齿,那露出一颗如象牙一般大的大牙的粗糙的嘴唇,那分叉的下巴","一个大脑袋上长满了红头发,两个肩膀当中隆起一个驼背,每当他走动时,那隆起的部分从前面都看得出来"。② 他哪里像现实生活中的丑八怪,分明是神话中神灵创造出的"怪物"。可是,这个仅以自己的外表便足以令人惊愕不已的"怪物",日后将一次又一次用行为表现自己的不同凡响。他因耳聋听不见人们的大声喧哗,可是却时时听到爱斯梅拉达吹的口哨声;他以闪电般的神速冲进刑场,在众目睽睽之下击倒刽子手,劫走即将受难的爱斯梅拉达;为了保护他心目中的女神,他单枪匹马抵御围攻巴黎圣母院的奇迹王朝的"大军";他悲愤地一把抱起克罗德·弗罗洛副主教的黑色躯体,把他从圣母院的钟楼上摔下去;他执著无私地热爱爱斯梅拉达,甚至甘愿为她殉情而死。从他的这些非凡之举中,我们看到了一个仿佛被神赋予了特异功能的奇特之人,一个在这个世界上罕见的痴情的男人,一个在爱情的激发下能爆发出巨大的生命潜能的超人。他用心灵去感受爱、拥有爱,用自己的一切乃至生命去呵护、去捍卫爱。虽然在外表上他卑微得犹如埋在泥土里,但是在心灵上他却高贵得犹如行走于天堂之上。

　　与伽西莫多惊人的丑相反,爱斯梅拉达有着惊人的美。她身材优美,亭亭玉立,乌黑的头发,亮晶晶的眼睛,一双小脚穿着精美的鞋,偶尔从裙里露出一双漂亮的腿,跳起舞来,"窈窕,纤细,活泼得像黄蜂"。在诗人甘果瓦的眼里,在广场上翩翩起舞的爱斯梅拉达就是"森林里的仙女","一位女神","梅纳伦山上的一位女酒神!"③这个女神本属于天国,却阴错阳差地降临人间。她走到哪里,哪里就有欢声笑语,哪里就有爱神歌唱。虽然她只有14岁,虽然她只是个流浪艺人,但是她所做的一切足以让天下所有的男儿汗颜,让天下所有的"高贵一族"自惭形秽。为了拯救深夜误入圣迹区的诗人甘果瓦,她毫不犹豫地答应按照乞丐"王国"的规矩,和甘果瓦这个与她毫不相干的男人做四年夫妻。伽西莫多因劫持爱斯梅拉达遭受严酷的鞭刑,现场几乎没有人同情这个怪物,也没有人正面回应他要求喝水的乞求,克罗德·弗罗洛副主教更是躲在一边不闻不问。此时此刻,唯有身为受害者的爱斯梅拉达于心不忍、毫无顾忌地走上行刑台,把水壶递到伽西莫多的嘴边。围观的人们惊呆了,继而爆发出热烈的喝彩声。伽西莫多更是平生第一次流下了眼泪,日后他将用自己的生命去报答这个善良女孩的滴水之恩。爱斯梅拉达热爱生命,热爱生活,可是为了捍卫自己的尊严,她却敢于面对死亡。在圣母院里避难时,她坚定勇敢地断然拒绝了克罗德·弗罗洛副主教的"生的诱惑":"永远不能!任什么也不能把我同你结合在一起,哪怕是地狱!滚吧!该死的东西!永远不能!"在绞刑架和克罗德·弗罗洛之间,她义无反顾地选择了绞刑架;在有尊严的死亡和没有尊严的苟且偷生之间,她毫不犹豫地选择了死亡。一个尚未成年的柔弱女子在中世纪竟能如此地面对人生,何人能及?

"奇迹王朝"的人们也颇令人称奇。虽然他们是流浪者、乞丐甚至小偷,他们衣衫褴褛,言谈粗俗,举止粗野,但是他们却拥有统治阶级、社会精英所缺乏的善良之心和有情有义。他们的国中之国建立在坦诚相待、互相帮助、团结友爱的基础之上。为了拯救自己的姐妹,他们以"乌合之众"攻打巴黎圣母院,即使遭到国王的残酷镇压也无怨无悔。

无论伽西莫多、爱斯梅拉达还是"奇迹王朝"的人们,都是理想化的人物,他们只存在于雨果的想象世界里。虽然他们和现实生活中实际存在的人们的面貌相去甚远,但是,他们却凝聚着雨果对千百年来受苦受难、坚强不屈的广大平民阶级的深厚感情和崇高敬意。通过他们,作者既揭露了野蛮的封建压迫,表达了强烈的愤怒,也歌颂了平民阶级的美德。

美丑对照原则是雨果浪漫主义文艺思想的核心。早在1827年所写的法国浪漫主义运动宣言《〈克伦威尔〉序》中,他就阐述了这一原则。"存在于自然中的一切也存在于艺术之中"。"世界上、历史上、生活里和人类中的一切,都应该而且能够在舞台上得以反映"。"大自然就是永恒的双面像","丑就在美的旁边,畸形靠近着优美,粗俗藏在崇高的背后,恶与善并存,黑暗与光明相共"。④既然"自然"本身是这样的,那么作家在表现生活时就不应该像古典主义作家那样把二者割裂开来。"应该像自然一样动作,在自己的作品里,把阴影渗入光明,把滑稽丑怪结合崇高优美而又不使它们相混"。这样艺术作品才更符合生活真实。然而,这并不意味着雨果的文艺思想和创作方法是现实主义的。因为他强调"自然和艺术是两件事,彼此相辅相成,缺一不可",作家在反映生活时,应该努力创造而不是机械模仿。作家追求的是艺术真实,而不是生活真实。在《巴黎圣母院》中,他追求艺术真实的主要手段就是夸张和美丑对照。通过强烈的美丑对照,原本已被夸张的描写对象将产生更加强烈的艺术效果。

  首先是环境和人物的对照。巴黎圣母院修建于12世纪,它有着典型的哥特式风格,尖拱顶、小尖塔、飞扶壁,高耸入云,仿佛要把人们从尘世引入天堂一般。镶嵌着彩色玻璃巨大的窗户射入五颜六色的光,给人以明亮、圣洁、庄严、崇高的感觉。可是这里的主人——克罗德·弗罗洛副主教却是一个心理畸形、人格分裂、阴狠歹毒的人。这个人竟然在如此圣洁的地方放纵罪恶的欲望,肆无忌惮地迫害天使般的爱斯梅拉达。在环境的对照下,他的恶就更加令人发指!至于在圣母院广场上,路易十四的军队血腥镇压人民的暴动,就愈发骇人听闻了。

  其次是人物形象塑造的对照,这是《巴黎圣母院》美丑对照手法运用的精髓。它既体现在人物之间的相互对比上,也体现在人物自身的外表与内心世界的对比关系上。如前所述,作者笔下的爱斯梅拉达和伽西莫多是夸张的和理想化的。他们是美与丑的两极,一个美若天仙,一个奇丑无比。为了强化艺术效果,作者刻意把两人长时间地放在同一个表现舞台上,通过对比使得美的更美,丑的更丑。克罗德·弗罗洛副主教和伽西莫多,一个道貌岸然,一个畸形丑陋。一个是受人敬重的神父,一个是饱受歧视的敲钟人。可是这两个人对爱斯梅拉达表达爱的方式却截然不同。前者只有邪恶的本能需要和变态的占有冲动,没有对美的欣赏,更没有对爱的呵护。因此一旦欲望受阻,他便疯狂地实施报复。他制造谣言,利用宗教,操控司法,无所不用其极,直至把爱斯梅拉达置于死地。对他来说,不是占有,就是摧毁。后者则完全不同。他的爱是基于爱美的本能,它发端于对善良的回应,蕴含着对恩情的报答。在他的爱中,只有奉献,没有索取;只有爱人的精神快乐,没有追求肉体欲望满足的冲动。因此,他可以为所爱之人勇劫法场,单枪匹马抵御一切来犯之敌,也可以和她一起坦然地走向天国。作者让这两个人形同主仆、如影随形,彼此对照。这不但使读者为之惊奇乃至震撼,而且使读者懂得了什么是真正的善,什么是藏在善背后的恶,什么是真正的正常,什么是正常掩盖下的畸形,什么是真正的爱,什么是披着爱的外衣的原欲。

  最后是两个王朝的对比。一个是历史上真实存在的路易十四的封建王朝,它充斥着贫穷、压迫、暴政、酷刑、冤案和屠杀。另一个是作家虚构的乞丐王国("奇迹王朝"),它重友谊,讲互助互爱,拒绝社会压迫,它虽然贫穷肮脏,但却充实快乐。通过两个王朝的对照,封建王朝更加野蛮、丑陋,奇迹王朝更加令人向往。

  综上所述,雨果基于反封建的政治立场、资产阶级人道主义的思想和浪漫主义的美学主张,在《巴黎圣母院》中生动地描写了一个理想的世界。在这个虚构的世界里,虽然不乏现实生活的真实图景,但更多的却是奇特的情节、虚构的场景、夸张的人物。通过这个理想的世界,雨果既表达自己对现实的强烈愤慨,也表达了自己超越现实的美好愿望。因此,我们认为《巴黎圣母院》在长篇小说创作方面充分体现了浪漫主义的基本特征,它是理想型文学的典范。

(任合生)

注释:

① (法)雨果:《巴黎圣母院》,陈敬容译,第 1 页,人民文学出版社 2000 年版。
② (法)雨果:《巴黎圣母院》,陈敬容译,第 53 页,人民文学出版社 2000 年版。
③ (法)雨果:《巴黎圣母院》,陈敬容译,第 69 页,人民文学出版社 2000 年版。
④ (法)雨果:《雨果论文学》,第 62、166 页,上海译文出版社 1980 年版。

象征型文学
——以《忧郁第四》为例

象征"指以具体事物（意象）间接表现思想感情的一种修辞方式，具体表现为不是用词语直接表现而是暗示情感意义的纯意象性抒情话语"。[①]象征具有暗示性、多义性和不确定性等特征。暗示指词语寄寓某种超出本义的内涵。

"象征型文学是一种侧重以暗示的方式寄寓审美意蕴的文学形态"（童庆炳《文艺理论教程》）。现实型文学的再现和理想型文学的表现突出直接性，象征型文学则偏重于以间接的方式去暗示客观规律和主观感受。因此，象征型文学要求读者透过意象的表层去体味和领悟象征型作品的深远意蕴。

19世纪的象征主义文学思潮确立了象征型文学的形态特征和艺术地位。它最主要的特征就是象征和暗示。象征主义文学既反对按照事物的本来面貌反映现实，也反对直抒胸臆，而强调作家通过想象创造客体，通过具体有形的客体——"客观对应物"（艾略特）——来暗示抽象的思想和心灵状态。马拉美说："诗写出来原就是叫人一点一点地猜想，这就是暗示，即梦幻。"[②]又由于"象征意味着既是它所说的，同时也是超过它所说的"，[③]因此象征型文学的意蕴是朦胧的、不确定的，从而给读者留下丰富的想象空间和创造空间。波德莱尔的诗集《恶之花》是象征主义的开山之作，它主要的艺术表现手法就是象征和暗示。其中的《忧郁第四》颇有代表性。

什么是忧郁？从字面上理解，它是指忧伤郁结，忧虑烦闷。另一种解释是：忧郁并不仅仅表达了心里的忧伤，更可以是一种心灵的颓废，更是心中的忧伤积累到一定程度的情绪状态。还有人把忧郁解释为：一种郁结在心中，想说而无法说，亦说不出的情感。虽然作为精神状态的"忧郁"困扰了一代又一代的人们，甚至成为19世纪欧洲"世纪病"的主要特征。但是，当人们试图对它加以描述和概括的时候，他们却发现它竟那样的幽微难明。逻辑语言不足以把人们对忧郁的复杂感受充分地表达出来。因此借助诗和意象就成为一些诗人的最佳选择。意象具有多义性和不确定性。诗人借助意象可以把自己对忧郁的那种特殊感受和深刻理解充分地表达出来，同时，也给读者留下广阔的想象空间和回味余地。英国浪漫主义诗人济慈有过这种尝试，他在《忧郁颂》写道：

> 当忧郁的情绪骤然间降下，
> 仿佛来自天空的悲泣的云团，

滋润着垂头丧气的小花，
　　　　四月的白雾笼罩着青山，
　　　　将你的哀愁滋养于早晨的玫瑰，
　　　　波光粼粼的海面虹霓，
　　　　或者是花团锦簇的牡丹丛；
　　　　或者，倘若你的恋人对你怨怼，
　　　　切莫争辩，只须将她的柔手执起，
　　　　深深地，深深地啜饮她美眸的清纯。

　　诗中，济慈把忧郁之情比作悲泣的云团滋润着垂头丧气的小花、四月的白雾笼罩着青山、滋养于哀愁的早晨的玫瑰、波光粼粼的海面虹霓、花团锦簇的牡丹丛、怨怼的恋人。在诗人的笔下，忧郁是悲与美的结合。通过意象，济慈赋予忧郁以非常丰富的内涵，给读者留下了较为丰富的想象空间。

　　然而，在波德莱尔精神世界里，忧郁却更加复杂、深邃和扑朔迷离。忧郁是波德莱尔最主要的精神特征，也是诗集《恶之花》的主体内容。《恶之花》（第三版）共收诗一百五十一首，由诗人精心安排为《忧郁与理想》、《巴黎风光》、《酒》、《恶之花》、《叛逆》、《死亡》等六个有机组成部分，有序地展开诗人的精神探索。诗集的第一部分《忧郁与理想》分量最重，占到全书的三分之二。

　　那么什么是波德莱尔的忧郁呢？罗贝尔·维维埃说："它比忧愁更苦涩，比绝望更阴沉，比厌倦更尖锐，而它又可以说是厌倦的实在的对应。它产生自一种渴望绝对的思想，这种思想找不到任何与之相称的东西，它在这种破碎的希望中保留了某种激烈的、紧张的东西。另一方面，它起初对于万事皆空和生命短暂具有一种不可缓解的感觉，这给了它一种无可名状的永受谴责和无可救药的瘫痪的样子。忧郁由于既不屈从亦无希望而成为某种静止的暴力。"④波德莱尔本人也曾尝试对它做抽象的概括和解析。《恶之花》出版后不久，他在给母亲的信中写道："我所感到的，是一种巨大的气馁，一种不可忍受的孤独感，对于一种朦胧的不幸的永久的恐惧，对自己的力量的完全的不相信，彻底地缺乏欲望，一种寻求随便什么消遣的不可能……我不断地自问：这有什么用？那有什么用？这是真正的忧郁的精神。"⑤可是这些细致的分析、抽象的概括虽然不乏精辟之处，但较之《忧郁第四》，它们似乎都显得"美中不足"。因为，那些难抒之情、难言之理、飘忽不定的感受，似乎只有意象才能代言；那些逻辑语言所无法达成的"言有尽而意无穷"的艺术效果只有通过意象才能实现。至于那些"象外之象"、"象外之意"那就更是见仁见智甚至是"只可意会，不可言传的"了。因此，要想真正了解波德莱尔的忧郁就必须到他的诗中去体会、去感悟、去想象。

《忧郁第四》
（郭宏安译）

　　　　当低重的天空如大盖般压住

被长久的厌倦折磨着地精神；
当怀抱着地天际向我们射出
比夜还要愁惨的黑色的黎明；

当大地变成一间潮湿的牢房，
在那里啊，希望如蝙蝠般飞去，
冲着墙壁鼓动着胆怯的翅膀，
又把脑袋向朽坏的屋顶撞击；

当密麻麻的雨丝向四面伸展，
模仿着大牢里的铁栅的形状，
一大群无言的蜘蛛污秽不堪，
爬过来在我们的头脑里结网，

几口大钟一下子疯狂地跳起，
朝着空中迸发出可怕的尖叫，
就仿佛是一群游魂无家可依，
突然发出一阵阵执拗的哀号，

——送葬的长列，无鼓声也无音乐，
在我的灵魂里缓缓行进，
希望被打败，在哭泣，而暴虐的焦灼
在我低垂的头顶把黑旗插上。

《忧郁第四》表现诗人的忧郁，不是通过静态的物象而是通过动态的物象来外化内心感受，由远及近地表现诗人郁结难遣的心灵状态。第一节，诗人选用了一个意象：天空如巨大的锅盖扣在大地之上，大地深陷比黑夜还要黑暗的白天。这使读者犹如置身于一个暗无天日的巨室之中，压抑、厌恶、紧张、恐惧之感袭上心头。这已经定下了全诗的基调。第二节，诗人选用了两个意象：大地变成一间潮湿的牢房，希望像被困顿在这座牢房里乱冲乱撞的蝙蝠。"潮湿的牢房"把全诗与社会和人联系了起来，表达诗人"世界就是一座牢狱"、生存如同囚居的感受。这样的环境令人窒息，这样的生存没有自由，令人厌恶，苦不堪言。即便如此，心有不甘的诗人还本能地希望冲出这座牢狱，可悲的是，他的所有努力如同蝙蝠在封闭的牢房里盲目地、徒劳无功地乱冲乱撞，可是却毫无希望。沮丧之情溢于言表。第三节，诗人选用了两个意象：雨水如同大牢里的铁栅，它暗示了诗人因失去自由而产生的无可奈何的绝望情绪。就像里尔克的《豹》里的诗句"它觉得只有千条铁栏杆，千条的铁栏后便没有宇宙"暗示的那样。大群无言污秽不堪的蜘蛛在我们的头脑里结网,这个意象进一步暗示了人在精神上走过的可怕的旅程:在恶劣的环境的压迫下,人在精神上的自由空间不断被挤压,直至完全失去精神自由。不仅如此,人的精神还不断被玷污,直至污秽不堪!试问,在这个世界上,有比这更大的人生恐惧的吗?第四节,诗人选用了一个意象:几口大钟疯狂地吼叫,仿佛是一群无家可依的游魂,突然发出一阵阵执拗的哀号。疯狂吼叫的大钟象征着情绪紧张的诗人对那种令人作呕的生存境遇和生存状态的本能的反抗。可是这种反抗虽然有力量,但却是盲目的、绝望的,因此它更像是荒郊野岭孤魂野鬼的鬼哭狼嚎,令人毛骨悚然,而且毫无意义!最后一节,诗人选用了三个意象:长长的送葬队伍,没有鼓声和音乐的引导,从诗人灵魂深处缓缓行进。送葬长队象征着哀伤,死一般的寂静,则进一步凸显了诗人内心达到极致的沉痛和悲哀。撕心裂肺的哀号固然令人揪心,无声的悲痛、心灵的死寂更能够震撼人心!"希望被打败,在哭泣","暴虐的焦灼在我低垂的头顶把黑旗插上"。此刻,绝望的挣扎也消失了,剩下的,唯有失败者的哭泣和绝望中的焦灼。⑥

纵观全篇,诗人通过一连串的意象,把他主观感受到的"忧郁"这种"只可意会不可言传的"情绪状态曲折地暗示出来。虽然他没有明确告诉读者到底什么是忧郁,但是他却给读者留下了巨大的想象空间。读者不但可以透过这首诗的意象的表层领悟到《忧郁第四》的深层意蕴,而且能够发挥想象、积极思考我们自己心目中的忧郁。波德莱尔的这种创作方法充分体现了象征型文学的基本特点。

(任合生)

注释:

① 童庆炳主编:《文艺理论教程》(修订版)教学参考书,第225页,高等教育出版社2001年版。

② 伍蠡甫主编:《西方文论选》下卷,第262页,上海译文出版社1979年版。

③ (美)劳坡林:《诗的声音与意义》,第248页,《世界文学》1981年第5期。

④⑤ 转引自郭宏安论《恶之花》(代译序),第77、78页,漓江出版社1992年版。

⑥ 这一段参考了郑克鲁主编的《外国文学史》(上),高等教育出版社2006年版。

文学形象
——以《高老头》为例

所谓形象,从字面上理解,就是有形有象,它是人们通过感官可以看得见、听得见、甚至摸得着的物体。在文艺理论中,形象亦称为文学形象或艺术形象。它是文学反映现实生活的一种特殊形态。它既是作家的美学观念在文学作品中的创造性体现,也是"读者在阅读文学言语系统过程中,经过想象和联想而在头脑中唤起的具体可感的动人的生活图景"。[①]就创作而言,文学通过形象思维来反映生活,作家对生活的认识、感受,他的思想、情感主要是通过具体、生动的文学形象表达出来的。对读者来说,无论是对作品意蕴的解读,还是参与作品意义的创造,也必然是以作家塑造的文学形象和作家构造的形象体系为基础的。

大致说来,文学形象有广义和狭义两种:广义的文学形象泛指文学作品中整个的形象性表现、形象体系、生活图景。作品的具体因素如环境、人物、场面、情节等可理解为它的具体表现。恩格斯所说作品的思想倾向"应当从场面和情节中自然而然地流露出来"(《致敏·考茨基》),其中的"场面"、"情节"便是指广义文学形象。别林斯基所说文学家"用形象和图画说话"(《别林斯基论文学》),也可以这样理解。狭义的文学形象是指人物形象,与人物、性格、角色、典型人物、主人公、抒情主人公等的含义相同或相近。高尔基所说文学"把真理化为形象——人物的性格和典型"(《文学论文选》),便是指狭义文学形象。

本文拟结合巴尔扎克的长篇小说《高老头》分析文学形象在现实主义长篇小说中的表现形态和特点。

在传统小说的创作中,故事情节是小说的要素之一,也是小说反映生活、表达作家思想感情的主要手段之一。就长篇小说而言,故事情节应该能够叙述、描写生活事件发展、演变的全过程。小说的主题思想大多可以从故事情节的发展和过程中合乎逻辑地引申出来。

《高老头》主要叙述了两个完整的故事。一个是高里奥的故事。高里奥是一个退休的面粉商人,在法国大革命时期,他靠投机倒把、囤积居奇聚敛了百万财产。早年丧妻的他辛辛苦苦把两个女儿拉扯成人。他以金钱为后盾,使两个女儿分别嫁给了门第显赫的雷斯多伯爵和有钱有势的银行家纽沁根男爵。婚后,两个女儿一方面因嫌弃父亲卑微的出身和不光彩的历史而刻意疏远父亲,甚至把父亲拒之门外;另一方面,她们又常常在拮据时登门造访、敲诈老父亲。深陷畸形父爱中的高里奥试图满足女儿无止境的欲望,他以为金钱可以成为连接父女关系的纽带。可是当他的油水被榨干后,他还是被女儿无情地抛弃了。最后,贫病交加的高里奥在生命的最后岁月里既没有得到来自于亲人的照顾和抚慰,也没有盼来一个亲人为他送终。他孤独凄凉地死在伏盖公寓的阁楼里。替他送葬的只有两个与他非亲非故的大学生。

另一个是大学生拉斯蒂涅的故事。拉斯蒂涅是一个外省的穷贵族子弟,他来巴黎求学,原本希望通过刻苦用功,读完法律,有朝一日出人头地。可是,巴黎巨大的贫富差距,穷学生的生活艰辛,上流社会穷奢极欲的生活,很快使他对原来的想法产生了动摇。为了寻找"捷径",他去拜访巴黎的权贵鲍赛昂子爵夫人。鲍赛昂子爵夫人虽然已经没有能力提拔他了,但是却以另一种方式来"帮助"这位初出茅庐的表弟。她先是在思想上开导拉斯蒂涅,告诉他"你越没有心肝,越高升得快",只有不择手段地利用他人,才能达到欲望的最高峰。继而建议他去勾引纽沁根男爵夫人。与此同时,伏盖公寓的房客伏脱冷却在诱导拉斯蒂涅作为他勾引维多莉小姐、侵吞银行家泰伊番百万家产的同谋。他告诉拉斯蒂涅,"要弄大钱,就该大刀阔斧的干","人生就是这么回事。跟厨房一样腥臭。要捞油水,就不能怕弄脏手,只消事后洗干净"。拉斯蒂涅拒绝做他的同谋,对他的极端利己主义的人生哲学也是将信将疑。然而,鲍赛昂子爵夫人被情人出于金钱的目的所抛弃、伏脱冷被伏盖公寓的房客出于金钱的目的所出卖、高老头被女儿当作"被榨干了汁的柠檬"所抛弃,这些触目惊心的事件使拉斯蒂涅最终完全接受了极端利己主义的人生哲学,使他下定决心,像一个资产阶级野心家那样不择手段地往上爬。

两个故事,一个侧重写父女关系和家庭悲剧,另一个侧重写青年大学生的成长和堕落,它们从两个侧面反映了1819年底到1820年初法国社会的本质面貌:传统的价值观正在崩溃,拜金主义、极端利己主义的思想腐蚀了整个法国社会,在人欲横流、金钱至上、道德沦丧的大环境下,成长中的年轻一代随波逐流,整个社会陷入巨大的灾难之中。巴尔扎克对这种社会的厌恶之情、批判态度通过生动的情节自然而然地流露出来。

小说以塑造人物形象为中心。成功的人物形象不但像生活本身一样具体、生动、个性化,而且蕴含着作家的思想情感和审美理想。"文学典型是文学形象的高级形态之一。它除具有一般文学形象的特征之外,还比一般文学形象更富于艺术魅力,表现出更鲜明的特征性"。②其特征具有两种属性:"其一,它的外在形象极其具体、生动、独特;其二,它通过外在形象所表现的内在本质又是极其深刻和丰富的。"③这两种属性在《高老头》中的拉斯蒂涅身上得到了充分体现。

拉斯蒂涅的外在形象是"极其具体、生动、独特"的。他有着"纯粹是南方型的脸:白皮肤,黑头发,蓝眼睛。风度,举动,姿势,都显出他是大家子弟,幼年的教育只许他有高雅的习惯。虽然衣着朴素,平日尽穿隔年的旧衣服,有时也能装扮得风度翩翩上街。平常他只穿一件旧大褂,粗背心;蹩脚的旧黑领带扣得马马虎虎,像一般大学生一样;裤子也跟上装差不多,靴子已经换过底皮"。④这是小说开篇为拉斯蒂涅作的肖像画,它不但按照从上到下的顺序精细地描写了拉斯蒂涅的"白皮肤,黑头发,蓝眼睛"和"尽穿隔年的旧衣服"、扣得马马虎虎蹩脚的旧黑领带和"换过底皮"的旧靴子,而且还交代了他的大家子弟的举止、风度和习惯。通过这一系列的具体形象的描写,拉斯蒂涅这个来自于外省穷贵族家庭、平时不修边幅、偶尔却又装扮得风度翩翩的大学生形象就跃然纸上了。

　　文学形象的生动性主要体现在事件的发展、人物的外在行动和内心状态的变化过程中。为了尽快融入巴黎的上流社会,拉斯蒂涅接受鲍赛昂子爵夫人的"建议",去勾引纽沁根男爵夫人。为此他写信花言巧语骗取母亲的"最后几滴血"。母亲和妹妹都慷慨地为他倾其所有。念完母亲的回信,他哭了。他想到高老头扭掉镀金盘子,卖了钱替女儿还债的情景,心想:"你的母亲也扭掉了她的首饰,姑母卖掉纪念物的时候一定也哭了。"可是一转眼的工夫,他又进入了另外一种状态。"一千五百法郎现款,再加上可以赊账的衣服!这么一来,南方的穷小子变得信心十足。他下楼用早餐的时候,自有一个年轻人有了几文的那种说不出的神气。钱落到一个大学生的口袋里,他马上觉得有了靠山。走路比从前有劲得多,杠杆有了着力的据点,眼神丰满,敢于正视一切,全身的动作也灵活起来;隔夜还怯生生的,挨了打不敢还手;此刻可有胆子得罪内阁总理了。他心中有了不可思议的变化:他无所不欲,无所不能,想入非非的又要这样又要那样,兴高采烈,豪爽非凡,话也多起来了"。⑤在这里,我们看到了拉斯蒂涅的一系列的动作、表情和情绪变化。为了买漂亮的衣服而去骗取母亲的最后一点积蓄,念完母亲回信后流下了眼泪,一千五百法郎现款尚未装进衣兜便已信心十足和想入非非,在众人面前"兴高采烈、豪爽非凡,话也多起来了"。在这些生动的描写中,巴尔扎克不但让我们感觉到拉斯蒂涅的肉体的存在,而且让我们看到他以自己独特的面貌在我们的面前运动着、表演着、变化着。我们不但看到了只可能发生在拉斯蒂涅身上的所作所为,而且还窥见了只可能发生在拉斯蒂涅内心深处的所思所想和微妙的内心矛盾。

　　然而,作为世界文学史上不朽的艺术典型,拉斯蒂涅不但具有外在形象的具体性、生动性和独特性,而且也具有鲜明的思想性格特征和极其深刻、丰富的内在本质。虽然1819年底至1820年初的法国处在复辟时期,但是贵族阶级走向衰亡的历史趋势已经不可逆转。资产阶级凭借强大的经济实力对贵族阶级发起了日甚一日的攻击。金钱正在成为法国社会的真正主人,资产阶级极端利己主义的人生哲学正在腐蚀人心。这是充满机会的时代,也是人欲横流的时代,更是形形色色的野心家不择手段往上爬的时代。拉斯蒂涅正是这个时代正在形成中的资产阶级野心家的典型。虽然极端利己主义和野心是拉斯蒂涅思想性格的核心,但是巴尔扎克在小说中着力表现的不是拉斯蒂涅在这种思想性格的主导下做了什么,而是他的这种思想性格是如何形成的。拉斯蒂涅原本心地善良,也曾有是非善恶之心。初到巴黎,他准备通过刻苦用功学习法律的途径出人头地。可是,巴黎巨大的贫富差距时时刻刻刺激着他。"钱就是生命、有了钱就有一切"的社会环境诱惑着他。他来往于"上流社会"和伏盖公寓之间,他所看到的不是极端自私、厚颜无耻的拜金主义者，便是令人叹息的金钱牺牲品。他看到：为了钱，伏脱冷诱导入世不深的自己勾引维多莉小姐、进而合谋侵吞银行家泰伊番的百万家产；为了钱，米旭诺暗算老谋深算、心狠手辣的伏脱冷，导致他的被捕；为了钱，阿瞿达侯爵迎娶资产阶级小姐，使得鲍赛昂子爵夫人在上流社会蒙受耻辱；还是为了钱，雷斯多伯爵夫人和纽沁根男爵夫人肆无忌惮地榨干了自己的老父亲，然后冷酷无情地把他一脚踢开。不择手段的拜金主义者一个接着一个粉墨登场，无论成功与失败，无论后果多么严重，他们都心安理得。生活中卑鄙下流的事件接二连三地出现，每一件都和金钱和贪婪有关。在这样的社会环境影响下，拉斯蒂涅虽然几经挣扎，最终依然沦为"不顾一切往上爬"的资产阶级野心家。拉斯蒂涅的形象具有高度的典型性。小说通过他的变化，揭露了金钱社会的罪恶和拜金主义思想的巨大腐蚀作用，反映了贵族阶级的必然灭亡。

环境也是作品中文学形象的表现之一。在小说创作中，环境更是三要素之一。环境包括自然环境和社会环境。自然环境主要包括人物活动的时间、地点、季节、气候以及花鸟虫鱼等场景，社会环境指的是对特定的时代背景及人物生活环境。它的范围可大可小，大至整个社会、整个时代，小至一个家庭、一处住所，主要包括人物活动的具体环境、处所、风土人情、时代气氛以及人际关系等。一般认为，小说中环境描写的作用为：交代故事情节发生的时间、地点或人物活动的场所；渲染、营造气氛；烘托人物的心情；表现人物的思想性格；推动故事情节的发展；深化作品的主题等。

精细而又富于典型特征的环境描写是《高老头》的主要艺术特征之一。为了真实地再现当代巴黎的社会风俗，更为了交代拉斯蒂涅这个典型人物的具体活动背景和他的思想性格发展变化的主要原因，巴尔扎克对拉斯蒂涅活动于其中的两个主要环境作了逼真的描写。

首先是伏盖公寓。先写外景：阴暗的街道、散发着牢狱气息的建筑、没有污泥也没有水的阳沟、生满了草的墙根，"显出一派毫无诗意的贫穷"，"一到这个地方，连最没有心事的人也会像所有的过路人一样无端端地不快活"。然后写内景："一个二十尺宽的院子：猪啊，鸭啊，兔子啊，和和气气地混在一块儿；院子地上有所堆木柴的棚子。棚子和厨房的后窗之间挂一口凉橱，下面淌着洗碗池流出来的脏水"；⑥客厅里只摆设了几件寒酸陈旧的家具，散发着"闭塞的，霉烂的，酸腐的，叫人发冷的气味"。在此基础上，巴尔扎克让伏盖公寓里的人们逐一登场，他们是：贪婪、势利的伏盖太太，"她按照膳宿费的数目，对各人定下照顾和尊敬的分寸，像天文家一般不差毫厘"；老姑娘米旭诺，"惨白的眼睛教人发冷，干瘪的脸孔带点儿凶相"；脸色苍白、带点儿病态的维多莉小姐，一个被亲生父亲剥夺了继承权和逐出家门的弃女；鬓角染色、肌肉发达中年男子伏脱冷，他尽管外表随和，却"自有一道深沉而坚决的目光教人害怕"，日后他将"说服"年轻的大学生拉斯蒂涅与他联手掠夺维多莉小姐父亲的百万遗产；"出气筒"高里奥，曾经的百万富翁，今日已被两个女儿榨干了油水。总之，作为巴黎下层社会的缩影，伏盖公寓拥有它的主要特征：贫穷，肮脏，市侩习气，唯利是图，金钱崇拜，尔虞我诈，失意落魄的人们，随时准备铤而走险的冒险家。这里既是拉斯蒂涅奋斗的起点,也是他认识社会真相的主要课堂之一。

在小说的第二章"两处访问"中,巴尔扎克几乎以同样的笔法精细地描写了巴黎上流社会缩影的鲍赛昂子爵府。身穿"金镶边大红制服的门丁",院中停靠的"三万法郎还办不起来的马车","金漆栏杆,大红地毯,两旁供满鲜花的大楼梯",粉红色的客厅,来这里寻欢作乐的贵族男女,为了金钱而背叛鲍赛昂夫人的阿瞿达侯爵,前来安慰女友但每一句话都在伤害女友的朗日公爵夫人。这一切都体现了巴黎上流社会的主要特征:华丽的排场、高雅、奢侈、放荡、背信弃义、尔虞我诈、钩心斗角。这里与伏盖公寓的巨大的贫富差距大大煽动了拉斯蒂涅攫取财富的欲望,逐渐打破了他内心的平衡。两地人们在思想上和人与人关系的本质上的惊人一致则最终使得拉斯蒂涅完成了思想改造。

场面是文学形象的主要表现之一,在叙事性文学作品中,它是指人物(往往是众多人物)在一定时间和环境中的活动所构成的生活画面。场面描写一般由"人物"、"事件"和"气氛"构成,它是叙事性作品的基本构成单位,是刻画人物、展开情节、表现主题的主要手段。《高老头》"鬼上当"一章中描写伏脱冷被捕的情景是颇为经典的。在伏盖公寓里,在一天的时间内,正在发生伏脱冷被捕这一件大事。可是在此期间,几乎所有伏盖公寓里有名有姓的人都逐一粉墨登场,都在以自己特有的方式参与其中。为了领取警方的三千法郎赏金,老姑娘米旭诺神不知鬼不觉地在伏脱冷的杯子里下麻醉药。老谋深算的伏脱冷竟然浑然不知。与此同时,泰伊番家的当差神色慌张地前来传递信息:泰伊番的儿子在决斗中受了致命伤,他的父亲请女儿(维多莉)马上回家。眼看阴谋诡计就要得逞,伏脱冷得意洋洋地对拉斯蒂涅说"昨天两手空空,今儿就有了几百万!"势利的伏盖太太与他一唱一和,她羡慕地叫道:"喂,欧也纳先生,这一下你倒是中了头彩啦。"此时,刚看过纽沁根男爵夫人来信的拉斯蒂涅"心烦意乱,紧张到了极点",他似乎面对着人生紧要关头的最后选择。就在这时,伏脱冷轰然倒地,米旭诺在波阿来的帮助下,扒掉昏睡过去的伏脱冷的衬衫,发现了他身上的罪犯印记。醒来后,伏脱冷很快就要面对抓他回去坐牢的警察。此时的伏脱冷先是满腔愤怒,绝望吼叫,然后微微一笑,不失尊严地让警察抓走了。伏脱冷被捕的场面描写气氛紧张、扣人心弦,人物关系错综复杂,其中涉及的人物各有心事甚至各怀鬼胎。这一戏剧性的场面描写有力地推动了拉斯蒂涅的成长过程这一情节发展,生动地刻画了伏脱冷、拉斯蒂涅、米旭诺、伏盖太太等人物,深刻揭露金钱的罪恶和极端利己主义人生哲学的本质这一主题。

《高老头》的创作实践和读者解读《高老头》的经验告诉我们,文学是通过形象思维来反映生活的,"他把对生活本质规律的认识体现在活生生的形象描写和典型塑造之中"。[⑦]文学形象"既是主观的产物,又有客观的依据";既"不是生活",又来自生活,"使人感到比现实生活更加真实";既是独特的"这一个",又具有一般性;既具有确定性,又具有不确定性。[⑧]因此,我们在解读作品(尤其是传统的现实主义小说)时,就必须从文学形象入手,充分尊重文学形象的特征。只有这样,我们才能找到解读作品的正确途径,才能既准确地把握作品的本意,又能动地利用作者给读者留下的想象空间和创造空间,从而使文学作品的解读过程成为接受知识传播、体会作家的思想感情、驰骋想象和再创造的过程。

（任合生）

注释：
①童庆炳主编：《文艺理论教程》，第203页，高等教育出版社2008年版。
②童庆炳主编：《文艺理论教程》，第209页，高等教育出版社2008年版。
③童庆炳主编：《文艺理论教程》，第209页，高等教育出版社2008年版。
④（法）巴尔扎克：《高老头》，傅雷译，第11~12页，人民文学出版社1978年版。
⑤（法）巴尔扎克：《高老头》，傅雷译，第85页，人民文学出版社1978年版。
⑥（法）巴尔扎克：《高老头》，傅雷译，第4页，人民文学出版社1978年版。
⑦沈太慧：《艺术形象与典型》，第5页，长江文艺出版社1986年版。
⑧童庆炳主编：《文艺理论教程》，第203~206页，高等教育出版社2008年版。

文学典型的艺术魅力
——以《邦斯舅舅》为例

文学典型的艺术魅力,"一般表现为吸引力、感染力和震撼力","它实质上是由文学典型的真实性、新颖性、诚挚性和蕴藉性造成的"。[①]本文以巴尔扎克的小说《邦斯舅舅》为例,谈谈文学典型的艺术魅力。

小说塑造了一个19世纪中叶艺术家的典型——邦斯舅舅。邦斯是一个有才华的音乐家,也是美术鉴赏家、文物收藏家。他收入微薄,为了满足嘴巴的贪馋,以"舅舅"的身份混迹于有钱人家吃白食,忍受着奚落、嘲讽和耍弄,最终在"亲戚们"的重重打击之下病死,藏品也落入他人之手。邦斯舅舅的不幸命运给读者留下了深刻的印象,造成了强烈的震撼,充分体现了在资本主义经济制度下,艺术家们所面临的尴尬处境。

文学典型的真实性表现在它所包含的丰富深刻的历史意蕴。

小说中,邦斯舅舅穿着过时的斯宾塞,身上保存着帝国时代的痕迹。他是一个时代的遗留物。他的贫穷受辱、不合时宜正是19世纪资本主义社会艺术家们尴尬处境的真实写照。他是会考制度的牺牲品,培养邦斯舅舅这样的艺术家的,是封建时代的艺术体制。在16世纪到18世纪的两百年间,法国一直试图通过政府的力量逐步建立所谓"法国自己的艺术"。[②]这种艺术的核心是强调贵族王权的高贵与权威,意味着官方的趣味压倒一切。在这种文化专制的政策下,艺术家逐渐丧失了个体的独立性,依附政府,以官方审美趣味为创作准则。18世纪沙龙盛行,巴黎的名人(多半是名媛贵妇)常把客厅变成著名的社交场所,艺术家同贵族之间的联系更加密切,对上流社会的依附性进一步增强。帝政时代沿袭了这样的风气,艺术家们往往成为贵族家庭宴会邀请的对象,作为艺术家的邦斯舅舅,不断地收到请帖,以致不得不逐一记在日记簿上。就是在这些贵族家庭的宴会上,邦斯舅舅养成了对美食的贪好,沦为上流社会的食客,最终丢了性命。

到了金融资产者掌权的七月王朝统治时期,贵族身份"已经不再能代替一切","浴室大老板的私生子和有才能的人,他们与伯爵的公子享有同等权利"。[③]在这个时代里,金钱变得无所不能,社会中充满了庸俗和浮躁的气息。对于那些资产阶级暴发户来说,音乐只是音乐家们的一种"糊口的"手段。因此,曾经被当成座上客的邦斯,这时只能通过替有钱人家跑腿当差、干一些下贱活儿来换取饭桌上的一席之地,并且这些家庭"都已不像过去那样主动求他,而是像忍受苛捐杂税那样,勉强接待这个食客"。"这些家庭没有一家对艺术表示多少敬意,它们崇拜的是成功,看重的只是一八三〇年以来猎取的一切:巨大的财富或显赫的社会地位"。④

文学典型的新颖性表现在人物形象的独创性上。

邦斯舅舅这一形象不同于以往的艺术家,他一方面有着艺术家的天真和单纯,另一方面却有着很多怪癖——既有收藏家的疯狂,又有美食家的贪嗜。他为了收藏古董,花光了父母的遗产。虽然经济拮据,却每年花费近两千法郎去收藏各种宝物,藏品目录已达1907号。他拥有自己的收藏馆,对任何手工艺品、任何神奇的制品,都有一种难以满足的欲望,像恋人一样地爱着、像慈父看护孩子般看护着他的藏品。由于在收藏上的狂热,他的收入负担不起他对于美食的偏好。可他却有着一个挑剔的嘴巴,用差不多六年时间养成了贪馋的恶习,习惯于吃好的喝好的,已经不能满足于"四十苏一餐的斯巴达式的清羹"。嗜欲压倒了他的意志和荣誉,不惜一切代价以得到满足。所以,尽管自尊心屡屡受挫,但是只要一想到那些美食,他立刻眉开眼笑,好像变了一个人。这种对偏执性格的独创性描写是巴尔扎克人物塑造的一个重要特点。对艺术品和美食的偏执是邦斯舅舅物欲的一种极端化的体现,使得这一人物成为古今唯一的典型。

文学典型的诚挚性主要表现在:典型人物按照自己性格的逻辑,在一定的生活境遇中产生的情感的诚挚性,以及作家透过典型所折射出来的诚挚的人格态度和情感。

小说中,邦斯有一个好朋友施穆克。他是一个比邦斯更加天真的德国钢琴家,是"上帝派往邦斯身边的代表"。邦斯对于施穆克的友情是十分珍惜的。在临终前,邦斯终于认清了上流社会的虚伪以及庭长太太、门房茜博太太等人的贪婪,于是想方设法地保护自己朋友的利益不受这些奸人的危害。他要把施穆克立为他全部遗产的继承人,让他成为富翁。为了使施穆克摆脱一切可能出现的麻烦,他精心设下圈套诱使茜博太太露出真面目。担忧朋友过于善良,他叮嘱朋友:"世上的人那么邪恶,我必须提醒你,要提防着他们。"⑤邦斯在临终前为朋友安排好一切,要让自己在入棺后还继续保护他。这样伟大的友谊,足以感动很多读者。

邦斯的收藏癖,是他精神上的最大寄托。而同样作为艺术家的巴尔扎克本人,也曾经是一个狂热的古董收藏家。在1845年到1846年之间,巴尔扎克的整个身心完全被搜集艺术珍品的强烈愿望所占据。这一时期,他的信件表明他几乎就是一位古董商人和收藏家。然而,在古董艺术品的买卖之中,巴尔扎克却损失了大量的钱财,以致最后不得不向朋友弋蒂耶忧伤地感叹道:"现在我比以往任何时候都更穷。"⑥可以说,邦斯舅舅对于艺术品的痴迷、对于各种收藏的津津乐道、拥有大量藏品却宁肯受穷也不肯出让的态度,无一不是巴尔扎克本人态度和情感的真实写照。

典型的蕴藉性是由其内涵的丰富性和人物性格的复杂性造成的。文学典型是共性和个性的高度统一。在巴尔扎克的《人间喜剧》中,人物的共性表现为对物欲的狂热和对金钱的崇拜,这对当时的社会现实具有高度的概括性;其个性特征则表现为某种偏执的性格,具有复杂、矛盾的特点。

就邦斯舅舅而言,他对于收藏的爱好既是一种激情和物欲,又是一种对于艺术的不懈的追求。当他对艺术品发出独具眼光的评价时,他作为艺术家的人格闪耀着迷人的光辉;而当他为了吃白食而才思枯竭地恭维、附和别人时,他的人格又显得十分卑下。邦斯具有纯洁、高尚的品德,却因为过于单纯善良,往往做出愚不可及的行为,被虚伪、自私的上流社会的人们所利用,最终被无情地抛弃。比如,在小说中导致邦斯丧命的直接原因是庭长一家对他的诋毁,这充分显示出了邦斯的天真、高尚以及愚痴、失察。当他宽恕了庭长太太母女对他的戏弄和侮辱行为后,完全没有发现这对母女掩藏在虚伪的殷勤下强烈的复仇欲望,还满怀热情地替庭长的女儿塞茜尔做媒。而在这桩婚事宣告失败之后,庭长太太为了挽回女儿的名誉,立即将一切罪责推在他的身上,到处散布谣言,将他说成阴谋报复的小人、危险的江湖骗子。在经历了这样的打击之后,邦斯才真正看透所谓上流社会人们的嘴脸,在临死前的那段时间里,他又变得十分智慧。

《邦斯舅舅》是巴尔扎克晚期的代表作之一,它与《贝姨》一起脱胎于巴尔扎克的腹稿——《穷亲戚》,曾被茨威格称为巴尔扎克"一生最大的成就"。纪德也曾宣称这部小说是巴尔扎克的众多杰作中他最喜欢的一部。究其原因,主要得力于塑造了邦斯舅舅这一典型的法国资本主义社会艺术家的形象。在那个金钱腐蚀了人心的时代,善良单纯的艺术家们在人与人的战争之中往往引颈受戮,丝毫没有反抗的余地。邦斯舅舅的悲惨结局,也是巴尔扎克对于这个时代所有的文学艺术家们所做出的一个悲剧性的预言。这一人物所具有的永恒的艺术魅力,值得我们细心去揣摩、体味。

(王玲玲)

注释:
① 童庆炳主编:《文艺理论教程》,第187页,高等教育出版社2001年版。
② 高天民:《法国美术史话》,第36页,人民美术出版社1998年版。
③ (法)巴尔扎克:《人间喜剧·风雅生活论》(第二十四卷),多人译,第23页,人民文学出版社1997年版。
④ (法)巴尔扎克:《邦斯舅舅》,许钧译,第10页,译林出版社1999年版。
⑤ (法)巴尔扎克:《邦斯舅舅》,许钧译,第189页,译林出版社1999年版。
⑥ (奥地利)茨威格:《巴尔扎克传》,吴小如、程毓徽译,第376页,上海译文出版社1998年版。

司汤达与雨果的小说艺术手法比较分析
——以其笔下的滑铁卢战役为例

1815年6月18日的滑铁卢战役改变了欧洲历史的发展方向。司汤达和雨果,这两位与拿破仑时代结下不解之缘并与时代风云息息相关的小说大师,分别在《巴马修道院》和《悲惨世界》这两部文学巨著中,挥洒万言,再现当年的滑铁卢战役,以表明他们对历史的回顾与反思。然而,两大师的创作风格不同,小说的写作重心不同,因此两个"滑铁卢"的艺术手法也迥然不同。

视点

在《巴马修道院》里,司汤达采用"第三人称有限全知作者"的叙述视点,他把小说主人公法布利斯推上滑铁卢战场这个硝烟弥漫、鱼龙混杂的大舞台,使他成为"中心"或"焦点",写他在特定条件下的行动、言谈、观察、感受和思考。写法布利斯,视点在作品中的人物间灵活而又有限地转换,写战争场面,视点则集中于法布利斯一人。这样便使场面、人物成为客体特征与叙述主体情感的统一体。

在小说第三章的前半部分,司汤达叙述了赶往战场的法布利斯在途中与偶然遇到的几个随军女商贩同行和对话的过程。在阅读过程中,我们不难发现,虽然小说的视点在女商贩和法布利斯之间转换,但透视的中心却始终在法布利斯身上。随军女商贩见多识广、老于世故,同时也注重实利、缺乏理想。因此,她虽然注意到法布利斯毫无战争经验,并好心地对他加以指点,但是却无法理解法布利斯的冒险行为的思想动机,她只能荒唐地想象身边这个毛孩子的投军动机是浪漫的爱情。小说从随军女商贩这一视点出发,叙述了被染上女商贩主观感情色彩的客观事实:法布利斯不够入伍年龄,对战场上的事一无所知,对战争的残酷性缺乏必要的心理准备,参战动机令人难以理解,等等。与此同时,作者又把视点转向法布利斯,让他自己来表明参战的决心。由于作者在前一章里已经交代了法布利斯奔赴战场的动机和思想基础,因此,上述的那几段文字便产生出对比效果,从而展示了法布利斯的幼稚可爱以及他敢于为现实理想而赴汤蹈火的少年英雄性格。

《巴马修道院》的第三、第四章就是以法布利斯为中心,让这个年幼无知、满脑子幻想的编外新兵在战场上、在溃败途中目睹耳闻周围发生的一切,并因此而有所感有所思。这个"视点人物"给他的观察对象"染"上他的主观感情和情绪色彩。同时他自身的心理活动和思想性格也得到充分的表现。作者知趣而又巧妙地躲到人物的身后,让读者把注意力集中到小说中心人物身上,让读者同这个中心人物一起逐步地去观察、感受、思考、认识和判断。而司汤达之所以采用这种叙事方法,是因为他写《巴马修道院》第三、第四章的主要目的是叙述、描写滑稽而又可爱的主人公认识战争、认识生活的过程以及他为此而付出的代价,表现一个青年思想性格的成长变化,表现一个青年的理想破灭。

雨果的《悲惨世界》则不同。在四万言的"滑铁卢"一卷里,他要叙述的不是战争的局部,不是主人公思想性格的成长变化,而是战争的全景以及后人对这场大战的历史评价。依靠人物视点难以完成这个气魄宏大的写作目的,因此雨果采用了"第三人称全知作者的叙述观点"。

开篇,雨果用倒叙的手法推出"本故事的叙述者",写他在滑铁卢大战的几十年后怀着悲壮的心情凭吊滑铁卢战场遗址。硝烟散尽,废墟犹存,"生死存亡,有如昨日",昔日搏战的风涛似乎还在怒吼,阵亡将士的幽灵搅得活人不得安宁。叙述者置身在这个环境里,从今日的眼光出发,回顾总结发生在几十年前的那场惊天地、泣鬼神的大战。

在第三章,叙述人从命运和统帅责任两个方面分析法军战败的根源。第四章,简洁地介绍两军占有的地形,暗示法军战败的客观原因。第五、六章,叙述战役开始及残酷的相持。第七、第八章写法军统帅拿破仑的信心和运筹帷幄。第九、十章,叙述、描写法军三千铁骑高呼"皇帝万岁"冲向敌阵,结果部分铁骑陷入天堑,失蹄相踏,惨不忍睹;部分铁骑旋风般地突破敌阵,杀得英荷联军人仰马翻,心惊胆寒。这是大战的高潮。第十一、十二章,写普鲁士军队赶到战场后,战局急转直下,以及法国羽林军在最后关头的英雄壮举。第十三章,写法军溃败。第十四、十五两章以悲壮的笔调写法军中的佼佼者英勇不屈及英雄在精神上的胜利。第十六、十七、十八章叙述人从社会、历史、道德和哲学的角度总结、评说滑铁卢大战及其历史影响。第十九章描写凄凉炽烈的战场夜景,最后推出小说中的两个次要人物——德纳第和彭眉胥。

小说的叙述人置身于滑铁卢战役的时空之外,俯瞰全局,"思接千载","视通万里"。他既看到双方将士的浴血奋战,也观察到交战双方的战术运用,注意到战场形势的跌宕起伏及胜负的关键因素,他甚至还洞悉指挥全军的双方统帅当时的心情,感受到当年战场上那令人热血沸腾的悲壮气氛。作者凭借"第三人称全知作者的叙述观点"的叙述优势,超越时空的限制,根据描写场面、渲染气氛、抒发感情、发表议论的需要,灵活转换时间和空间,从而使其笔下的滑铁卢战役具有一种高屋建瓴的磅礴气势。作者时而像一位博学冷静的历史学家,置身事外,叙述历史;时而像激情迸发的浪漫诗人,直接参与到故事里,抒发感慨;时而又像一位思想深邃、目光敏锐的哲学家进行理性的分析和批判。其目的是要读者接受他的解说,要读者与他在思想感情上产生共鸣。至于这挥洒自如的四万言与《悲惨世界》的几个主要人物有何关系,"滑铁卢"对他们的命运有何影响,雨果老先生似乎毫不在意。他所追求的是主题的一致、思想的联系。在这一卷第九章的结尾处雨果点明了"滑铁卢"与全书在思想上的联系:"人世间既已苦于不胜负荷,冥冥之中,便会有一种神秘的呻吟上达天听。"①即使如此,一些现代批评家仍然指责他"体现了浪漫主义艺术的典型错误"。

而《巴马修道院》中的"滑铁卢战役"则备受推崇。它着重写主人公在战场一角的战争体验。主人公的性格影响他对故事的解说和对战场气氛的感受。如此则更接近生活。作者与作品中的人物和事件保持一定的距离,故事里的许多东西不讲明,从而分出已知和未知的层次,留给读者去意会、感受、想象。作者要读者与作品中的人物进行思想交流,要读者自由作出评论。从这些方面来看,司汤达在《巴马修道院》中所运用的小说叙事手法显然具有现代小说特征。现代小说批评家推崇《巴马修道院》中的"滑铁卢"也在情理之中。

作者的声音

"不论一位非人格化的小说家是隐藏在叙述者后面,还是躲在观察者后面……作者的声音从来未真正沉默"(布思《小说修辞学》)。议论是传达作者声音的最常用的手段。欧洲19世纪的小说大师们(如巴尔扎克、托尔斯泰等)在小说创作中从不放弃议论这一重要的艺术手段。然而,小说家的叙述风格不同,议论的方式也不同,产生的效果便不一样。

雨果,作为一位19世纪法国浪漫主义文学大师,在把握和表现客观事物时,强调作家本人的主观印象和强烈的明暗对比。在《悲惨世界》"滑铁卢"这一卷里,雨果用史诗般的笔法全面叙述、描写"滑铁卢"这场关系到法国甚至整个欧洲前途命运的大战,他要纵情讴歌那些表现出伟大的英雄主义精神的法国将士,他要谴责穷兵黩武、把无数民族精英推入万丈深渊的独裁者,他要向世人揭露"滑铁卢战役"的实质、总结这场大战对法国乃至整个欧洲历史进程的深刻影响。由于采用了"第三人称全知作者"这一灵活的叙述观点,雨果便得以在叙述故事、描写场面时,根据需要暂时撇开叙述和描写,直抒胸臆,以表达自己对历史的认识和评判。

> 假使在一八一五年六月十七日到十八日的那晚不曾下雨,欧洲的局势早已改变了。……在我们看来,那两个将领,在滑铁卢,受到了一连串偶然事故的支配。②

法国军队不占天时!这是雨果在叙述滑铁卢战役之前发自内心的慨叹,惋惜悲愤之情溢于言表。既然"偶然事件"决定战争胜负,那么,胜利者就无所谓光荣,失败者更无所谓耻辱。作者直率地声称他将代表人民来论断是非曲直。

成千铁骑人马相踏葬身坑谷是法军失利的开始,雨果把这个场面描写、渲染得壮观而又惨烈。写到惊心动魄处,作家的笔锋突然一转,他悲愤地慷慨陈词道:

拿破仑这次要获胜,可能吗?我们说不能。为什么?……天意使然!……那个人的过分重量搅乱了人类命运的平衡。他独自一个人比较全人类还更为重大。全人类的充沛精力要都是集中在一个人的头颅里,全世界要是都萃集于一个人的脑子里,那种状况,如果延续下去,就会是文明的末日。……热气腾腾的血,公墓中人满之患,痛哭流涕的慈母,那些都是有力的控诉。人世间既已苦于不胜负荷,冥冥之中,便会有一种神秘的呻吟上达天听。拿破仑已经在天庭受到了控告,他的倾覆是注定了的。③

这番议论不但情感炽烈,见解精辟独到,而且还赋予上面铁骑冲锋、身陷天堑的场面以象征意义,从而深化了作品的主题。雨果站在人道主义的立场上直言不讳地告诉他的读者,拿破仑为了个人的光荣和野心,一意孤行,不惜让法国人民、法国军队无数的血肉之躯去填那万丈深渊,他因此而失去"正义",失去"人和"。滑铁卢之败是上天给他的报应。

到这一卷的第十七章,作者叙述完战场上的屠杀后,又再次插入愤愤不平的议论,把自己的结论和盘托出。反革命的王朝联盟在滑铁卢的胜利是欧洲历史的大倒退!

由此可见,在"滑铁卢"这一卷里,雨果在描写凄凉的古战场遗址,回顾悲壮的战争场面的同时,任思绪飞奔,任情感迸发,几十年前战场上的英勇冲杀场面与作者今日鞭辟入里的议论同步发生。作者不但叙述、描写大战的全局,同时也运用直截了当的议论来分析总结大战。雨果时时刻刻让读者意识到作者的存在,他扮演成社会、历史、道德的仲裁者,以夹叙夹议热烈抒情的手法,控制对事件的评价,控制读者与作者之间的密切关系。由于作者的议论与其叙述的事件、描写的场面息息相关,因此它既加强了作品的思想深度,也令读者热血沸腾。

如果说雨果在《悲惨世界》的"滑铁卢"里采用的是直接的无中介的议论,那么司汤达在《巴马修道院》的"滑铁卢"里采用的则是戏剧化的议论、含蓄的议论。

在《巴马修道院》第三、第四章里,作者采用的叙述手法决定了他不可能像雨果那样,在小说中自由地亲自出场来评点是非曲直。司汤达巧妙地让人物登台表演,借作品中的人物之口对事件、其他人物或人物自身进行评论,即把评论包含在小说人物的思想活动和言语之中。这就是戏剧化的议论。

例如,崇拜拿破仑的法布利斯一听说拿破仑已潜回法国,即携带一张假护照,匆匆去投奔他,结果,一路受骗上当,甚至"在破烂不堪的监狱里度日如年地过了三十三天"。他对此一直耿耿于怀,因此在败退途中和别人提起此事。

作者运用戏剧性的手法,在对话中借一个老兵之口,借法布利斯本人的言语及心理反应,对法布利斯进行了客观的评价:这个青年有热情有勇气有理想,但是他那种过分的理想主义及天真幼稚在残酷的现实环境中却显得滑稽可笑;与其说他像一个战士,倒不如说他更像一个来体验生活的孩子,一个堂吉诃德式的喜剧英雄。

司汤达还善于把自己的看法隐藏在叙述、描写的字里行间。例如,一场虚惊中,宛如惊弓之鸟的败军将法布利斯和女商贩、伍长冲散。法布利斯躲进一片麦地。忽然,他看到一个大兵牵着三匹马来吃麦子,于是"像小鹌鹑似的蹦起来"。作者接着写道:"我们的主人公看出他害怕,忍不住又想扮演一回骠骑兵的角色玩玩。……法布利斯在距离六步的地方用枪瞄着他。'把马放开,不然我就崩了你!'那个大兵想取枪。法布利斯威胁道:'你只要动一动,我就要你的命!'那个大兵无可奈何地索要五个法郎,法布利斯'左手端着枪,右手扔给他三个五法郎银币。'然后跃上抢来的马,飞奔而去。"在这段描写性文字的字里行间,显然潜藏着作者对事件和人物的看法和评价。法布利斯怀着美好的理想置生死于不顾来战场上追随拿破仑。可是在战场上,在被他视为自家人的队伍里,他亲身经历了被他引为朋友的人抢夺他的战马,亲眼目睹了自家队伍的相互埋怨、相互攻击,军队临危时的混乱,人心的恐慌,败兵残卒的趁火打劫……虽然他无法理解地自问"滑铁卢难道是这样吗?"但是残酷的现实是人生的课堂,危险的处境竟然也会使一个纯洁的青年为了生存而扮演起打劫者的角色来。在这里,作者既揭示了血腥的战争对纯洁、幼稚的青年所产生的可怕影响,同时又不乏幽默感地批判了笔下的主人公:一个具有高尚情感的贵族青年,只看到滑铁卢大战的一个侧面,便被动地被生活推着走,最后竟仿效那些投机者,为了"生存"而荒唐可笑地铤而走险。可见他的幼稚、盲目和脆弱!

总而言之,司汤达似乎无意用作家本人的说教来引导读者与其产生共鸣。为了密切读者与作品中人物的关系,他尽量把自己隐藏起来,尽可能地把自己的倾向性潜藏在小说的故事情节、场面及人物的言行、命运之中。他期望读者与作品中的人物一起来评价作品中叙述的事件及描写的人物;他期望读者树立信心,与作者一块儿来认识生活、评价生活。从读者阅读小说时的主动性这一角度来看,司汤达在《巴马修道院》第三、第四章所运用的"有中介的议论"显然具有现代性。

以上,笔者从视点和作者声音这两个方面分析比较了司汤达和雨果在各自的"滑铁卢"章节中所采用的各具特色的小说艺术手法。雨果,作为一位19世纪浪漫主义文学大师,作为一个资产阶级人道主义者,使自己的作品带有浓厚的道德说教色彩。他把作家的主观性摆在突出的位置上。作家不但与叙述合为一体,而且还试图成为读者的知音和导师。雨果所追求的是作家、叙述者和读者之间的一致关系。他的小说叙述方式显然是传统式的。司汤达的小说叙述方式则是超前的。他异常冷静地尽力把自己隐藏起来,试图在作者叙述者和读者之间建立起平等交流的关系,从而给读者留下广阔的想象空间。他没有扮演读者导师的奢望,只是冷静客观地再现生活,把评价与判断的权力留给读者。司汤达的小说不为他同时代的读者所理解,"在同时代的评论家那里没有得到公正的评价"(梅里美),显然与他运用的这种超前的小说叙述手法有很大的关系。在司汤达从事创作活动的时代,权威受到尊重,小说读者的平均文化水平不高。对大多数读者而言,读书是为了娱乐消遣和接受教育。他们对优秀作家的观察能力、表现力和判断力充满信心,他们习惯于在作家的引导下去认识生活、感受生活和判断生活。这种审美心理在很大程度上制约着小说审美取向。因此,在那个时代,雨果占尽风流、司汤达文名寂竟是不足为怪的。然而,司汤达却预示了一个新时代的到来。他本人对此深信不疑:"到 1880 年将有人读我的作品","到 1935 年人们将会理解我"。他并不必等那么久。到 19 世纪后半叶,福楼拜等人公开提出小说作品必须具有"离间效果"。司汤达终于有了知音。到 20 世纪,西方现代小说家则将司汤达等人开创的小说叙事模式进一步发扬光大。

(任合生)

注释:

① (法)雨果:《悲惨世界》(第二部),李丹译,第 411 页,人民文学出版社 1978 年版。
② (法)雨果:《悲惨世界》(第二部),李丹译,第 378~381 页,人民文学出版社 1978 年版。
③ (法)雨果:《悲惨世界》(第二部),李丹译,第 301 页,人民文学出版社 1978 年版。

自由与命运:一种存在主义解读
——以《项链》中玛蒂尔德形象为例

《项链》是19世纪法国著名现实主义作家莫泊桑的代表作之一。小说自问世以来,以巧妙的构思、客观的叙述和对个体命运的关切而为人称道。在对小说主题的阐释中,认为作品"尖锐地讽刺了虚荣心和追求享乐的思想"①的观点在相当长的时间里占据主导地位。但随着时代的发展,这种观点受到颇多的质疑,现今认同者已越来越少。本文尝试从存在主义的角度去解读与审视玛蒂尔德,以引起人们对个体自由存在的思考。

一、自由选择

玛蒂尔德是教育部一个小职员的妻子,漂亮、迷人。她打扮不起,只得穿着从简,但感到非常不幸。她原本想嫁给一个既有钱又有地位的男子的,可是因为自己的平民出身,最终嫁给了一个小科员。她觉得痛苦:为什么自己这样一个容貌出众的女子,本来该享受荣华富贵的女子,偏偏嫁给一个小职员,真是命运弄人!住房寒碜,四壁空空,凳椅破旧,衣衫简陋,都叫她苦不堪言。她可是一直期望自己被人欣羡、被人青睐,拥有无数珠宝,过着豪华精美的生活的。

如果玛蒂尔德像许多平民女子一样,对现状认命又随遇而安,那么她可能不会受到任何指责。但这种主动放弃改变命运的选择背后,是一种庸人主义的价值立场,其意义也颇值得怀疑。当人安于像一块砖头镶嵌在生活和现实的墙壁里,作为个体的人的自我存在意义就完全丧失了,因为他丧失了主动进入和参与世界的能力。这种被动的生活使其只是作为物质性的存在而存在,是大大降低人的尊严的。海德格尔认为:"个体不是封闭于他本人以内,他通过果断的决定取得自我超越。……个体与他的世界的关系不是主体—客体的关系,而是一种直接主动的参与的关系。"②因此玛蒂尔德的不满现状,她的不甘心,她对自己命运不济的愤愤不平,对当下处境的耿耿于怀,以及抓住一切可能的机会来改变自己的现状的想法与行为,就具有了一种存在主义哲学"自由"的况味。人"不用哀求和讨饶,是注定要被宣告为自由的"。③人不仅命定是自由的,而且有选择的自由,活动的自由。"只要人活着,人就是自由,因为那时人就在活动,就在实现自身存在的谋划","人的自由是一种谋划,亦即对可能的一种选择"。④

萨特存在主义哲学的一个基本观点就是认为人的存在首先是一种自由,而这种自由的核心内容就是自我选择。人就是自我选择的结果。玛蒂尔德不满自己的当下生活,她要"谋划"和"选择"自己可能的生活,难道不是表现出人对自由的一种渴望吗?"自由是选择的自由,而不是不选择的自由。不选择,实际上就是选择了不自由"。⑤正是在这种个体自由的前提下,我们不能对玛蒂尔德的选择提出任何疑义,尽管她的追求并不高远,并不代表先进的时代精神,甚至掺杂着物质主义、享乐主义的庸俗气味——这也是玛蒂尔德屡受指责的原因。但作为一名教育部小职员的妻子,渴望过上好日子,幻想讨人喜欢、被人追求,都并不是什么过错。相反,对现状不满,进而想超越个人目前存在的状况以更新和改变自己,这才是一种有意识的、自为的存在。

小说中交代,玛蒂尔德不仅是一个美艳的女子,而且她还具有爱美的天性和向人展示美的愿望。参加舞会前做新衣、借项链都是其爱美的体现。在舞会上,玛蒂尔德优雅妩媚,比所有女人都漂亮,她很快活。她忘我地跳舞,尽情地向世人展示自己的美貌与风采。她成功了。她得到了很多的献媚与赞美,所有的男子都看着她,打听她的名字,想与她跳舞,甚至连教育部长也注意到了她。可以说,舞会上的兴奋、陶醉把玛蒂尔德的爱美推至高潮。而这也恰是人们指责她是一个爱慕虚荣的女子的主要原因。其实,爱美之心人皆有之,作为一个年轻美丽的女子,玛蒂尔德爱美并没有什么错。犹如一个拥有动人歌喉的人向人展示自己美妙的歌声一样,玛蒂尔德在舞会上尽自己所能向人展示了自己出众的风貌,也没有什么不妥当的。而且,也正是通过舞会上"他人的注视",玛蒂尔德确证了自我的存在。人的存在是需要他人的,"我需要他人以便完完全全把握我的存在的一切结构,自为推到为他"。⑥由他人的某些情感及态度,个体的我才能够通过羞耻、焦虑抑或兴奋等把握自我的"被注视的存在"。"通过注视,我具体地体验到他人是自由和有意识的主体","只要人家注视我,我就意识到是对象"。⑦玛蒂尔德正是通过自己在舞会上的展示,获得了"被注视的存在",尽管作为他人的对象,她凭借的是她的身体,但正是身体表现了个体对世界的介入,最为真实和直接的介入。

二、勇敢承担

小说开始较为全面地描述了玛蒂尔德对住、吃、穿的精美生活的狂热的梦想,表达了她对华美生活的强烈渴求。尽管因为命运的捉弄,她与自己渴望的美好生活失之交臂,但玛蒂尔德还是抓住一切可能的机会,尽自己最大的努力,向世人展示了自己的美貌与风采。玛蒂尔德这种拥有梦想,并且竭尽全力去追寻与实现梦想的行为,是超过了许多麻木活着的人的。因为她在自主选择基础上的行为,本身就是一种超越。放弃选择,是麻木的自在存在;而建立在自由选择之上的存在,才是真正有意义和价值的自为存在。

人有选择的自由,但人并不一定能够按照自我的意愿来改变自我的处境,来获得自己渴望的生活。相反,在某些情况下,人自以为获取自由的同时却又给自己戴上了镣铐。舞会上的成功,不仅没有让玛蒂尔德的处境有任何变化,反将她置于一个难以料想的困境:项链丢了!

项链丢失,对路瓦栽夫妇的打击都是巨大的。小说中两人的对话足以显示和说明他们当时的仓皇无措。之后路瓦栽是徒劳地一遍遍去找寻项链,而路瓦栽夫人则仿佛是遭受了极大的厄运一般,"连上床睡觉的力气都没有了,颓然地倒在一张椅子上,既不生火,也毫无主意",⑧并且一整天都"处在恍然若失的状态中"。⑨但是在一个星期之后,当他们失去找回项链的希望的时候,玛蒂尔德坚强地选择了面对,并勇气十足地下定决心,要还清这笔骇人的债。

　　让人对玛蒂尔德产生敬意的,不仅在于她对生活的选择带有某种自由的况味,在于她力图超越自我目前存在的状况以更新和提升自己,更在于丢失项链后她对责任的勇敢承担。这种对自由选择所带来后果的勇敢承担,正是存在主义哲学家们所一再强调的。"基尔凯郭尔的伦理学是个体主义的,因为它坚持每一个个体面临伦理的选择,这种选择只有他自己作出,对此他承担唯一的责任"。⑩雅斯贝尔斯认为"个人在他一切选择中的自由和他那作为结果而承担绝对责任,是关于存在阐明的主要评判"。⑪萨特也一再表示:"人由于命定是自由,把整个世界的重担担在肩上,他对作为存在方式的世界和本身是有责任的。"⑫"人可以选择自己的目标,但无人能保证此目标会实现,但人的行为无论成功与否都会造成后果,而无论此后果是否与人的心愿相符,它都是人的选择造成的,他必须对此负责"。"强调自由是绝对的,正是强调这责任是绝对的"。⑬要言之,人既有选择的自由,也应该承担选择的后果,负起对世界的责任。而这种担当,就是对生活的一种最真实的介入。

　　另外,项链丢失后,玛蒂尔德身上高贵的品质得以体现。首先是诚信。当她确知项链再也找不到时,她想的是如何按时还上,要守信用不被同学当窃贼,却一点没有不良的念头,如赖着不还,或买个假的还上再搬迁匿迹等。其次是勇敢。大难临头的时候,玛蒂尔德没有怨天尤人或逃避责任,而是显现出了英雄气概,坚强地扛起生活的重压。勇气与担当,毫无疑问都是良好的品质。玛蒂尔德辞退了女仆,换了简陋的房子,而且做家庭里的所有粗活与杂事——这又体现了她的勤劳、能干与朴实。事实上,当玛蒂尔德勇气十足地打定主意,她要偿还这笔可怕的债务的时候,她已经超越了先前的自我。因为这种勇于承担表现出人的存在,才是一种有意识的存在,是一种"澄明的存在",是"存在阐明的主要评判"。⑭它维护了人的尊严、价值和深度,是人作为主体性存在的体现,表现出人对自我的超越,对现实的介入和对世界的战胜。因此具有崇高感。这也是玛蒂尔德最让读者感动和钦佩的地方。

三、命运无常

　　项链丢失,给玛蒂尔德带来的不仅是物质上的窘迫,还让她面对一个精神上的困境。那就是,玛蒂尔德没有得到想要的生活,反而陷入更可怕的贫穷,并且丧失了自己最珍视的青春和美貌。但项链的丢失,表面上将玛蒂尔德置于可怕的困境,实际上却帮助她完成了自我的真正超越。十年的艰辛劳作使她脱胎换骨,返璞归真,获得了更高层次的生命存在。她不再依靠自己外在的美貌和华美服饰,来获得一种虚假的自信和尊严。虽然她已寒伧苍老得连好朋友佛朗斯节夫人都认不出来了,但她仍然坦荡地走向佛朗斯节夫人,这是基于生活之上的自信、尊严和从容。在此之前,玛蒂尔德会因为极度嫉妒而不愿到佛朗斯节夫人家去,会因为丈夫为她披上一件简陋的衣服而逃离舞会。而现在,玛蒂尔德不仅能够坦然面对看上去依旧年轻漂亮的佛朗斯节夫人,甚至还骄傲地向她谈起事情的整个经过。多年的辛勤劳动,让玛蒂尔德超越了原有的价值观。所以项链的丢失,与其说是对玛蒂尔德的败坏,不如说是对她的一次救赎。

可是命运再一次无情地捉弄了她:项链是假的!在困境面前,玛蒂尔德没有退缩,她勇敢承受命运的袭击。用十年的时间来偿还债务。她"并不仅仅消极地反抗着注定的命运,她也在竭力弥补自己的缺憾"。⑮在这十年间,她用自己的双手创造生活,并在创造中确证了自我存在的意义和价值,重获自信。玛蒂尔德用十年的辛勤劳动换取了一串三万六千法郎的钻石项链,这串光彩夺目的项链也闪耀着玛蒂尔德诚实、守信、勇敢、坚强和自尊等宝贵品质。这串项链也象征着玛蒂尔德自我价值的体现。可等待她的,却是意义的扑空——项链是假的!小说结尾佛朗斯节夫人的一句惊讶感叹,就颠覆了玛蒂尔德用十年时间确证的自我价值,这不得不叫人绝望。既然如此,对道义的努力坚守还有什么意义?

世界在此展示了它可怕的荒诞性。人受到生活的玩弄,人类的尊严遭遇到世界的滑稽游戏的无意义性。人的存在不是必然的,而人在现实中生活总是与世界纠缠在一起,却是人生的必然。这也意味着,人总是难以摆脱、拒绝世界对自我的控制、束缚。在人无力掌控的偶然命运的颠沛里,人又何为?

在玛蒂尔德这个小人物起起伏伏的命运故事背后,隐藏着这样一个人类精神的困惑:人在多大程度上可以选择自己想要的生活?莫泊桑在小说唯一的一次议论中感叹道:"人生是多么奇异,多么变幻无常啊,极细小的一件事可以败坏你,也可以成全你!"⑯玛蒂尔德在厄运面前,没有悲观没有沉沦。她勇毅坚强地用自己的双手去迎战困难、征服挫折。她仿佛赢得了胜利,可最终得到的却是意义的虚空。在这里我们似乎遇到了在古希腊悲剧里被称为命运的东西:"君不见屠弱无助的人类,虚度着如梦的浮生,因为盲目不见光明而伤悲?啊,无论人有怎样的智慧,总逃不掉神安排的定命。"⑰

在古希腊,命运是一种先天的、不可逆转的、外在超自然的逻辑力量。古希腊悲剧家们的作品给人的印象是:命运是全能的,而人却很渺小。朱光潜先生曾概括说:"生来屠弱而无知的人类注定了要永远进行战斗,而战斗的对手不仅有严酷的众神,而且有无情变化莫测的命运。他的头上随时有无可抗拒的力量在威胁着他的生存,像悬岩巨石随时可能倒塌下来把他压为齑粉,他既没有力量抗拒这种状态,也没有智慧理解它。"⑱比如索福克勒斯笔下的俄狄浦斯王,他一直想要摆脱命运的安排,可最终还是难逃厄运。和强大的命运相比,人是如此的脆弱与渺小。人不过是命运手中的玩偶而已!

四、超脱之路

莎士比亚《李尔王》中有这样一句名言:"天神掌握着我们的命运,正像顽童捉到飞虫一样,为了戏弄而把我们杀死。"[19]既然人类的命运由天神掌控,既然世界的本性和人的愿望并无共同之处,甚至还表现出与人相对立的力量,那么人还会是自由的吗?

尽管现在我们能够认识到用"神定"去解释命运已经行不通了,但命运并不因此消失,我们似乎只能用偶然来解释。萨特说:"自为是有一种永恒的偶然性支撑着的,它担当起这种偶然性并与之同化而又永远无法消除它。"[20]正是这种"永恒的""无法消除"的偶然性构成人生的真实背景。"只有充满偶然性的人才是真实的、活生生现实形态的人,而偶然性只有在思辨中才存在"。[21]项链丢失,让玛蒂尔德付出十年的艰辛劳动;项链是假的,又让玛蒂尔德十年辛劳确证的价值落空,这些都不是因果报应的结果,也没有什么可吸取的教训,一切都是偶然的、意外的。而有些偶然性本身又是不能被解释的。谁能解释清美丽的玛蒂尔德为何出生在一个小职员家庭呢?

而大量偶然性的集结,又似乎隐藏在萨特宣称的人的绝对自由里。既然我是自由的,他人当然也是自由的,"一个人是自由的而他人不自由这是无法接受和难以想象的"。[22]我因为我的自由可以限制他人的自由,他人当然也可以因为自己的自由限制我的自由。玛蒂尔德有借项链参加舞会的自由,佛朗思节夫人当然有借或不借的自由,当然也有买假项链的自由。"一个人的自由被另一个人的自由或他人的自由加上锁链"。[23]人与人自由碰撞构成了偶然,当然也构成了冲突。萨特认为人与人之间的根本关系就是冲突,"地狱就是他人"[24]。

既然人生充满了偶然,那么人还能够自主地存在吗?"人被命定是自由的"命题还能成立吗?我们似乎看到这样一个怪圈,个体存在的自由受制于命运(偶然性),而偶然性(除一部分来自"不可言说"外)又来自集体存在的自由的无序碰撞,最终个体存在受制于无序的集体存在。正如一个人要穿过拥挤的人群,很难不被人流带动准确地走向自己所选择的地方。这种预设点和最后落点的差异,让人对现实有种仓皇无力感。有人会说人也可能成功,并不注定失败。因为"命"是先天的,不可抗拒的;而"运"却是后天的,可以人为改变的。但我们只能说成功与失败同属于偶然,人并不自由。

人是生而自由的,但却无往不在枷锁中,所以人并不自由。与其否认这一点,还不如清醒地承认,勇敢地正视,因为这是人的真实存在。但人不应该在绝望中死去,因为在行动中始终有希望在。每个人都有选择的自由、介入世界的权力和承担后果的责任。这样通过自主的选择、个体的行动,即使遭遇命运的提弄陷入沉沦,也可以实现个人拯救。

自由是每一个人生存的基础,但存在往往给自由戴上镣铐。除了采取行动来维护自由,人更应该寻求超脱之道。"人生应最终把持的,不应是读书、穷理、文字、才学、使事,那都是外在的追逐,而应该妙悟参会人生的依归和超越的心境"。[25]萨特是聪明的,他认识到了这一点:"作为意识上自由的人,他可以达到超越自己的高度。"因为"人是向着超越存在的一种超越"。[26]

返回内心,蕴蓄内在,进而达至澄明无滞之境,可能是道路之一。"余尝寓居惠州嘉佑寺,纵步松风亭下,足力疲乏,思欲就林止息。望亭宇尚在木末,意谓是如何得到?良久忽曰:此间有甚么歇不得处!如是如挂钩之鱼,忽得解脱。若人悟此,虽兵阵相接,鼓声如雷霆,进则死敌,退则死法,当甚么时也不妨熟歇。"㉗这是苏东坡的《记游松风亭》。这里,东坡先生向我们指示了一条超越之路:人无时不在世界的荒诞性里,"进则死敌,退则死法",奔走在人世和物质的世界里,我们常觉"足力疲乏"。但人的精神从诞生的那一刻起,就孕育着对世界的否定性力量,我们可以依靠它战胜世界的荒诞,重建人类的尊严,实现人性救赎。它可以从世界的偶然性和规定性中时时逃逸出来,逍遥成一条"逃脱之鱼"。

真正关注人,关注人的生活现实,探索人存在的秘密,应该是文学永恒的主题,也是文学永久不衰的魅力所在。人类的存在永远是自我超越的,人自身的存在又永远是超越自我的。

人,被命定是自由的!

(陈海燕)

注释:
① 《高中语文》(第三册),《项链》"预习提示",第 75 页,人民教育出版社 1990 年版。
② ⑩ ⑪ ⑭ (美)梯利:《西方哲学史》,葛力译,第 450、486~487、491、452 页,商务印书馆 2005 年版。
③ (法)让·华尔:《存在哲学》,翁绍军译,第 88 页,三联书店 1987 年版。
④ ⑫ ⑬ 王炜、周国平编:《当代西方著名哲学家评传》(人文哲学·第九卷),第 267~268、268、269 页,山东人民出版社 1996 年版。
⑤ ⑥ ⑦ ㉒㉓㉖ 何林:《萨特:存在给自由带上镣铐》,第 53、52、52~53、81、80、67 页,辽海出版社 1999 年版。
⑧ ⑨ ⑯ 谢泉铭、徐如麟:《外国小说传世之作》(上),第 751、752 页、753 页,山东文艺出版社 1992 年版。
⑮ (法)西蒙·波伏娃:《第二性》,舒小菲译,第 146 页,西苑出版社 2009 年版。
⑰ ⑱ 朱光潜:《悲剧心理学》,第 137、139 页,安徽教育出版社 1996 年版。
⑲ (英)莎士比亚:《莎士比亚全集》(第六卷),朱生豪译,第 36 页,译林出版社 1998 年版。
⑳ (法)萨特:《存在与虚无》,陈良宣译,第 125 页,安徽文艺出版社 1998 年版。
㉑ 刘再复:《性格组合论》,第 346 页,安徽文艺出版社 1999 年版。
㉔ 秦天、玲子主编:《萨特文集》(第二卷),沈志明、施康强等译,第 134 页,中国检察出版社 1995 年版。
㉕ 刘小枫:《诗化哲学》,第 211 页,山东文艺出版社 1986 年版。
㉗ 苏轼:《东坡志林》,第 4 页,中华书局 1981 年版。

现代性与民族性的张力
——以老舍《断魂枪》为例

在中国现代文学史上,老舍是具有独特文化品格和丰厚阐释内蕴的大师级作家。《断魂枪》是老舍先生著名的短篇小说,也是中国现代文学史上不可多得的名篇之一。老舍自己对这篇小说也颇为满意:《断魂枪》所写的"一切都在我心中想过了许多回,所以他们都能立得住";"虽然那么短,或者要比一部长篇更精彩一些"。[①]在这篇风格独特的文本中,老舍浓缩了他在新与旧、东方与西方、传统与现代间不断游走的文化思考和抉择,既包容了富有现代性气息的批判和反思,又融入了富有民族性立场的坚持和忧虑,呈现出现代性和民族性既相交融又相冲突的双重性质及内在张力。

小说开篇简洁的一句"沙子龙的镖局改成了客栈",我们尚未咂摸出更深的味道,作者就迅速荡开笔墨,在更宏观的时空层面上展开叙述:"东方的大梦没法子不醒了。"一个时代巨大变迁的事实已然来临,在外来枪炮的轰鸣声中,我们和传统似乎骤然失去了联系的精神纽结。在文中,王三胜不过是把武艺当作挣饭吃的手段和炫耀的本钱的庸常之辈,而孙老者视武术为毕生的追求和信仰固然令人敬佩,但似乎和这个变化的时代也隔绝着。他们都还懵懂地沉浸在昨夜的睡梦中尚不自知。沙子龙则不然,他是一个痛苦的清醒者。他清醒地知道"他的世界已被狂风吹了走"。在现代的枪炮面前,武艺再好有何用?现代交通日益发达便捷,走镖的行业已日薄西山。在文中,老舍一方面借艺术情境的构设展开具有现代性和民族性双重特征的文化思考,另一方面,和这一思考相得益彰,作者在人物塑造、叙事技巧、结构安排上表现出融汇中西方诗学的尝试和努力。

现代性"对于个人而言"的后果,就是在某种意义上"确立了西方的个人主义的价值观念与行为方式,即以自我实现为核心的'我该如何生活'的思考和追求"。[②]在《断魂枪》中,沙子龙已经自觉不自觉地被"我该如何生活"的质疑追问得无处闪躲,他清楚:"枣红色多穗的镖旗,绿鲨皮鞘的钢刀,响着串铃的口马,江湖上的智慧与黑话,义气与声名,连沙子龙,他的武艺、事业,都梦似的变成昨夜的。"于是他的镖局改了客栈,但显然这不是沙子龙追求的生活,否则他不会不继续调教徒弟们,不会拿着他的枪就心中难过,也不会对孙老者说出"不传"的话来。昔日的武艺和名声成了沙子龙心中永远的伤痛,不能也不愿去触碰。这种痛苦使他对视若珍宝的枪法和名声反而生出愤激之情,不但不再走镖而改行开了家客栈,连武艺和往事都不愿提及,甚至名震西北的"五虎断魂枪"法都要随着他一齐入棺材。他作为生活中的一个小人物,已经敏锐地从自身生活环境的悄然变化中觉察到裂缝的出现。他的困惑产生于和传统"断裂"的现代化进程中,③在传统和现代的两难境地中他陷入了无助悲凉的心绪里。一方面老舍真切地展现了身处新旧交替时代的人们的尴尬处境:沙子龙是痛苦的,在个人的生命价值实现的场地中已没有了他的位置。另一方面老舍的思考无疑是富有现代性特征的,他以个体的生存状态为着笔点,甚至表现出生存的虚无主义气息,题记"生命是闹着玩的,事事显出如此,从前我不明白,现在我懂得了",无疑是从个人主义的价值观的角度发出的喟叹,这声叹息中已经流露出对生存的质疑和批判,表现出企求自我实现而不得的迷惘和困惑。

老舍不仅在《断魂枪》中提出了现代人文性的个体主义生存质疑,他同样对以沙子龙为缩影的民族传统提出深切的忧思。因为沙子龙的尴尬不仅仅是他个人的,更是整个民族的尴尬。沙子龙虽还未能有胸怀天下的大格局,但老舍已经借叙述人之口表达出民族的危机感:"炮声压下去马来与印度野林中的虎啸。半醒的人们,揉着眼,祷告着祖先与神灵;不大会儿,失去了国土、自由与主权。门外立着不同面色的人,枪口还热着。他们的长矛毒弩,花蛇斑彩的厚盾,都有什么用呢;连祖先与祖先所信的神明全不灵了啊!龙旗的中国也不再神秘,有了火车呀,穿坟过墓破坏着风水……"。现代性的质疑和民族性的忧思交织在了一起。

老舍说过:"我们每个人须负起两个十字架……为破坏、铲除旧的恶习、积蔽,与像大烟瘾那样有毒的文化,我们须预备牺牲,负起一架十字架。同时,因为创造新的社会与文化,我们也须准备牺牲,再负起一架十字架。"④老舍深知批判和启蒙的艰难,他准备着牺牲,但老舍并没有简单化地陷入到对传统的全盘否定中。如在《断魂枪》中,老舍更多的是从情感的维度呈现出对优秀传统文化的依恋之情。他以诗意的笔调塑造了一个失落的江湖侠士,传统的价值观在沙子龙的心中已轰然坍塌,他失落彷徨,但昔日的荣耀又让他矜持孤傲。文本的结尾:"夜静人稀,沙子龙关好了小门,一气把六十四枪刺下来;而后,拄着枪,望着天上的群星,想起当年在野店荒林的威风。叹一口气,用手指慢慢摸着凉滑的枪身,又微微一笑,'不传!不传!'"这最后的审美意象,有着末世英雄般的苍凉之感,在惋惜、惆怅中传递出深沉的人生感叹,老舍借此使沙子龙的形象陡然具有丰厚的悲剧意蕴,使读者的心里油然而生荡气回肠的审美感受,也使我们体味到老舍隐藏着的对传统文化深深的依恋和痛惜之情。

和西方的现代性要求是在历史发展进程中自然生长出来的不同,中国语境下的现代性思考从一开始就是和民族性交织在一起,彼此相互纠缠的,因为它的开端是在一定的重压之下被激发出来的,所以关于它的探索也就不可避免地和关于民族的命运前途的思考分不开。民族存亡的深重危机使得文化精英们不得不面对民族传统进行全方位的挖掘,深入反思传统文化中积重难返、丧失活力的因素,而这一反思很自然地以西方的现代发展成果为参照。现代性作为一种价值立场和思想倾向,本身即持有着对传统的特定态度和判断,即对于传统的怀疑、反叛、突破和革新。这一特征在中国的现代化过程中呈现得更为复杂,使得中国传统文化的现代转型表现出民族性和现代性之间的巨大张裂,体现为激进主义的文化心态和保守主义的文化心态之间的对立和斗争。

老舍的文化思考则具有一定的复杂性。老舍是"五四"落潮之后踏入文坛的,在《"五四"给了我什么》一文中,他明确宣称"感谢五四,它叫我变成了作家","反封建使我看到了人的尊严,反帝使我看到了民族的尊严"。"五四"文化运动作为中国历史上的转折性事件,其重要的意义之一即是开启了具有现代性性质的启蒙运动。就文学领域而言,"到清王朝的末年,发生了前所未有的重大转折:开始与西方文学、西方文化迎面相遇,经过碰撞、交汇而在自身基础上逐渐形成具有现代性的文学新质,至'五四'文学革命兴起则达到高潮"。⑤"五四"时期是一个充满激烈批判和反思的时期,批判和启蒙是当时文学现代性品格的突出表现。老舍一方面深受"五四"文化运动的影响,将"五四"时期鲁迅开创的富有现代性气息的国民性批判的启蒙思想继承下来,即如有学者所言:鲁迅和老舍"都是作为爱国青年,切身感受到现代国家的公民与古老中国的臣民间的差异,怀着忧虑与希望,开始探索'国民性''民族性'的课题,进而萌发促进人——民族的现代化的思想启蒙的使命感,并且把文艺作为自己这种深沉灼热的人文关怀的主要载体的。在中国现代文学史上,老舍是继鲁迅之后,又一位始终怀着这样的信念,自觉地履行这一历史使命的作家"。⑥另一方面,老舍又从来没有"五四"文人的激烈反抗情绪,他和"五四"作家保持了一定的距离。在文化反思中,老舍的态度是温和宽厚的,在情感倾向上甚至还不时流露出对传统文化的依恋和认同。在新旧交替的文化大背景中,老舍显得有些特立独行,他既不是一个随大潮而走的顺行者,也不是一个背大潮而动的逆行者,我们既能看到他站在新时代思想文化舞台上摇旗呐喊的身影,也能听到他在回首过往流逝的优秀传统文化时发出的依依不舍的喟叹。老舍已经看到了社会不可逆转的巨大变迁,也欣慰于现代化对若干传统弊俗的革除,但传统文化的某些优秀质素在这一过程中或多或少的流失,现代进程中表现出的混乱、颠倒和无序状态又使他对这一变迁持审慎的质疑态度,在西方现代文明和传统民族文化的交叉路口上,老舍对民族传统表现出既爱且恨,既批判又依恋,既自省也自惜的复杂心态。在对传统文化进行观照时,老舍并没有刻意强化它和现代性之间的截然对立,而是力图去审美地呈现这一文化的没落及其产生的深刻失落感。老舍这种文化思考的内在心理冲突,在文本呈现的美学效果上看恰恰构成了文本内部的紧张感,丰富了文本的思想内蕴,给作品带来饱满的艺术魅力。

在《断魂枪》中,不但在思想内蕴及其呈现的文化思考上表现出一定的复杂性,而且文本的美学风貌也表现出自觉融合中西诗学不同审美质素的努力,这也同样呈现出现代性和民族性的双重特征。

从小说叙事特征的层面看,老舍的小说创作深受中国传统民间说唱艺术的影响,富有民族特征,与此同时他也吸收了西方现代小说叙事模式的营养,将二者有机地融合在一起,形成了既秉承民族特质又包蕴西方现代因素的独特美学风貌。

就叙事视角理论而言,以一种俯视的姿态讲述故事,人物的言行、心理都在这一视角的笼罩之下,给予叙事人最大的便利,这是传统小说的一贯做法;而从说书艺术中借鉴的"说—听"模式更是中国小说发展过程中富有民族特征的叙事角度。在《断魂枪》中，文本采用的即是传统小说惯用的第三人称，而且明显具有说唱艺术虚拟的"说—听"模式，不时地显露出说书人的话语特点。在文中，如写王三胜土地庙卖艺，和孙老者比试功夫及之后引领他去会沙子龙，叙述人便以第三人称的叙述视角将人物外部动作和内心活动作了生动的描述和刻画。与此同时，就全文而言作者所采用的叙事视角又绝不雷同于传统小说的惯用视角，事实上，作者在其中又糅合了西方现代小说的叙述视角模式，即虽采用第三人称叙事，但又并非全知全能的叙事方式，而是具有限制视角的特征和内涵，这样就形成了文本中的若干"未定点"，留给读者阔大的想象和填补空间。如王三胜们"不大明白沙老师是怎么了，心中也有点不乐意"；孙老者在被拒绝后"胡子嘴动了半天，没说出什么来"；沙子龙送走孙老者之后只是"对着墙角立着的大枪点了点头"等等，人物在关节点上的心理活动被略去，他们的行为都变成了瞬间的结果性行为，因果的逻辑链条被故意断开，想象和揣摩人物的内心，重新勾连起因果之链成了读者进入文本的唯一路径。如果说全知视角和限制视角是传统小说和现代小说在叙事角度上的一个重要分界，那么老舍则在讲故事时将这两种不同的角度有机地融合在了一起，构成了张弛有度、进退自如的叙事方式。

此外，从题材选择到人物塑造和情节结构的安排上，我们同样可以感受到中西审美的双重特征表现。就题材说，老舍写的是中国传统题材：武侠小说。文中的人物说着武林行话，讲究着江湖规矩。王三胜拉开场子卖艺说的是场面话，和孙老者比武输了之后，二人的交言和后来沙子龙与孙老者的寒暄也都俨然是江湖中人的语调和做派。不但文中的人物语言富有江湖气息，叙述人的语言同样表现出武侠小说的路数，十分精彩的当属王三胜在众人面前耍刀，王、孙二人的比武场面以及孙老者在沙子龙面前练拳等若干段落。人物形象，作者重点描写了沙子龙、孙老者和王三胜三人，这三人无一例外都是在江湖中行走的人物，包括王三胜都颇有些身手，而沙、孙二人更是富有一些传奇色彩：沙子龙是二十年来在西北未遇过敌手的"神枪沙"，可如今却做起了小客栈的老板，似乎退出了江湖；孙老者在作者的笔下更是有些神秘，声名不闻还"像是患过瘫痪病"，却身手了得。这似乎也是我们在武侠小说中熟悉的惯常套路。在情节结构上，文本的开端"沙子龙的镖局改成了客栈"就故事味十足，颇有些中国民间说书艺术设置悬念的手法，继而作者在做了一些简单交代后，荡开笔墨着重渲染了王三胜卖艺、王孙比武以及沙孙会面，情节一步步推向高潮，人物的外部冲突愈演愈烈，直至一触即发。这种借助情节发展推动故事演进的方式也是中国民间说唱艺术的特征之一。

但细读文本，我们又发现诸多不同于武侠小说的另类因素。传统武侠小说长于描写武林人物间的爱恨情仇，人物的外部动作冲突激烈，这和中国传统小说惯于以情节的跌宕起伏吸引读者的特点是相辅相成的。《断魂枪》虽写武侠但又不拘于武侠，它是借此力图揭示人物自身的内在心理冲突。一个外表超脱的江湖隐退者，他的内心痛苦空虚，生命价值也无从寄托，这一表现内容与西方现代小说题旨是相应和的。老舍对这一传统文化范型的"旧瓶装新酒"十分成功。如此的题材处理使情节结构的安排也随之呈现了一定的复杂性,在文本中老舍融合了情节叙事和非情节叙事的双重手段,文本的大部分篇幅都以情节叙事为主,从大家对沙老师的吹捧,王三胜卖艺到孙老者挑战再到孙沙开始会面,渐渐推高了读者的心理期待,渴望一睹沙子龙的神威,情节也被一步步推向高潮,可是之后人物的外在冲突陡转直下,内心冲突逐渐上升,到文末沙子龙关门独自练枪,非情节叙事达到高潮。老舍先生自如地在两种叙事结构中来回穿梭,在结尾的人物刻画"向内转"的叙事艺术中把读者的情感激荡到了顶点。难怪有学者盛赞"老舍先生由内而外,不作偏废的艺术手腕,实在是融合中西的至高至伟的成就"。⑦

20世纪中国的现代性观念,文明与愚昧、进步和落后等二元对立元素,在价值判断上常常被简单地置于非此即彼的抉择中。事实上就中国文化语境来说,现代性和民族性是一对互涉互文的范畴,正如有学者论及中国文学理论建设时所言:"民族性和现代性这两个范畴之间没有不可跨越的距离……现代性话语本身就是立足于民族性基础之上的,没有民族性的支撑,现代性就失去了民族自身的身份依托……另一方面,民族性又是以现代性为目标和价值追求的。"⑧虽然对于现代性和民族性的应然关系,老舍并没有达到成熟的思考境界,但他在《断魂枪》中立足于现代与传统、新与旧、西方和中国的历时和共时的交叉点上所发出的情感复杂的喟叹,从诗意的独特层面给予我们的丰富审美体验也使我们领悟到现代性和民族性的张裂背后也隐含着在新的高度上交融的可能性。这既是老舍提供给当下的启示,也是老舍作品至今仍富于艺术魅力的原因之一。

(常娟)

注释:

① 老舍:《我怎样写短篇小说》,《老舍全集》(第16卷),人民文学出版社1999年版。

② 陈嘉明:《现代性与后现代性十五讲》,第4页,北京大学出版社2006年版。

③ 吉登斯在《现代性的后果》(田禾译,译林出版社2000年)一书中开篇就论及"现代性的断裂"问题,他提出历史发展的每个阶段都存在断裂,而现代性从传统秩序中分离出来的断裂更具有鲜明的特征。

④ 老舍:《双十》,《老舍全集》(第14卷),人民文学出版社1999年版。

⑤ 严家炎、袁进:《现代性:二十世纪中国文学的显著特征》,《北京大学学报》2005第5期。

⑥ 樊骏:《认识老舍》,《文学评论》1996年第6期。

⑦ 徐德明:《老舍小说融中西诗学实践窥指》,《中国现代文学研究丛刊》2000年第1期。

⑧ 谭好哲等:《现代性和民族性——中国文学理论的双重追求》,第51页,社会科学出版社2005年版。

细节真实、创作理念与艺术魅力
——以《红岩》为例

《红岩》主要写的是共和国成立前夕,一批为了这个新政权的建立英勇奋斗的革命者在敌人的监狱中与阴险、残忍、垂死挣扎的敌人进行顽强斗争的故事。客观上说,这本身就是矛盾非常尖锐激烈的题材。许云峰、江姐等革命者被囚禁在警备森严的魔窟,遭受种种惨无人道的酷刑,而在解放战争的形势越来越好的鼓舞下,胜利的信念越来越坚定,斗争的精神越来越高涨;敌人在必然灭亡的命运步步逼近的情况下,越来越狡诈毒辣,越来越疯狂。于是,敌我双方在特殊的历史时期展开的生死搏斗便越来越激烈,就有了重庆地下党通过发行《挺进报》宣传革命形势,进一步发动工人和学生反独裁、反内战、反饥饿的运动,加强华蓥山农民革命武装等方式迎接全国解放的各种活动;为了维护摇摇欲坠的旧政权,国民党特务加紧对中共地下党组织的破坏以及疯狂镇压群众的民主运动的种种阴谋。这些都构成了小说扣人心弦的情节发展脉络。问题是:矛盾的集中尖锐必须与细节的真实密切结合在一起,才能塑造出鲜明丰满的人物形象。细节关系到文学作品的生命。《红岩》正是在某些细节的描写上,忽视了基本的生活的经验或常识,使读者感到生硬、失真,从而影响了它的艺术魅力。比如,成岗和许云峰由于甫志高的出卖相继被捕。特务头子徐鹏飞以为抓到了地下党的重要人物,亲自审问许云峰,想从他身上挖出地下党的全部秘密,威逼利诱毫无结果的情况下,又将被打得遍体鳞伤、昏迷不醒的成岗拖出来,企图利用两人之间的亲密关系、战友间的血肉之情来瓦解他们的斗志。当躺在许云峰臂弯里的成岗刚刚苏醒过来,敌人以释放为诱饵让他写自白书的时候,老许一句"共产党人从来不怕讲明自己的观点"的提醒,使"他精神一振,竟忘却了周身的创痛,滴着鲜血,拖着脚上的铁镣,一步步迎着敌人的逼视,走向准备好纸笔的桌前"。写下了"我的自白书"几个墨迹饱满的字,"成岗的胸脯起伏着,再也无法抑制那烈火一样的感情,他率性扔开了笔,冲着敌人高声朗诵起来:'任脚下响着沉重的铁镣,任你把皮鞭举得高高,我不需要什么自由,哪怕胸口对着带血的刺刀!……'",年长一些的人很多都会背诵这首大气磅礴的诗歌,笔者曾经在一本《革命烈士诗抄》中读到过它,甘愿将自己的一切直至宝贵的生命献给伟大的人民解放事业的革命先烈在敌人的监狱中写下这样气冲云霄的诗歌,是可信又令人敬佩的。那本《革命烈士诗抄》中的每一首诗都有一种震天撼地的力量。《红岩》的作者创作时将之移到了成岗的名下,也很正常,无可非议。遗憾的是,作者对成岗写诗的过程的描写,存在着细节失真的毛病。《红岩》之前,有一名为《在烈火中永生》的文学读本,其中写到一个叫陈然的烈士,被捕前也是负责《挺进报》的刻写印刷工作的,显然他是《红岩》中成岗的原型。书中写道"敌人使出种种手段,什么也没得到,最后让陈然写自白书,陈然提起笔,不假思索,一气写出了心里想了许多遍的话:'任脚下响着沉重的铁镣……'"。两相比较,《在烈火中永生》中的描写朴实、简单得多,却比《红岩》中上一段描写在细节的真实上高出一等。《红岩》的作者也许是为了表现成岗的大义凛然和坚贞不屈,也许为了表现他的满腔豪情和出众的才情,让他刚刚苏醒就不顾周身的创痛、鲜血淋漓,面对凶残的刽子手高声朗诵"我的自白书"。而根据一般的生活经验,除非宿构于心,除非经过一定时间的酝酿,天才以外的常人是无法达到这种出口成章且文采焕烂的境界的。才华出众如曹植者,在已经坐上了最高权力的宝座的曹丕的逼迫下,行走七步,便吟出了"煮豆燃豆萁,豆在釜中泣,本是同根生,相煎何太急"的诗句,令千秋百代的读者感叹、激赏不已。但只要稍加分析,曹植能在那么短的时间内写出这样一首让人荡气回肠的诗,才思敏捷还不是主要原因,父死、兄长登基后,便在充满着猜忌的环境中感受着兄弟不容的杀气、体味着骨肉相残的血腥是他的这首诗的生活基础。换言之,才高如曹植者,写出好诗,也是要有真切、深厚的生活和感情的积累。像成岗这样的革命者,虽然自入党的那一天起,就做好了将自己的一切献给革命事业的准备,可在被捕后第一次受审,遭受酷刑昏迷,刚醒过来就被迫写自白书的情况下,便能不假思索地高声吟诵出那样一首情文兼茂的诗,不能不让人觉得牵强,反不如《在烈火中永生》中说陈然"一气写出了心里想了许多遍的话",真实可信、顺理成章。

《红岩》中写到的为新四军战士龙光华举行追悼会和狱中新春联欢会的情节,是表现渣滓洞集中营里的难友在狱中党组织的领导下与敌人进行坚决的斗争的两个重要回合,《在烈火中永生》中也有描写。只是,后者往往以寥寥数语交代了事件发展过程中的一些枝节问题,使整个情节显得真实可信。比如,在争取为龙光章(在此书中,新四军战士叫龙光章)举行追悼会的时间里,"难友们放风时在墙角边扯回野草准备扎花圈";在"望窗外已是新春"的章节中,写狱中的新春联欢会,同志们是通过秘密通道交换礼品,利用开早饭的时间贴对联,在放风时扭秧歌等,这些描写虽然简略、粗糙,却能让人感受到狱中斗争的艰难困苦。《红岩》中,为了表现斗争的艰苦和胜利的来之不易以及同志们对牺牲的战友的悲悼之情,追悼会是在全体难友绝食四天以后召开的。四天之中,同志们粒米未进,也没有走出牢房放风,却在敌人接受了开追悼会的条件之后,每间牢房都抬出了扎好的花圈,都贴了自制的挽联,男同志臂佩黑纱,女同志头戴白花,就让人觉得突然:纵然大家有的是时间准备,可扎花圈、写挽联的材料从何而来呢?新春联欢会上,为了表现那些为了理想的实现甘愿将牢底坐穿的人们为革命的节节胜利而欢欣鼓舞的心情,作者将各牢房的歌曲大联唱、喜贴对联和节目表演依次写来,写得极有气势,歌舞表演中有扭秧歌的,有翻空心跟头、叠罗汉的,女牢的同志们还把"闪着大红大绿的丝光的绣花被面临时变成了舞衣……",充分表现了高墙和铁丝网阻挡不了的胜利曙光给人们带来的喜悦。问题是,细节考虑上的欠周全,会影响读者对情节发展的可能性的认同。

读者不禁要问:长期被囚禁在狭窄、阴暗的牢房中的人们,哪里有条件排练精彩的节目?怎么会有翻空心跟头和叠罗汉的力气呢?除非他们原先就有这方面的技能和深厚的功底!难道女监里的难友盖的都是"闪着大红大绿的丝光的绣花被面"的被褥吗?这只能是作者为了表现联欢会的热闹场面凭空想象出来的!文学创作当然允许虚构,但虚构不能违背事物发展的常理,套用文学理论的术语,就是艺术真实要建立在生活真实的基础之上。否则,就有将艺术大厦精心构筑在沙地上的隐患。艺术效果也与作者的创作初衷相去甚远了。

《红岩》的前八章,写共和国建立前夕山城重庆的斗争形势,地下党筹建新的联络点及其被国民党特务发现、甫志高叛变、许云峰等人被捕的经过,既有人物形象的刻画,也有事情的来龙去脉的叙述,虽然字里行间免不了流露出一些人物刻画脸谱化的痕迹,但总体上对情节的发展脉络交代得还是清晰明了的,也切合小说读者的阅读心理。从第九章起,自许云峰、江雪琴等人陆续被捕以后,小说转入写集中营里敌我双方的激烈斗争,在尖锐复杂的矛盾交锋中刻画人物性格、展示革命先烈视死如归的精神境界和坚不可摧的高贵品质。从艺术表现的手法上来看,此后的章节,更像是一场场、一幕幕的戏剧:场景分明,人物语言如同舞台上的对白,与我们日常生活经验感受的距离越来越远,离读者对小说接受的习惯的距离也越来越大了。

许云峰是作品着力刻画的英雄人物之一。他是在敏锐地发现了用作备用联络站的沙坪书店已被敌人发现,及时安排有关人员的撤离之后,由于叛徒的出卖而被捕的。在狱中,他与国民党军统特务在重庆的头子徐鹏飞有过三次正面的交锋,每一次都有相当于后来的革命样板戏《红灯记》里"李玉和斗鸠山"那样的戏剧效果。第一次是刚被捕时,敌人以为抓住了地下党的市委负责人、工运书记,只要让他开口,一举破获重庆市的地下党组织便易如反掌了。于是,第九章中,有了许云峰与徐鹏飞正面交锋的第一个回合。后者为这次秘密审讯作了精心的准备。我想将作者对徐鹏飞在这场斗争中由色厉内荏到黔驴技穷和许云峰沉稳、机智地挫败敌人阴谋的描写的一些文字摘录于下,以显示这部小说描写的戏剧化的特征:

> 徐鹏飞斜靠着转椅,侧对着审讯台,沉默着,一言不发。……
> 一个步履从容的人,出现在侦讯室里,正直的目光,沉毅地扫过全室。
> 徐鹏飞侧坐在转椅上,一动也不动,只斜眼望了望来人的镇定神情:高高的前额上,深刻着几道皱纹,象征着性格的顽强。清癯的脸膛上,除了一副旁若无人的、钢铁似的眼神而外,看不出丝毫动静。厚厚的嘴唇微闭着,阔大的嘴角上,带着一丝冷淡的嘲笑。
> ……

在一番虚张声势的审问仍一无所获的情况下,敌人将被打得遍体鳞伤的成岗拖了出来,企图瓦解许云峰的意志。书中写道:

徐鹏飞猛然截住,手臂朝对面一指,随着徐鹏飞激怒的声音,强烈的灯光,立刻直射到许云峰的脸上。

徐鹏飞霍然站起,在强光中走向前去。

对面墙壁上一道沉重的铁门,吱吱地向两边敞开,更强烈的灯光,从铁门外面的刑讯室猛射出来。浓烈的血腥味,一阵阵弥漫过来,扑进许云峰的鼻孔。

"请看吧!"徐鹏飞狞笑着,用力掀动打火机,大口大口地吸燃香烟。

敞开的刑讯室里寂静无声,寒光四射,冷气袭人。

冰冷的水泥磨石地面上,横躺着一具血肉模糊的躯体,脚上还钉着一副沉重的铁镣。鲜红的血水,正从那一动也不动的肉体上往水泥地面滴落。

……

许云峰扑上前去,从血泊中,把血肉模糊的成岗,紧紧抱在怀里。他轻轻扶起成岗低垂的头,凝视着那失去知觉的面孔,拨开那绺盖住眼睛的头发,擦掉苍白面颊上的鲜血。一阵心如刀割的绞痛,顿时使许云峰热泪盈眶……

"太残酷了吧?看着自己人身受毒刑,你能无动于衷?"

……

听到这里,许云峰脸上的激怒之情,渐渐转为轻蔑的冷笑。徐鹏飞愣了一下,突然把手上的烟一丢:

"你笑什么?你,你怎么不讲话?"

"我笑你们……"许云峰紧紧抱住昏厥中的成岗,说道:"本来,我们共产主义者和你们没有任何共同的语言。但是,我还是要告诉你:人民革命的胜利,是要千百万人的牺牲去换取的!为了胜利而承担这种牺牲,是我们共产党人最大的骄傲和愉快!"

"啊?"徐鹏飞不由得后退一步。

"你们的阶级本能,注定了你们的低能,你们根本无法理解共产主义者的伟大情操!"

徐鹏飞突然沉默下来,不知如何应付了。

许云峰一点也不犹豫,傲然地宣布道:"告诉你们,你们从坚贞不屈的成岗身上,从我们每一个人身上,除了看见你们无法理解的东西以外,什么也得不到!我领导了成岗这样坚强的战友,是我们党的光荣,值得我为之骄傲。"[①]

不需要再抄录下去了。我们只要对这段文字中关于许云峰的肖像、语言的描写稍加注意,就不难发现其中戏剧化的色彩有多浓厚。几乎不需要将它改编成剧本,演员就能凭借着作者的描写,将此情节搬上舞台。因为小说中不仅用什么样的表情和口气说话有详尽的说明,就连舞台布景、灯光照明、甚至聚焦点的移动,都作了细致的交代。至于许云峰说的几段话,可谓字字斩钉截铁、句句铿锵有力,极富有话剧台词的色彩,且书面语味道十分浓厚,与日常口语的差距非常明显。

许云峰与敌人的正面交锋的第二个回合是在小说的第十章写的徐鹏飞为他设的"鸿门宴"上。敌人见死亡的威胁和战友遭受酷刑的恐吓都不能使他屈服,于是安排了一场以许云峰为主宾、有许多官员和记者参加的盛大的宴会,企图利用在宴会上抢拍的宾主共同举杯的照片,制造共产党市委负责人、工运书记与敌人握手言欢的假新闻来迫使他就范,进而扰乱人心,瓦解工人的斗志。然而,无论敌人如何耍花招,千方百计地"导演",都不能使自己的阴谋得逞。最后,躲在幕后的伪国防部保密局长毛人凤不得不出场了。于是,许、毛之间有了一场针锋相对的舌战,不,应该是互不相让的心理战。许云峰此时是敌人手中的囚徒,客观上居于劣势,但无论从当时革命斗争的整体形势上来看,还是从共产党人坚不可摧的钢铁意志来看,他在心理上、精神上是占有绝对的优势的;而毛人凤、徐鹏飞之流,正处在旧政权即将覆灭、自己也难免灭顶之灾的恐慌之中,破坏地下党组织、抓捕迫害许云峰等人只不过是他们垂死挣扎的具体步骤,他们的内心是虚弱的,精神上是不堪一击的。于是舌战的结果,早就由双方所处的阵营以及各自的心理因素、精神底气决定了。可是,当我们今天读到许云峰和毛人凤的下列对话时,没有体会到机锋犀利、酣畅淋漓,感觉到的却是生硬、空洞。作者先对毛人凤的外形做了简要的勾勒,重点突出了他矮胖的身材和靠垫厚鞋跟和挺胸直背来装扮仪容的做作。然后再让他开口说话:

"共产党我见过很多。"毛人凤站着不动,挺胸透出一种凌厉的语气:"论地位,张国焘不算低吧?论才学,叶青挺不错吧?谁像你这样,有些事情未免太欠考虑!"

毛人凤再把身体一挺,头昂得更高。"根据共产党的规定,从被捕那天起,你已经脱党了。你现在不是共产党员,共产党也不需要你去维护它的利益!你和我们的关系,不是两个政党之间的关系,而是你个人和政府之间的关系,个人服从政府,丝毫也不违反你们崇拜的所谓民主集中制的原则。"

毛人凤双手一背,像挑战的公鸡,显示出他的无限骄横与权利。

许云峰转头俯视着对方,不动声色地瞧了他一阵:"我们之间是什么关系?你死我活的革命与反革命的阶级斗争关系。"

"开口阶级斗争,闭口武装暴动!"毛人凤突然逼上前去,粗短的手臂全力挥动着:"你们那一套马列主义的阶级斗争学说早已陈腐不堪。马克思死了多少年了?列宁死了多少年了……"

"可是斯大林还活着。"许云峰突然打断毛人凤的话:"斯大林继承了马克思列宁的事业,在全世界建成了第一个社会主义国家,你们听到他的名字,都浑身发抖!"

"许先生,你说得真好。"毛人凤粗短的脖子晃了晃,意味深长地问道:"可是现在,我问你,除了马、恩、列、斯,你们还有谁呀?"

"毛泽东!"许云峰举起手来,指着突然后退一步的毛人凤大声说道:"正是毛泽东,他把马列主义的普遍真理和中国革命的具体实践相结合,极大地丰富了马列主义,使无产阶级的革命学说更加光辉灿烂,光照全球!马列主义永远不会过时!用马列主义、毛泽东思想武装起来的中国人民和中国共产党所向无敌,必然消灭一切反动派,包括你们这群美帝国主义豢养的特务!"

"你说什么?"毛人凤两眼射出凶光。

"我说马克思列宁主义要消灭全世界一切反动派!"许云峰毫不退让,回击敌人的挑战。

说实话,当年读小说时并没有觉得有什么不合适的地方。现在想来,也不奇怪,因为那个年代充斥我们的视听领域的正是这样一些慷慨激昂的话语。《红岩》初版于1961年,其后又经过修改,其创作的语境离我们初次阅读年代的公共话语语境已经非常接近。现在再来重读小说中的许云峰与毛人凤的交锋,就强烈地感觉到作者并没有把革命者崇高的精神境界和伟大的人格力量很好地表现出来。他们不是在写特定环境、特定情景下的人物所说的话,不是为了刻画人物性格、展示人物的心灵来进行语言描写,而是将某种现成的流行的政治观点生硬地强加在人物的身上。当读者走出了那个以政治口号为流行话语的年代以后,就会对作品中的上述描写即使不公开表示质疑也会产生不同看法。对比同样是表现被捕后与敌人作面对面的斗争的捷克作家伏契克《绞刑架下的报告》中的有关内容,更能证实我们现在的阅读体会较以前是进步、深刻了。《绞刑架下的报告》中也写到敌人对被捕的反法西斯战士的审问,被审问者没有用豪言壮语与敌人进行斗争,而是尽可能地利用在审讯室相遇的机会向同志传递信息,用一个无声的眼神给战友以暗示和鼓励,用沉默表示对敌人的蔑视和愤怒。书中写到约瑟夫、玛丽亚夫妇被捕时简短的对话:"现在要怎样?""我们去死,玛丽亚。"当妻子知道事情的必然结局后,反而镇静下来了,不失幽默地嘲讽道:"这样漂亮的小伙子,原来是这样的野兽。"声音不高,却十分有力;言语不多,但表现他们早就做好了为理想和事业英勇献身的思想准备的高贵品质非常传神。可见,如果脱离了现实生活的基础,不顾人们日常生活经验的感受,无论笔下的人物语言多么激昂,表情多么坚毅,行为多么英勇,都不会葆有永不褪色的艺术魅力。英雄的本色在于心灵的纯正和品质的高贵,而这些会表现在日常生活的点点滴滴中,并不是靠豪言壮语或慷慨陈词才能展现出来的。

许云峰与徐鹏飞正面交锋的第三个回合是在地牢里。这时,他被从渣滓洞转到白公馆关进潮湿黑暗、与外界完全隔离的地窖将近一年,身体已极度衰弱,但两眼仍炯炯有神。在解放大军兵分两路进入四川,国民党危在旦夕,失败的命运已无可挽回的情况下,国民党特务机关准备秘密杀害集中营里的所有政治犯,徐鹏飞决定首先从许云峰和成岗下手。在类似疯狗临死前还要歇斯底里地狂吠、伺机还要咬上一口的歹毒心理的支配下,徐鹏飞来到地牢里,将共产党就要取得全面胜利、自己和为之效忠的主子面临着不可逆转的失败的形势告诉了许云峰,并且透露了准备炸毁整个山城进行垂死挣扎的计划。随后,满怀胜利喜悦的囚徒和抑制不住灭亡的恐慌的刽子手之间有了下面的对话:

"山城将在黎明前消失,许先生听了这个消息,恐怕很难高兴吧?"

"我丝毫不担心。"许云峰应声说着,根本没有注意到对方的狞视。他仿佛满怀着兴奋和愉快之情,朗声说道:"我确信,在黎明前消失的不是山城,而是见不得阳光的鬼魅!罪恶的血手将最后被人民缚住!雨过天晴,山城必将完整地归还人民。"

"还有一点小消息,我也不想隐瞒。"徐鹏飞再次露出奸笑,端详着许云峰满怀信心的脸。"共产党的胜利就在眼前,可是看不见自己的胜利,这是多么令人遗憾的事!我不知道此时此地,许先生到了末日,又是何心情?"许云峰无动于衷地笑了笑。"这点,我完全可以奉告。我从一个普通的工人,受尽旧社会的折磨、迫害,终于选择了革命的道路,变成使反动派害怕的人,回忆走过的路,我感到自豪。我已看见了无产阶级在中国的胜利,我感到满足。风卷残云般的革命浪潮,证明我个人的理想和全国人民的要求完全相同,我感到无穷的力量。人生自古谁无死?可是一个人的生命和无产阶级永葆青春的革命事业联系在一起,那是无上的光荣!这就是我此时此地的心情。"

许云峰慢慢站了起来,缓步走到徐鹏飞面前,直视对方,再次微微露笑。"你此刻的心情,又是如何呢?"

听到这意外的问话,徐鹏飞一时茫然不知所措。

"也许你可以逃跑,可是你们无法逃脱历史的惩罚。"许云峰的声音,揭开了对方空虚绝望的灵魂:"你不敢承认,可是不得不承认:你们的阶级,你们的统治,你们的力量,已经被历史的车轮摧毁,永劫不复了!美帝国主义的飞机大炮,改变不了你们的命运;潜伏,破坏,上山当土匪,难道能挽救你们的毁灭?你自己心里也不相信这些!你们看看人民的力量,看看人民的胜利,你敢说不害怕?不发抖?不感到空虚与绝望?你们的前途,只有一片漆黑!"

许云峰不屑再讲下去。死亡,对于一个革命者,是多么无用的威胁。他神色自若地蹒跚地移动脚步,拖着锈蚀的铁镣,不再回顾鹄立两旁的特务,径自跨向石阶,向敞开的地窖铁门走去。他站在高高的石阶上,忽然回过头来,面对跟随在后的特务匪徒,朗声命令道:

"走!前面带路。"

在这场交锋中,徐鹏飞的寥寥数语,将其空虚绝望、阴险歹毒的心理暴露无遗;而许云峰的回应,在平静的声调下,蕴藏着雷霆万钧般的不可阻挡的力量。应该说,这是表现许云峰蔑视凶恶残暴的敌人,抱定人民必胜的坚定信念和视死如归的英雄气概的精彩篇章。然而,就是在这里,也有着戏剧化的痕迹:正反两个角色的语言都存在着一定程度的台词色彩,尤其是许云峰的话,一连串的排比句倾泻而出,简直是美文,是诗!最后,"他站在高高的台阶上,忽然回过头来……朗声命令道:'走!前面带路。'"读者脑海里不由得浮现出舞台上的英雄亮相的画面。不是说,小说中人物的语言不需要表现人物的内心世界;也不是说,小说中人物的语言不能美;更不是说,小说不能描写英雄人物的光辉形象。但小说毕竟是不同于剧本的另一种文学样式。剧本是供演员表演的脚本,人物语言过于日常口语化，既不利于演员表演，也影响观众的欣赏效果。小说是供读者阅读的，阅读的过程中，读者有充足的时间和机会对作品所写的情节、细节，甚至人物的每一个动作、每一句话细细地品味、揣摩，用自己的日常生活经验为标尺来衡量它的真实性，决定对它的接受程度。虽然这种品味、揣摩、衡量往往是在潜意识的层面进行的，表现为一种伴随着阅读过程的直觉，但它确实存在，且决定了作品的艺术品位。《红岩》中的场景描写，就给我们留下了过于戏剧化的遗憾。

《红岩》中表现的是渣滓洞、白公馆集中营内的英雄群体在黎明前夕与敌人进行的不屈不挠的斗争。许云峰、江姐无疑是这个战斗群体中最光辉夺目的形象。入狱前他们在党内担任的领导职务、他们坚毅勇敢的斗争品格以及丰富的斗争经验，在狱中他们坚毅顽强的英勇表现，使他们成了难友们心中的英雄、学习的榜样。这原本无可非议。问题是，作者将有他们出场的任何场合都写成了众星捧月似的画面，这就让读者很容易想起十年动乱期间一统文学理论天下的所谓"三突出"的创作方法。作者是通过写许云峰第一次到沙坪书店就敏锐地发现了特务的阴谋，果断地让陈松林转移、取消区委会、安排其他同志隐蔽及其第二天为了掩护李敬原脱险主动迎向敌人来表现他的机智、勇敢和经验丰富的。而江姐的坚毅的品格、对党的忠贞是通过满怀喜悦地去与丈夫会合的途中看见了被敌人杀害的爱人的头颅被挂在城墙上示众，没有被形势险恶吓退，也没有被悲伤痛苦压倒，反而更加勇敢地投入了艰苦的武装斗争来表现的。由于这些描写没有夸大许云峰作为一位优秀的地下工作者的基本素质，没有假想出惊心动魄的场面来突显江姐的悲伤和坚毅，他们在或危急、或痛苦的关头的所作所为，是故事情节顺理成章地发展的有机环节。因而，作品对他们入狱前的描写是颇为成功的。但是，作者描写他们在狱中的斗争事迹及其对难友们影响、在同志们心中享有的尊重和敬仰的时候，却没有把握好火候。

许云峰是被打得遍体鳞伤、昏迷不醒的情况下，被抬进渣滓洞集中营的。敌人把他单独囚禁在楼八室，不准任何人靠近。难友们急切地想知道他是谁？他的伤怎么样了？几天以后，人们听到了从楼八室传来的"当——啷，当——啷"的响声。作品中接着写道：

> 清晨里惯常的宁静消失了。虽然室内悄然无声，可是每个人的脸上，都充满激情。谁也想象不到，隔壁新来的战友，竟有这样超人的顽强意志，被担架抬进牢房时，已经奄奄一息，才过了短短的几天，谁能想到他竟挺身站起，哪怕拖着满身刑具，哪怕即将到临的更残酷的摧残，哪怕那沉重的铁镣钢锯似的磨锯着皮开肉绽沾满浓血的踝骨，那充溢着胜利信心的脚步，正是对敌人的极度轻蔑，迎着初升的红日，从容不迫地在魔窟中顽强地散步。他用硬朗的脚步声，铁镣碰响的当啷声，向每间牢房致意，慰藉着战友的关切，并且用钢铁的音节磨砺着他自己的，每一个人的顽强的斗争的意志。

> 当铁镣敲击楼板的声音惊动了看守，并招来干涉的时候，靠近牢门的人们，听到在铁链叮当声中，出现了轻轻的歌声。渐渐地，歌声变得昂扬激越起来。

起来，饥寒交迫的奴隶，
起来，全世界受苦的人！
满腔的热血已经沸腾，
要为真理而斗争！
……

歌声，像一阵响亮的战鼓，击破禁锢世界的层层密云。歌声，像一片冲锋的号角，唤起人们战斗的激情。这声音呵——像远征归来的壮士，用胜利的微笑，朗声欢呼战友亲切的姓名，更像坚贞的人民之子，在敌人的绞刑架下，宣扬真理必然战胜！

高昂的歌声，战鼓，号角，像春雷一样激起了强烈的共鸣。

"旧世界打个落花流水……"人们应声唱着。

"奴隶们，起来，起来！……"更多的人放开喉咙唱了起来，楼上楼下汇成一片，四面八方，响起了雄壮庄严的歌声。

从上述引文中不难看出，许云峰初次出现在渣滓洞集中营，难友们便陷入焦急的猜测、深情的关切的心理状态中，这种氛围，是为许云峰的登场营造的一种"千呼万唤始出来"的情境，当他用散步时铁镣发出的声响，证明自己生命力的顽强，当他用歌声回答难友们的关切的时候，他超群出众的气质就突显出来了。作者似乎是从难友们的视角来写许云峰的不凡的表现，字里行间漫溢着的却是全知全能的叙述者的抒情。对许云峰苏醒后拖着铁镣散步时的情感世界的描绘、将铁链发出的声响和歌声理解比喻成战鼓、号角、春雷，一呼百应的狱中高唱《国际歌》……与其说是对故事情节的叙述，毋宁说是作者为了突出笔下的主要英雄人物所作的大段的"煽情"。笔者在此用这个词绝对不带贬义，但从读者的阅读感受来说，小说就难免给人一些激情有余，底蕴不足的感觉。

在龙光华为了保卫水源遭到毒打，难友们齐声揭穿敌人的阴谋，而敌人架起机关枪、拿出重镣，威胁着敢于带头反抗者的时候，又是许云峰站了出来。书中写道：

突然，"当啷"一声，楼上一个牢房传来金属碰响铁门的声音，使猩猩猛然一惊。紧接着，一个洪亮的声音出现了：

"住口！停止你们这一切罪恶的活动！"

猩猩慌忙一退，他不知道是谁，敢于蔑视他威权，用这种命令的语气挑战。定睛看时，他不由得周身猛烈一颤。楼八室的牢门口，出现了一个人影。"许云峰？"他张皇失措地朝后便退，禁不住怪叫出声："你、你、你要干什么？"

这时，神色自若的许云峰，已经崛立在牢门边，无所畏惧地逼视着连连后退的特务。无数的目光立刻支持他的行动。

这是通过描写敌人在许云峰出现前后截然不同的态度表现许云峰卓尔不群的领袖气质和威武不能屈的坚强意志。难友们的反抗活动是为许云峰的出场做铺垫。这样的表现手法，叫人很自然地联想到"在英雄人物中突出主要英雄人物"的创作原则。但是，

"三突出"的创作理论是在"文革"期间,江青将京剧革命的成果攫为己有,大力推行所谓"样板戏"的时候提出来的。《红岩》的出版在上个世纪的60年代初,比这个理论的提出早了六七年。这说明了什么问题呢?能不能说,当代文学史上那种人物造型的公式化、模式化,进而将作品中的主要正面人物形象神化的现象,在"三突出"的理论原则提出之前就已经存在于创作实践中了?或者说,"文革"中那种席卷文坛的极"左"思潮由来已久,并非仅仅是某几个人的兴风作浪就能搅动起来的?于是,另一个问题又摆在了当代文学史和当代文学理论史研究者的面前:笼罩文坛数十年的这股文学思潮,究竟从什么时候产生、培育和孳生它的土壤和气候又是什么样的呢?

《红岩》中写的渣滓洞集中营各牢房的新春大联欢最能体现"三突出"的创作原则。个别情景的描写,让人仿佛看到了我们曾经经历的那个荒谬的年代的热烈的场面。请看小说中这样一些描写:"期待中的元旦到来了。新年大联欢开始了。各牢房的新春大联唱和交换礼品之后,第三个节目是贴春联,然后就是大家涌出牢房,到监狱放风用的地坝中表演节目。"作者此时又一次将笔下的主要英雄人物推到了聚光灯下:

> 余新江一出牢房,就满怀热情地望着楼八室。他没有跑过去找老许。因为老大哥叮咛过他,在胜利形势下,要谨慎小心,不要让敌人发现自己的活动。他只见黑压压的人群,不断地朝老许那儿涌去。每间牢房出来的人,都以热情而关切的目光,投向许云峰同志。许云峰早就站出门外,脸上闪着明朗的光彩。
> "老许!"远处传来楼下的战友的呼唤。
> "你好啊!老许。"又一个清脆的声音,从女牢飞了过来。
> "老许,老许,你好!"
> 阵阵声浪,从四面八方传过来,像电流一样,激动着每个人敬仰的心。
> 楼八室的门口,人潮拥来拥去,个个笑逐颜开。老许从人丛中,挤到楼上的栏杆边,脚上的铁镣,当啷当啷作响。
> "同志们,新年好!"迎着朝阳的耀眼金光,许云峰扶着楼栏杆,向大家招手致意。
> "啊,新年好!老许……"
> "许云峰同志,我们给你拜年!"
> 又是一阵人声鼎沸的热潮。老许把双手拱在胸前,又把抱拳的手,高高举起,频频摇动着。

以许云峰被捕前地下党市委领导人的身份,以他在狱中饱受折磨却英勇不屈、关键时刻挺身而出的表现,赢得难友们的敬重是理所当然的;由于他长期被单独关押,人们利用这难得的机会向他致意也是可以理解的。在那样一种险恶的环境中,战友之间尊重、信赖、敬仰之情应该如地表下的岩浆奔涌在人们的心底:炽热、深沉,却不一定热烈地外露。惟其如此,才能更加动人。上面那一段描写的问题,就在于为了突出主要英雄形象,将难友们表达感情的方式夸张到了不适当的程度。那众星捧月式的簇拥,那一浪高过一浪的欢呼,太像激情澎湃的群众接受无限崇敬的领袖检阅时按捺不住的狂热冲动了;那站在高处向人们招手的姿势,也与领导人在检阅仪式上向群众致意的方式极其相似。作者创作这部小说的时候,大概心目中的革命先烈,尤其是像许云峰这样的英雄就应该是这样的。从某种角度上来看,那是一个将日常生活涂抹上戏剧油彩的时代。作者生活在这样一种时代氛围中,想象力也带上夸张的戏剧成分不足为怪。如果我们重读《红岩》的时候,对其中的这些方面没有正确的认识,就是会影响对文学与生活的关系、文学创作的基本原则等问题的理解和把握。这对立志于从事文学创作或文学研究的人来说,应该引起重视。

江姐无疑也是《红岩》塑造的主要英雄人物之一。作品中有她出现的场合,聚光灯同样是随着她转动的。当她身受重刑的时候,渣滓洞全体难友都为她担忧、牵挂;在新春大联欢的时刻,她怀抱着"监狱之花"出现在联欢的人群中,引起了人们一阵欢呼,像迎接胜利者的凯旋,用书中的话说是"江姐第一次与战友的见面,地坝里,立刻变成了狂欢的海洋";当监狱外传来中华人民共和国成立的消息的时候,女牢的难友激动地绣了一面五星红旗,而她这时想得更多也更远,同志们希望由她来展开叠得整整齐齐的象征着黎明和解放的旗帜,她在"一阵热情、严肃而又诚恳"的请求声中,"双手接过红旗,迎风一抖,五颗晶亮的金星,立刻随着红旗飞舞"。她"高高地亮开红旗,无畏的声音里充满着幸福的感情:'让五星红旗插遍祖国的每一寸土地,也插进我们这座牢房'"。毫无疑问,《红岩》里塑造的江姐及其在生活中的原型江竹筠烈士,值得我们永远崇敬。但作品在表现方法上,显然存在着在突出中再突出的痕迹,对照《青春之歌》对林红的白描式的刻画、《绞刑架下的报告》中对人像群雕的简洁的勾勒,这种浓墨重彩地突显主要英雄人物的方法,其实出力不讨好。

许云峰、江姐无疑是渣滓洞、白公馆英雄群体中的主要英雄形象。《红岩》的作者用近似于"三突出"的表现方法塑造了这两个人物。说"近似",是因为,《红岩》毕竟产生于这种所谓的创作原则被归纳、提出之前。与后来那些按照"三突出"的创作方法反复修改,用当时的话来说,是经过"千锤百炼"才最后定稿的"样板戏"相比,还是有区别的。首先,我们很难判定许云峰和江姐谁是作品中的一号人物。他们都不是贯穿作品始终的表现对象,只是在小说的不同章节和场景中作者分别着力刻画的人物;其次,他们都牺牲在渣滓洞、白公馆集体越狱行动之前,没有直接参加和领导这场作品中写得最惨烈、最震撼人心的生死大搏斗,从小说情节发展的角度来看,集体越狱无疑是全书的高潮,而他们却消失在作品的高潮到来之前,在完全按照"三突出"的原则写的作品中,这是不可能出现的现象;再次,《红岩》英雄群体中的其他人物,并不是像在后来那些"样板"作品中的有些人物那样,仅仅是主要英雄人物许云峰、江姐的陪衬,作品中还有一些人物,同样写得很出色,同样熠熠生辉,比如成岗、刘思扬、齐晓轩、老大哥等;还有,即使是许云峰和江姐,其本身的性格虽然不是很丰满,但也不像"样板戏"中的一号英雄人物惯常表现的那样,只有令人敬而远之的大智大勇、无私无畏。他们对同志们的温情,对下一代的关心,在小说中表现得还是比较充分的。

重读《红岩》，我还有一个强烈的感受，那就是作品中表现出了浓郁的工人阶级革命性最强、斗争性最彻底，知识分子和其他家庭出身的人，必须要经历革命斗争的磨炼、血与火的考验，才能成长为真正的革命战士的倾向。小说中所有坚定的革命者不是工人出身，就是军人身份。许云峰由一个普通工人成长为地下党重庆市的工运书记；江姐由童工成长为党的杰出的领导干部；成岗的身份虽是长江兵工厂一个分厂的厂长，但只是以此职务为掩护，实际上是地下党的机关刊物《挺进报》的主要工作人员，同时和工人站在一起与敌人进行巧妙的斗争；白公馆里监狱党组织的特支书记齐晓轩和一旦他牺牲后的继任者老袁是从息烽和上饶集中营转押过来的、经历过战争考验和长期关押的革命者；此外，新四军战士龙光华、游击队老战士丁长发、工人出身的年轻的共产党员余新江在狱中的对敌斗争中，个个机智勇敢、坚毅顽强；而小说中另一个着墨颇多的人物刘思扬，虽然也有坚定的革命信念、勇于牺牲的献身精神，却被写成了一个成长中的人物。作者写他不成熟、好冲动、轻信且受不了委屈，而这一切的根源竟然是因为他出身一个富有的家庭，自己又是个知识分子！与此相应的是，无论是关在渣滓洞还是白公馆里的难友，只要与知识分子沾点边，无论他被关进去时是大学生还是中学生，无论他是参加学生运动被捕的还是被误抓进去的，都得在尖锐复杂的斗争过程中克服幼稚、轻信、爱冲动和受不了委屈的毛病。前者如渣滓洞里的景一清、小宁，后者如白公馆的胡浩。胡浩在集体越狱前因眼睛高度近视没有得到一把狱外送进来的匕首，委屈得不得了，就是作者用来表现自己心目中知识分子固有的毛病的，与写刘思扬的类似毛病的相关内容相互印证，为的是说明这些毛病在知识分子身上普遍存在，而不是个别现象。就连成岗的妹妹成瑶，虽说全家都是革命者，或者说出身革命家庭，因为是重庆大学的学生，也时常表现出知识分子好冲动、激进的毛病。成岗初次和江姐见面，谈到妹妹时，就说她是"任性得很，小资产阶级习气总是改不掉"。江姐则开导他说："资产阶级的学校教育和旧社会的影响，不是短时所能清除的。我们能说自己已经完全无产阶级化了吗？只要好好引导，年轻的一代会在斗争的烈火中逐渐地成长的。"这就是《红岩》表现知识分子出身的革命者的基调。

至今也不明白，为什么人一旦上了学，就被归入"小资产阶级"的行列？而"小资产阶级"或出身非无产阶级家庭的人的革命意志再坚定，在作者的笔下却总也免不了这样那样的缺点和毛病？无论是以前还是现在，《红岩》中的刘思扬都是一个我喜欢的形象，虽然作者给他的一些思想、情感活动和行为加上了这样那样的标签，但正因为有了这些内心活动和看起来不那么成熟的表现的存在，这个人物才更加真实可信、更加有艺术魅力。

刘思扬也是因为叛徒出卖被捕的。他在初次受审时，便和徐鹏飞有过一场关于出身和信仰的辩论，然后又经历了假枪毙的考验，他对信念的坚守，他的意志的坚定，应该在这些情节中已经得到证实。然而，作者为了表现资产阶级家庭出身的知识分子即使投身于革命与工人出身的革命者相比还是有差别的，便写了他在狱中种种思想活动和感情轨迹，以显示向工农出身的同志们学习的重要性和经受更加严峻的考验的必要性。

刘思扬刚被关进渣滓洞的时候,作者一再写他用"迟钝、呆涩的目光","茫然"地扫视高墙内外的环境,写他保持着过分的拘谨,对不熟悉的一切,宁愿缓缓地从旁观察、了解,而不肯贸然和那些他还不了解的人接近。"这就使他虽然生活在众多的战友中间,却有一点陌生与寂寞之感。他自己一时也不明白,这种感受从何而来,是环境变了,必须采取的慎重的态度,还是那知识分子孤僻的思想在作怪?"当他作为狱中难友们的代表,和余新江一道去同猩猩谈判,要求为死难的战友龙光华开追悼会并被拘禁到禁闭室的时候,作者写他的思想活动是"多时以来,他始终感到歉疚,因为自己不像其他战友那样,受过毒刑的考验,他觉得不经刑讯,就不配称为不屈的战士。可是现在,在这尖锐的斗争中,他不仅经受了绝食的考验,而且初次戴上了重镣,他为此自豪,对斗争的结局充满了必胜的信念"。也就是说,他对自己身上的"孤僻"的脾气有清醒的认识,并将这个毛病贴上"知识分子"的标签,他还认为不受重刑就不能称为坚强的战士,为戴上重镣而自豪。如果这只是他自己的认识,我们还可以将其理解为作者是在描写他的单纯、不成熟;不幸的是,这正是作者要表达的思想。否则,就很难理解当敌人对他玩弄假释放的把戏的时候,他舍不得离开,在他心目中"渣滓洞,是黑暗恐怖的魔窟,但是对他,却成了锻炼真金,考验意志的冶炼场";也很难理解老大哥对他说的话:"新的地方,也有我们的同志。不要担心!你已经经历了许多考验,足以克服知识分子的脆弱感情。"真是一种古怪的逻辑:何以孤僻、脆弱等人性的弱点都成了知识分子的专利?!

可笑的是,不仅刘思扬自己认识到自己有这个"知识分子的通病",同志们也认为这些毛病是与知识分子的身份相伴相随的,就连敌人也有着这种看法。刘思扬被假释放后,狡猾的敌人派了个"红旗特务",装扮成地下工作者与他接头,企图从他那里骗取监狱党组织的情况,利用的也是受不得委屈的所谓知识分子缺点(这在小说的第二十一章里写特务分子郑克昌的心理活动时有明确交代)。而刘思扬果然也产生了委屈的情绪。当冒充地下党人的特务"老朱",要他把自己在狱中的情况和表现老老实实地向党汇报,接受组织的审查的时候,他感到委屈和痛苦。然而他又意识到,这种委屈的心情是不健康的。"任何人,能对党的审查怀着这种情绪么?"不能理解。一个人被自己的同志和忠实地履行了成员的义务、严格地执行了它的章程的组织误解、怀疑的时候,为什么不能有委屈的情绪呢?不要说,情绪是很难由理智控制的,就是能够控制,也是正常反应,完全应该被接受的呀?!不知作者当年是出于一种什么样的考虑,在小说中设置了这样一个情节,表达这种被组织上误解和怀疑,只能无条件地接受审查、等待结论,而不应产生任何委屈、不快的情绪的观念。联系到《红岩》创作的年代正在给中国历史上波及面最广的知识分子冤案中的部分受害者"甄别"、"平反"的时代背景,小说是不是用艺术的手法告诉人们即使曾被批判、被打入另类也不该有委屈、不满呢?!

不能被理解,就会有委屈,这是人的天性。刘思扬再次被捕,被关进白公馆,开始处于被考察、等待结论的阶段。他又一次感到了不被信任的痛苦,又一次感到委屈了。或许作者是要借此表达知识分子要想克服自身的缺点,需要经受长期艰苦的磨炼,这是一项艰巨的任务,不能毕其功于一役;而我则宁可认为这是作者在塑造人物形象时的成功之处。刘思扬在《红岩》中是一个真实性程度较高的人物,就是因为作者写出了他在不同的情境中一些恰如其分的正常的心理反应和思想活动,写出了他情感的丰富性。他和未婚妻同时被捕,在狱中,他发现了她的踪影,心中就豁然开朗、身上仿佛增添了力量;他在不被理解信任时孤独、委屈,而得到同志们的信任之后,就有了一种找到家的感觉;他感情丰富、容易激动,常常被同志们的事迹感动得热泪盈眶;他在任何情况下,都保留了他的知识分子的品性,从走进监狱的那一天起,就开始了《铁窗小诗》的创作。……这所有的一切,使他成了一个血肉丰满的人物,让人觉得真实、亲切。他同许云峰、江姐一样,在读者心中留下了深刻的印象。这或许有点超出作者的创作初衷了。

往深层里想一想,《红岩》中工人阶级是革命的领导阶级、知识分子需要在革命的熔炉中改造磨炼的观念表现得已经非常明显了:不仅许云峰、江姐、李敬原等地下党的负责人是工人出身,就连华蓥山根据地的农民武装斗争也需要不断派工人出身的同志去加强领导。这倒是一个十分有意思的值得讨论的问题。且不说,中共党史明确写着中国新民主主义革命的胜利走的是农村包围城市的道路;也不说,当时中国的产业工人力量是多么薄弱、中国共产党之所以能推翻旧政权,靠的也是成功地调动起广大农村地区的千百万革命的力量的历史事实,单就作品中写的知识分子的固有的缺点就值得质疑。毋庸讳言:一般来说,没有走出校门或刚刚走上社会涉世不深的青年学生,由于缺乏经验、对社会对人生没有深刻的体验和认识,显得单纯、幼稚,有一些激进或冲动的表现,是可能的。这确实是需要在长期的斗争、生活实践中去加以克服。但如果认定所有的知识分子都感情脆弱、性格孤僻、敏感而不能受委屈,就是强加于人了。人的性格千差万别,并不根据身份划分类型。脆弱、孤僻不是知识分子的专利,认为它们是知识分子的普遍的毛病,是一种带有明显政治意图的偏见。《红岩》问世几年后出现的那场"横扫一切牛鬼蛇神",大革文化人的"命"的规模宏大的运动便将这种偏见推向了极致。说知识分子出身或非无产阶级家庭出身的人,革命意志往往不如工人农民出身的人坚定,也绝对不是普遍真理。从理论上说,出身豪门富户的人,背叛了自己的阶级投身革命,不是为了争取衣食的富有、也不是为了安逸享乐,因为这些东西他原本就不缺乏;他心中以解放全人类为宗旨的革命目标往往更加明确,他的共产主义信仰也容易更加坚定。《红岩》中余新江曾对刘思扬回忆起小时候和伙伴们到嘉陵江里洗澡,然后到石坝上光着屁股晒太阳,被住在附近别墅里的大老板赶走的情形,动情地说:"以后我们掌握了政权,那时候,我一定要去对那个大肚子资本家说'太阳是我们的!'也许胜利以后,我们要管这样,学那样,忙也忙不过来了。可是不管怎样,我一定抽个空去宣布:'太阳是我们的!'"这样的想法,应该不会出现在刘思扬这样抛弃了优越的生活条件走向革命的人脑海里,不是因为他没有过受有钱人欺负的经历,而是因为他革命的目的不是为了拥有自己本来没有的东西,更不是要"以其人之道,还治其人之身",剥夺那些曾经的剥夺者也应该享有的权利,他的理想是实现共产主义的远大目标,那应该是世界大同的美好前景。希望引用余新江的这段话不至于导致诋毁这个英雄人物的误解,他只是作品中塑造的一个文学形象,应该说,作者的这一笔倒是十分传神、有深度的。我想说的是,革命意志的坚定与否,同出身、身份并没有必然的联系,与追求的目标是否正确、革命的动机是否端正倒是密切相关的。《红岩》中的甫志高起先为了胜利后自己有更多的资本,不顾地下工作的纪律扩大工作范围,叛变后又厚颜无耻地对江姐说:"党给了我什么好处?凭什么要我为你们卖命?"不正表明,动机不纯对革命的危害性吗?一些仅仅以改善自身生活条件、改变自己的社会地位为目的的人,在革命的危急关头,在目标尚未达到就需要自己作出牺牲的时候,往往倒容易动摇、退缩,甚至叛变。这只是从理论上来探讨问题。并不是现实中所有出身富有的人革命意志都坚定,所有出身贫寒的人都一定会中途退缩甚或当叛徒。不过,中共历史上在党内地位最高的叛徒向忠发是工人出身的总书记,而知识分子出身的瞿秋白却面对敌人的枪口谈笑自若、慷慨就义,倒是我们所说的"革命的意志坚定与否,同出身、身份没有必然的联系"的一个有力的证据。

《红岩》中还有一种情感表现得很突出,这就是对永葆红色江山不褪色的关注和红旗能够打多久的忧虑。本文不想引用太多的材料,只想通过小说中几位重要人物的谈话和几个孩子形象的设置,说明这一点。

早在许云峰发现了甫志高违反纪律、擅自扩大工作范围,与李敬原分析这可能给地下工作带来的危险的时候,他就深刻地指出:"这是一次教训,当然,也是一种不可避免的社会现象。十年,二十年以后,这种人还不一定能绝迹!""十年,二十年以后",从小说所写的年代往后推,正是《红岩》的作者创作作品的年代和更晚一些时候,以许云峰对当时革命形势的了解,肯定已清醒地意识到应该是新政权建立以后。到那时候像甫志高这样想通过插足多个领域的工作以扩大自己的地盘,以后好向执政党讨价还价的人还会存在,对新政权的巩固自然是一个潜在的威胁。作品中人物的深谋远虑,反映的是作者的深思熟虑,这是文学理论常识,作者当时为什么会有这样的担忧呢?

再就是江姐和女牢的同志们听到了新中国成立的消息,激动得不能自已,凭着想象,绣了一面五星红旗,同志们希望由她来展开旗帜,宣布光明的到来。作品接着写道:

> 她不禁带着红旗,走向"监狱之花"。人们的目光,一时都亲切地转向热情迸发的江姐和天真可爱的孩子。
>
> 江姐轻轻抱起"监狱之花",把深切的爱意,和那些自己未必能实现的理想,尽情灌注在幼小的花朵上:
>
> "孩子,心爱的孩子!你看红旗,这是你爸爸妈妈留下来的……"江姐连连亲着"监狱之花"的脸,又爱怜地凝视着孩子亮晶晶的眼睛,她似乎觉得幼稚的孩子完全能够听懂她的话:
>
> "孩子啊,快点成长吧!叔叔娘娘们将举着这面红旗,去参加战斗,还要亲手将红旗托付给你。孩子啊,你要记着:当你长大了,当你的孩子也从你的手上接过红旗那天,你要面对红旗回答——你是否为保卫红旗而生,为保卫红旗而战,为保卫红

旗而贡献了问心无愧的一生。"

江姐眼里盈盈地闪动着火热的泪珠。她让孩子的嫩手把红旗抱在胸脯上。又急切地说"孩子,孩子,你听清我的话了吗?我们多想听见你的回答啊!"江姐的脸温存地靠近"监狱之花",又低声嘱咐着:

"不管是狂风暴雨,不管是惊涛骇浪,你们一定要把战斗的旗帜,指向共产主义啊!"

这是《红岩》中写江姐最动情的一段。素来沉稳、冷静的江姐在黎明即将到来的前夜,将高举红旗把共产主义事业进行到底的重托,交给了一个尚听不懂话的婴儿,其中包含了革命先烈对下一代多么殷切的希望,更准确地说,其中蕴涵了作者对共产主义运动前景的多么深切的关注啊!

还有,在渣滓洞集体越狱的生死关头,老大哥面对等待行动命令的每一个战友,说出了自己的心里话:"我们是在和党失去联系的情况下行动的。"他沉着、刚毅的声音表达着多少年来无数战友为之奋斗的希望:"条件是困难的。但我们确信,只要一致努力,美蒋特务的重围是可以突破的。让我们用坚决的行动,实现党的决定。能够胜利脱险的同志们,也请接受战友们的嘱托,代表大家用最坚决的行动,为建设新中国而奋斗,为无产阶级在全世界的最后胜利而献身!"在越狱突围的决斗中,生死考验摆在每一个人的面前,死神可能瞬间降临,老大哥的这番话,尤其是对可能幸运脱险的战友们的嘱托,意味深长。相信读者读到这里,都不会无动于衷。革命先烈为什么在生死大决斗即将开始的时刻,对胜利后的前景还如此关注呢?答案依然在作者的创作意图中。

《红岩》中还写了三个孩子。一个是小萝卜头,一个就是上面提到的诞生在监狱里的烈士的遗孤"监狱之花",另一个则是没有露面、但一再被人提起的江姐的寄养在同志家中的孩子。这三个孩子在作品中的作用的一个重要方面就是寄托革命先烈对下一代的殷切希望。

小说中写了小萝卜头在监狱里形成的是非善恶观念、写他跟着被押的黄以声将军学文化、写他为狱中的难友传递消息、写他放飞撞进监狱里的美丽的小虫、写他对自由的向往、写他画的黎明、也写他的"特务长了翅膀满街抓人"的噩梦,就是这样一个天真可爱的不到十岁的孩子,也没有能逃出敌人的魔爪,惨遭杀害。这一方面固然是为了更加充分地表现敌人凶残的兽性;另一方面,凭借这个孩子的形象也写出前辈对后人的期望。有文为证:小萝卜头将要随着父母被转押到贵州的时候,去与各个牢房的大人告别,成岗由此想了许多。书中写道:"成岗深爱着这个孩子。和孩子的交往里,给他带来了无限宝贵的启示:在牢狱里多年的共产党人,是那样顽强地、机警地抚育着这可爱的下一代。那些把自己的希望、理想和心血完全灌注在孩子心灵里的,是些多么可敬的人啊!他们用最大的热情和意志,永远培养着一个人珍贵的灵魂。"将自己的希望、理想和心血灌注到孩子心灵里,不就是为了孩子能够继承自己的遗志,将自己未竟的事业进行到底吗?!

如果说,作者借小萝卜头的形象主要是为了描写敌人的残忍的本性,那么"监狱之花"的形象则突出地表现了革命先烈对后代的殷切期望。除了上面所谈到的江姐在展开象征光明的五星红旗时,含着热泪对这个还听不懂话的孩子的殷切嘱咐以外,她的降生给整个渣滓洞看守所里的难友们带来的欢乐,全体难友对她的拳拳爱护之心都说明了这一点。"监狱之花"的诞生,是渣滓洞难友们的盛大节日。请看作品中的描写:

……朦胧中,一声尖锐的啼声,惊醒了他,接着又是几声。许云峰渐渐听清楚了,那是从女牢传出来的一阵阵乳婴的啼哭。

"一个新的生命,降生在战斗的环境里!"许云峰从婴儿的啼声中,感到生命的脉搏在跳跃。他翻身起来,提着脚镣上的铁链,走到牢门口,透过夜色,向下望着,心里充满了喜悦。

隔壁牢房的人,也被婴儿的声音惊动了。楼上楼下,人声闹嚷起来。风门边,一阵阵传来充满激情的低语:

"男孩还是女孩?问问楼下!"

"女室回答了。是一朵花!"

眼前,仿佛晃动着一个甜甜的婴孩的笑脸。

"给她取个最光彩的名字。"许云峰心里愉快地想。他对这初生的婴儿的前途,就像对这集中营里战友们的前途一样,满怀着希望和信心。

…………

天边出现了一抹红霞。许云峰迎着曙光,衷心欢畅地凝望着女牢那边,虽然他此刻还看不见那幼小的生命。

许云峰回过头,目光扫视了一下空空的牢房,提着脚镣走向简陋的地铺。他揭起那床带血的破布毯,又回到牢门边,把布毯从风洞里扔下楼去,又带着命令的语气,对守在地坝对面的特务看守员说道:

"把毯子送给女牢,给孩子撕几块尿布。"

说完,许云峰抬起头来,看见最先出去放风的战友们,也正在女牢门口堆放自愿送去的衣物。那些在地坝里散步的人们,脸上闪耀着激动而幸福的光彩。

从上面的描写中,我们可以读出在被死亡的阴影笼罩着的魔窟里,一些随时都有可能被刽子手杀害的钢铁战士对下一代的似水柔情和仁爱之心;也可以从一个婴儿的出生,给他们带来的喜悦、激动、兴奋中,读出他们对生命的不可战胜的礼赞和欣慰。革命烈士夏明翰慷慨豪迈的"砍头不要紧,只要主义真。杀了我一个,自有后来人"的《就义诗》,在这里演绎成先烈们对监狱里诞生的"后来人"的发自内心的疼爱和竭尽所能的关怀。"监狱之花"由人抱着参加了监狱里的龙光华的追悼会和新春大联欢,在长辈们这两次公开的对敌斗争中,她的存在,寓意是十分深刻的。

江姐对"监狱之花"非常疼爱,在即将就义的那一个晚上,刚跨出牢门,听到孩子的哭声,便不由得停住脚步,深情地望着啼哭的孩子,并迎上一步,用脸温存地亲着难友抱过来的"监狱之花"的绯红的双颊。她自己的孩子,小说中只提到了三次。一次是她离开重庆到乡下去参加武装斗争的时候,她在江边等船,心里想着孩子和即将会面的丈夫:"那时候,孩子还没有出世,老彭说,等我们再见那天,全国一定解放了,孩子一定会喊爸爸了!他还嘱咐过:在几亿人口的大国建设共产主义,不是轻而易举的,孩子不要娇生惯养,革命的后代,应该粗茶淡饭,从小过惯艰苦的生活。现在,孩子已经断奶了,他见了照片,一定会喜欢的。"当甫志高问起孩子时,她只是缓慢地点点头,说:"组织上帮我作了安排,我只担心同志们太溺爱孩子,对他过于娇惯了。"第二次,是江姐在狱中受了重刑,昏迷不醒,同志们都很焦急,同室的难友李青竹向大家讲述江姐的革命经历时提到:"孩子由同志抚养,长大了一定会继承我们的事业。"还有一次是李敬原与双枪老太婆商讨营救狱中战友的方案的时候,老太婆忽然问道:"江姐和老彭的孩子快三岁了,谁在抚养?"李敬原说:"成岗的妈妈。我上周还见着孩子的,长得真逗人爱。"这些地方,都没有表现出江姐对自己孩子的疼爱和眷念。我想,作者正是要通过江姐愉快地服从组织的安排,离开幼小的孩子到乡下去开展武装斗争,真心地希望孩子能在艰苦的环境里成长为革命的接班人和她对"监狱之花"的柔情,表现革命者舍小家为大家的崇高品质。"监狱之花"的父母、江姐夫妇虽然牺牲了,他们的孩子却得到了同志们的悉心抚养,这不仅是出自于战友之间、同志之间的情谊,更主要的是培养革命的接班人本身就是革命的一项重要任务。

因此,小萝卜头、"监狱之花"和江姐的孩子在《红岩》中是可以被当成"革命的后来人"的符号来理解的。联系前文提到的许云峰关于"十年、二十年以后"还有可能存在的某种社会现象的谈话、老大哥在越狱行动之前对可能活着冲出魔窟的战友的嘱托、特别是江姐手捧红旗对"监狱之花"语重心长的嘱咐,作者在小说中表达的:红旗能够打多久、如何确保红色江山永不变色的忧患意识是非常明显的。作品通过孩子的形象和革命先烈的嘱托,反复提醒读者:要在艰苦的环境中经受磨炼,把自己锻炼成合格的无产阶级可靠的接班人;要继承先烈的遗志,将共产主义事业进行到底。一部表现新旧政权交替时期敌我双方尖锐、复杂、激烈的生死大搏斗的作品,为什么会反复强调胜利以后要让红旗永远飘扬、幸存者和后来者要沿着先烈开创的道路永远走下去、将革命进行到底呢?只要回顾一下《红岩》创作的年代,国际共产主义运动出现了分歧,东欧的一些国家纷纷脱离苏联"老大哥"以家长自居的"社会主义大家庭",国内"反修防修"的呼声也一浪高过一浪的时代背景,这个问题就不难理解了。任何作品所描写的故事中,都有作者的影子,这不是说,作者一定是作品中某一个人物的原型,而是说,作品借人物、事件表达的思想感情的源头正在作者的心里,而作者心里的所思所想,与他所处的时代又有着不可分割的联系。这已经属于创作理论方面的问题了。

(何懿)

注释:
文中引文均引自中国青年出版社1961年版罗广斌、杨益言著《红岩》。

小说短论一组

"穿越"类题材小说论

"穿越"类题材小说是当前网络小说的一个代表性品种,其在青少年读者中拥有广泛影响,值得专门加以讨论。

一、网络小说中的"穿越"现象与阅读热[①]

1. 网络小说中的"穿越"现象

"穿越"类题材的网络小说被称为"穿越文",主要写小说中主人公穿越时空,在另一个时代生活,发生了一系列故事,湖南卫视热播的《步步惊心》根据同名小说改编,其小说版便属于此类。2000年以来,穿越文在各大文学网站上崭露头角,经读者追捧及网络和后来的出版公司运作而迅速走红,2006至2007年形成"穿越年"。2006年至今,它代替玄幻、历史、盗墓、仙侠类小说,坐上流行网络小说头把交椅,形成令人注目的"穿越"现象。起点中文网创始人宝剑锋表示,如今的网络小说,"穿越"题材牢牢地占据半壁江山。用现在"时尚"的话,不知道穿越文的人,已经"out"了。2011年初,以《宫锁心玉》、《步步惊心》等为代表的"穿越文"向影视圈进军。首部港台内地联手打造的清朝穿越剧("清穿")《宫锁心玉》,取得了同时段全国收视率第一的好成绩,《步步惊心》也有很好收视效果,接着《宫》、《步》的热播及即将上马的一大批穿越题材影视作品,让曾经红极一时的"穿越文"再度受到人们的瞩目。

2. "穿越"热来龙去脉

"穿越"热的起端大约受到穿越题材影视作品的触发。20世纪末到21世纪初,一大批穿越题材的影视作品喷涌而出。代表作如《大话西游》(1995年)、《触不到的恋人》(2000年,韩国)、《寻秦记》(2001年,黄易同名小说改编)、《穿越时光的爱恋》(2002年)、《神话》(2005年)……在相对集中的时间段内,大量具备"穿越"这一共同要素的影视作品的出现,成为网络小说中"穿越热"出现的前奏。

在运作穿越小说、推动"穿越"热形成的网站中,晋江原创网(http://www.jjwxc.

net)值得一提,网友戏称"百年难得一见,晋江天天见",可形容晋江原创网为"穿越"热推波助澜之功。2003年8月1日开始连载的泫月汐的《北风》是晋江原创网中完结了的穿越文中最早的一篇,截止2011年6月30日,已完成了的穿越小说就有50347部之多,如若加上那些"万年坑"(指作者已经没有继续创作该文的欲望,或该文已经写不下去了,作者索性放手不管的文章的统称),这个数字已接近160000,且每年新开文章的数量都较前一年呈几何数字增长。拿已完结的作品为例,2003年共有72篇文章,2004年则增加到204篇,2005年文章数量已达到了438篇,而到了2011年,单6月新开的穿越文数量已达到3601篇。从晋江原创网的这些数字可见,穿越题材日益受到认可。穿越文全盛初期的作品,如金子的《梦回大清》、桐华的《步步惊心》、晚晴风景的《瑶华》等,点击率过百万,它们为开创"穿越王朝"奠定了坚实的读者基础。

网站和出版社合作,把"穿越"热推向顶点,并从网络推向更广泛读者群。2006年1月,一个叫"悦读纪"的出版公司正式挂牌营业并在第一时间推出了开山之作——《梦回大清》,扛起"穿越时代"的大旗。《梦回大清》销量迄今已突破50万册,并仍在持续热销中;在百度"十大畅销书"风云榜中,曾创造连续1016天上榜的记录;在当当、卓越两个网上书店的销量均过万册;不仅成功输出版权到中国台湾、越南等地,还被改编为广播剧,同名电视剧有望播出。"悦读纪"凭借《梦回大清》一炮打响,并成功运作了"国内首个女性专业出版品牌"这一营销概念,奠定了其在女性阅读市场上的绝对权威与影响力。

2007年,腾讯网联合作家出版社、龙门书局、朝华出版社、花山文艺出版社、21世纪出版社、晋江原创网、红袖添香文学网、17k文学、九界文学网等五大出版社和四大文学网站,通过100万读者投票,评选出了"2007四大穿越奇书"——《木槿花西月锦绣》、《鸾:我的前半生,我的后半生》、《迷途》、《末世朱颜》。作家出版社随即以12%的版税,各10万册的首印量高调宣布签约。2006至2007年间,网络穿越文《步步惊心》、《瑶华》、《蔓蔓青萝》、《独步天下》、《第一皇妃》等次第出版,且本本畅销。"逢穿必看,逢穿必火"的现象,使得媒体干脆将2006、2007年称为"穿越年"。这是穿越文鼎盛时期。

近几年,"穿越文"风采依旧,除了在各大网站火热连载外,每年都有数十部从网文变为纸版。号称"全球最大女性文学基地"的晋江原创网不仅开辟了穿越文专栏,更是联合了内地和港台多家出版公司,设立"记忆坊"、"彩虹堂"专区,专门向传统出版提供优秀的穿越小说作品选题。

穿越文的作者主要是80、90后的女性写手,它的读者层次则较为广泛,其中以青少年为主,所以穿越文学又被出版界归为"青春文学"。在这个巨大的青春群体中酝酿形成的"穿越"热还能兴多久,会不会随着影视改编再攀2006、2007年那样的高点,现在还不好说。但作为一个拥有读者数量以百万单位计算的小说品种,它对青少年读者的影响,不能不引起我们高度关注。

二、穿越文故事的编排

从已经出版的穿越小说看,"穿越"已不仅是这类小说的构成要素,而且已具有较为显著的文体意义,其故事的编排、叙述的格式、异时空情调、抒情气质、性灵文字等等,具有某些可以辨认的统一性,构成穿越文的文体标志。我们以桐华的《步步惊心》、锦瑟的《两世花》、Vivibear 的《寻找前世之旅》为例,侧重讨论穿越文的故事编排问题。

穿越文最明显的标志无疑在故事的穿越性上,即故事的叙述穿越了时间的障壁,以同一个人在异时空的经历为主线。所有穿越故事,都是从我们日常生活的时空出发,在与日常生活差异很大的时间和空间中展开,最后回到并收束于日常生活的时空世界。在这个叙述格局中,穿越机制的安排是必不可少的,并且是整个穿越文叙述的枢纽。穿越文常常在开端作出这样的设计。

《步步惊心》是"清穿",主人公从现在穿越到清代,小说开头写道:

> 已是在古代的第十个日子,可我还是觉得这是一场梦,只等我醒来就在现代社会,而不是在康熙四十三年;仍然是芳龄二十五的单身白领张晓,而不是这个才十三岁的满族少女马尔泰·若曦。
>
> 十天前,我下班后,过马路时没有注意来往车辆,听到人群的尖叫声时,已经晚了,感觉自己向天空飞去,却看到另一半身体仍挂在卡车上,恐惧痛苦中失去了意识,等醒时已经在这具身体前主人的床上了。
>
> 据丫鬟说,我从阁楼的楼梯上摔了下来,然后昏迷了一天一夜,而对于我醒后一切都忘记了的"病情",大夫说是惊吓过度,好好调养,慢慢就能恢复。②

"芳龄二十五的单身白领张晓"被卡车撞死了,一点魂灵,缥缥缈缈,进入康熙四十三年满族少女马尔泰·若曦的身体,这一年,十三岁的若曦在楼梯上摔死,她的身体借张晓的魂灵复活。小说写的是这个满族少女的身体经历和白领张晓的灵魂经历,从张晓这边说,已是"再世为人"。

锦瑟的《两世花》则穿越到"三国",其穿越机制是另一种设计。小说是这样开头的:

> 我一直认为,生活在这个时代是一件很不幸的事。
>
> 人们大都虚伪、功利、彷徨而自以为是。在我活在这个时代的二十年以来,没有出现过任何让我感动的歌、让我背诵的诗、让我爱的人。
>
> 父亲总说我生错了时代。他说我应该生在一千年前,甚至更早的时代,每天拨弄着瑶琴,在家中安静地写词。③

"我"在八岁那年看了一本有插图的关于三国的书,偶尔翻开一页,看到三国时陆逊的图像,"我突然意识到这就是我要找的爱人",从此念念不忘。十九岁的时候,"我"蹈海自杀,未遂,在众人的逼问下说不出自杀的理由,结果被送进精神病院。到二十岁生日的晚上,一位美丽的会算命的女子来找"我",她送"我"一枚暗红色的玉,当玉挂上"我"胸口的时候,"我"的身体变得透明,并渐渐消失,"我"穿越到三国时代。而她,则变成了"我",从精神病院走出。

这个设计比《步步惊心》要复杂。"我"是整体穿越到三国,带着"我"在这个时代二十年的记忆,在三国时代,"我"永远是二十岁。那个"美丽的会算命的女子"则是从三国来的,她穿着"我"的身体继续生活在现在。小说对她/"我"二十岁以后的生活未作展开,但在三国时代,"我"遭遇到这个女子,见证了她从生到死的过程,并彼此见证了各自对陆逊的情爱。到穿越经历结束,"我"把玉挂在她的胸口,结果,她的身体变得透明,并渐渐消失,"我"穿上她的身体死去。

从题目上说,"两世花"有"一生两世"的意味,二十岁是分界点。"我"与她在开头和结尾合而为一,象征着两个时代的生活在一人身上展开,具体到三国时代,"我"与她不同的情爱形式,也象征着情爱选择的两种不同的可能。有关玉的设计,则借鉴于《红楼梦》。"一生两世"与"再世为人",具体机制虽不同,同一个人的穿越构架则是一致的。

再看看《寻找前世之旅》。这是一部篇幅浩大的长篇,共十五卷八十万字,2007年初版,2011年5月江苏文艺出版社再版。与前两书不同的是,这部书写的是反复穿越,主人公的穿越经历又兼玄幻色彩。小说把穿越当作一门生意来写,讲杭州有一家茶馆,名叫"前世今生",专门解现在的人"无可奈何、难以化解的宿命"。它相信"欲知前生事,今生所受事",现在的人的宿命,都有前世之因,如果种下这个因,那么无论经过多少个轮回,都摆不脱应定的结果。走出宿命的方法只有一个:穿越到种下因的那一世,找出宿命的根源,改变它。茶馆就做这个生意。

茶馆的主人掌握一套穿越的装置和技巧,并培养出两个可自由穿越的徒弟。比如,徒弟带上一串水晶手链,就可以穿越到前世,依靠这串手链,即使在前世,也能与今世的师父联络,得到指点和帮助;师父对着徒弟念诵咒语,可把徒弟送到任何需要去的前世,并在完成任务后把徒弟带回来。等等。小说还特别说道,穿越人不能与历史中的任何人物有任何感情纠葛,"这只是一桩生意,不要投入自己半点感情"。否则,穿越人就永远回不来了。

《寻找前世之旅》把穿越当作专门的技术来处理,并设计感情禁忌,这样一来,穿越就具有更大的自由度,穿越本身也具有相对独立的形式意义。另一方面,委托人的前世之因多为孽情,在解除冤孽、完成任务的过程中,穿越人完全不带感情,其实很难做到。一者,穿越人见证委托人前世的情爱,心中不能不起感情的波澜;二者,解除冤孽,需要穿越人实际地参与到委托人前世的情爱生活中,作为其中的一方,这使穿越人不能不有感情投入;三者,更重要的是,解除冤孽是为情爱寻找更加理想的出路,这个过程是情爱体验并为情爱寻找新的方向和可能性的过程,经历这个过程的是穿越人,所以,整个穿越故事,实质上仍然是穿越人的情爱故事。由于有感情禁忌,《寻找前世之旅》的情爱叙述自觉地在有情和无情的矛盾中展开,这是它与通行穿越文的不同,但从穿越设计与情爱书写的关系上,它与前两书及通行穿越文又是一致的。

《寻找前世之旅》第一卷"秦国咸阳"。一位叫柳颜的大学女生,被魂灵附身,魂灵每晚都进入她的梦里,说是她的前世情人,柳颜不想伤害他,又想改变这种状况,就委托茶馆的人为她解除夙怨。师父在柳颜身上唤出魂灵,发现柳颜遭遇的是"三世情劫"。往前追溯到两千多年前,秦国的将军李信与太卜之女茗颜相爱,私订终身,李信的弟弟却趁哥哥出征在外,奸污了茗颜,李信归来,茗颜已自尽,他悲愤难抑,杀死了弟弟,自刎于爱人坟前。这是第一世,是柳、颜情劫之始。第二世,李信脱胎为汉将军霍去病,茗颜脱胎为李广的小女儿,两人互有情意,又没有好好珍惜,自李信的化身霍去病杀死李广的儿子李敢,茗颜的化身就带着恨意离开他,匆忙嫁人。后霍去病病死,未解开的情劫被带到第三世。第三世已到一千多年前,李信/霍去病未了的魂灵转世为辽国皇帝耶律阿保机,茗颜/李广的小女儿的魂灵则转世为辽皇手下韩延徽之女韩燕,两人一见钟情,但在韩燕入宫前一天,她及全家被强盗杀害,持续千年的情意再留缺憾。到柳颜魂灵附身,这爱的魂灵已等了一千多年,因为柳颜就是茗颜/李广的小女儿/韩燕的化身。师父接受柳颜的委托,派"我"穿越到秦国,在情劫发生的源头处阻止李信的弟弟对茗颜非礼。"我"克服重重困难,圆满完成任务,彻底解除了李信魂灵/爱的魂灵的冤抑,使它从柳颜身上离开,也为柳颜开启了寻找现实之爱的旅程。小说在这个故事结束处借师父的口说道:"如果有缘,你们终有一天会再相遇的,不管容颜怎样改变,你们一定会再一次——认出彼此。"这仿佛是说两个魂灵在现实生活中会重新开始再一次现实的相爱,并拥有美满的结局。这个设计,道出穿越的意义所在,使穿越故事获得自足性,并具有理想色彩。

好的穿越文,其故事叙述应该具有自足性,即穿越机制的设计与故事的逻辑能够相互协调,小说在整体上能够自圆其说。其意思是,假如穿越机制存在,则由此发生的一切是可能的。这个机制包含如下几个要点:

1. 灵肉二分,灵魂主宰、支持或选择肉体,并且灵魂不灭。这是穿越文的基本预设,亦是其存在的前提。有形质的肉体受困于时空的限制,无形质的灵魂则可以从一个时空自由进入另一个时空,在这个过程中,穿越人可能仍留有原来时空中的身体印记,但他必须为适应穿越后的时空作出身体上的改变,如服饰、体态、言语等,在这个意义上,他的肉体实际上已与原来时空中的肉体不同。此外,作为故事叙述人,灵魂在肉体损毁后的继续存在,保证了叙述的完整性。

2. 灵魂保有在不同时空的生命记忆,并努力恢复自身。这是穿越文戏剧性的来源,亦是它区别于历史小说的主要支点。穿越文关于异时空的叙述,是在两个时空的碰撞中展开的,其叙述时空是多维而非单质的,这是穿越文作为文体呈现的最显著的特征,某种意义上,可被视为穿越文在叙述艺术上的突破和创新。没有这个特征,穿越文就混同于各种形式的历史小说了。

3. 穿越源于现世生活中的情感难题,穿越的动力是情感需要。情感问题在异时空中改换面目,以理想的方式演绎,这是穿越文的内核。两个时空的经验共存于同一个灵魂中,也使灵魂得以从容、仔细、深入地体验情感,获得问题解决的启示。穿越文的质量取决于情感体验的深度和广度,取决于情感体悟和情感书写的智慧,在这个意义上,穿越文其实接上了我国小说的诗性传统。在不同的穿越文中,作为穿越动力的情感问题,其表现形式不同,小说因此呈现不同的体式。比如,从《步步惊心》的穿越,看不到具体的情感需要,小说与清宫戏及相关历史小说有重合处,到《两世花》,现世的情感难题成为与主人公的生死攸关的问题,小说的主观性与抒情性压倒历史叙述,到《寻找前世之旅》,"深重"的情感苦难已经彻底摧毁了历史叙述的秩序。以情感书写为中心,使穿越文带上"青春文学"的标签。

4. 穿越有往复,往复须连贯,这是关于穿越机制与故事逻辑相协调的问题。带着问题的穿越如何顺利返回,返回后又如何接续现世的生活,这是穿越文写作的难关。网上很多穿越文写不下去,已经完结的穿越文不能成文,技术上的原因多出于此。所谓穿越机制与故事逻辑的相互协调,指写手们对穿越机制与故事发展的通贯考虑、合理安排,使穿越机制所提供的可能性转化为故事发展的可能性、情感变迁的可能性,也就是使故事发展和情感变迁获得可理解性。这是穿越文能够成立并得到认可的基本条件。

穿越机制的四个要点拆开来看,都有渊源,并非穿越文首创,但是,把四者组合成穿越故事的生产平台,源源不断地推出适应今天青少年精神需要的穿越文,形成网络小说的穿越热,这却是我们这个时代的创造。在这个创造的背后,隐含着某种共通的时代情绪,这是需要我们深入理解和把握的。

三、穿越文的阅读趣味

对普通读者来说,他们受到穿越文的吸引,主要还在于穿越文叙述的内容与他们心心相通。实际上,网络小说的写作包括穿越文的写作已不同于传统写作方式,它不是写手独立完成的,而是写手与读者通过网络平台,通过点击、跟帖、灌水的方式共同讨论、商议、争辩、对话、交流的结果,是特殊形式的集体创作。传统写作中也有作者和读者的对话,不过这个对话主要发生在作者的心理世界,是作者与心目中理想读者的对话,它受到作者思想与感性经验的限制。在网络小说写作中,这个对话展开在网络公共空间,读者具有与作者不同的思想与感性经验,并且是现实的讨论对象,他们从与作者不同的方面提出意见和建议,参与写作进程。这是真正意义上"众声喧哗"式讨论,网络小说则是这个讨论的成果。由此可以明了,网络小说为什么能赢得读者,因为在某种意义上,这也是他们自己的作品。穿越文生成于这种互动的网络语境中,凝聚着网络大众的经历、体验、认知与思考,反映着网络大众的心情、意绪与需要,这是它的阅读趣味之所在。

1. 虚拟与想象

从穿越机制上生长出一个叙述空间,它不存在于历史中,也不存在于现世,而是存在于二者之间的一个虚拟空间。穿越文叙述可以用一句话概括:假如我现在生活在清代(三国、秦代……),会是什么情况?这显然是个饶有趣味的问题,穿越文的趣味,首先表现在这个虚拟空间的设置上。

《步步惊心》把穿越的目的地设置在康熙年间的皇亲之家及从康熙到雍正皇权更替这一段时期,穿越人的身份是康熙第八子妻妹,她所要经历的是九子夺嫡这样一个众说纷纭的历史事件。史书对此事件讳莫如深,民间传说上却非常热闹。作者面临的任务是，以被限定的身份，从事件发生的现场，叙述这个过程，并作出自己的解释。历史的结局不容更改，叙述人又必须有确定的身份，在这两者之间，如何演绎出一段出入历史与传说，并带有叙述人个人印记的故事，这是对想象力及想象的合理性的考验。

《步步惊心》的处理方式是，把"我"设计为矛盾的汇聚点和事件的中心，在不改变历史结局的前提下，把皇权争夺者对"我"的取舍作为驱动人物行动的动力，把"我"与皇子甚至皇帝之间的情感纠葛作为主要叙述面。书中说道："到底是因为我，历史才如此，还是因为历史如此，才有我的事情呢？"④从前者说，"我"的存在就是对历史的解释；从后者说，"我"的命运乃是历史的后果。小说在这个夹缝中写历史与"我"的故事，其书写主题可归为一个古老的命题——"阴谋与爱情"。

以其中一个章节为例。康熙朝太子几度废立，按小说叙述，最后的也是最关键的一次乃与"我"有关。先是太子要娶"我"，求康熙赐婚。太子的身份、地位显赫，一言既出，康熙也大费踌躇，这个消息对"我"却如晴天霹雳。爱"我"的人有八阿哥、四阿哥，喜欢"我"的人有十阿哥、十三阿哥、十四阿哥，为阻止此事，争夺皇权的两个阿哥老八和老四结成统一战线，并以他们为核心，联合阿哥们及各自政治势力，紧急启动弹劾太子的程序。弹劾最终奏效，太子坐实援结朋党、篡谋皇位的罪名，被康熙拘禁。扳倒太子本来也是老八和老四的政治目标，小说告诉我们，在这个事件背后，起决定性作用的原来却是儿女情事。

《两世花》的处理与此相似。陆逊是周瑜之后东吴政权的柱石，在刘备举全国之兵攻打吴国为关羽和张飞报仇时，陆逊是抗击蜀军的大都督，他在大兵压境之时，从容不迫，一把大火烧得蜀军丢盔弃甲，刘备仓皇逃至白帝城，一命呜呼。小说在东吴政治风云和陆逊生死沉浮中，加入"我"的故事。"我"是孙权之妻，陆逊的情人，同时又周旋于魏、蜀、吴之间，得到诸葛亮、司马懿、曹操的欣赏。在三国尤其是东吴诸多政治事件中，"我"扮演着其中具有决定性意义的角色，这一切又以"我"对孙权、陆逊的情事为取舍。小说最后写到孙权对陆逊的猜忌，写到白衣将军陆逊之死，其原因盖出于二人对"我"的迷恋。"我"成为故事的中心，也仿佛是历史的中心。

穿越文以穿越的方式敲开历史坚硬的外壳，想象"我"的存在，虚拟"我"的故事，书写"我"的传奇，这种以自我为中心及把自我神话化的写法，所塑造的是披着历史外衣的现代人形象，它的启示与它的问题一样明显。

2. 生活故事与戏剧性

生动亲切的生活故事帮助穿越文扩散到网络人群和青少年中，"我"所未曾丧失的现代人灵魂搅动历史场景，则使生活故事充满戏剧性。这是穿越文趣味的又一个来源。

《步步惊心》中有一个场景，写"我"在皇宫当值，服侍康熙茶水。有一天晚上，康熙批阅奏折至深夜：

> 我当时也是新鲜，一面想着这千古明君果然不是好做的，一面偷偷打量康熙。毕竟已经过五十的人了，再加上几日连着熬夜，早上又要早早起来上朝，脸上颇透

着疲惫憔悴。也不知当时鬼迷了心窍,还是怎地,我一下子眼眶有些酸,想到以前也常常看到带高三毕业班的父亲深夜仍在灯下备课批改作业的情景。有时候母亲急了,常常直接把台灯关了,硬逼着父亲上床,康熙只怕绝对没有这样的妻子。

想着想着,也不知道怎么回事,脑袋一昏,居然张嘴说:"好晚了,先休息吧。要不然累坏了,更耽误事。"话刚出口,沉寂的屋里,人人都脸带震惊地盯着我看,一下子浮动着惊怕恐惧的气氛。

我也立即反应过来,闯大祸了! 忙跪倒在地上。⑤

把现代的生活插入古代的场景描写中,这是穿越文特有的景观。

《两世花》写关羽、张飞死后,刘备要"御驾亲征",伐吴报仇,"我"劝刘备罢兵,说:"皇叔何必如此执迷? 将军马上死。关张二位将军所杀之人不可胜数,却唯独他们不能被杀? 出来混,总是要还的。"⑥

穿越文在场景调度和人物语言设计上,几乎没有顾忌。其极端情形,是不避讳写手从影视上获得的对历史的认知。如《两世花》写"我"初见诸葛亮:

从驿馆处走出一行人。而当中的青年,穿着浅青色的衫子,高瘦的身躯如同风中的松,而一双细长的眼睛分外有神。他很面熟,我肯定见过他的样子。而他是,他是——

"那不是唐国强吗?"我脱口而出。

声音在萧瑟的街上显得特别响亮。他听见了我的声音,便转过头来有些惊讶地看着我。而身旁的小兵红了脸,有些尴尬地对我说:

"那是诸葛亮先生。"

我恍然大悟,然后像发现新大陆一般激动起来。太像了,真的太像了,如果还能回去那个时代,我一定要亲手写封表扬信寄给央视。⑦

《步步惊心》中,"我"移情别恋四阿哥,关心他的政治命运,把"我"从电视剧《雍正王朝》中获得的信息提前泄露给他,劝他留意身边的人。有一次在御花园中与四阿哥相遇:

(四阿哥问:)"你前次说的话是什么意思? 隆科多、年羹尧、李卫,我隐约明白。可邬思道、田镜文,我就不懂了。"

我琢磨了下,试探地问:"四王爷身边可有一位腿不方便,叫邬思道的幕僚?"

他干脆地回道:"没有。"

我的第一反应就是,我被电视剧《雍正王朝》涮(shua)了! 正在发怔,他又说:"朝中并没有田镜文此人,不过倒是有个叫田文镜的。"

我忙说:"那就是田文镜,我记错了。"

他眼带困惑,微笑着问:"这些不搭边的人和事,都从何说起?"

我愣了一会儿,说:"反正你多留意着就成了,从何说起,我现在也不知道从何说起。"说完赶忙告退。

他静了一下,轻声说:"去吧。"

我一面往回走,一面大骂编剧和自己,胡编乱造、不负责任!烂记性,名字都会记错![8]

这些场景令人哭笑不得,按历史书或者历史小说的标准,是极其无知的表现,但穿越文却是有意为之,以此营造穿越效果,塑造"我"的形象。这从一个方面反映了穿越文写作的时代语境及被影视作品所左右的历史镜像——一种非历史的历史性视野。

3. 哀情

穿越文最质实的内容应该在情感真实上,它的深长趣味来源于此。大部分穿越文写的是哀情,有传统"以悲为乐"的意味。或许,唯有失去才知道珍惜,唯在终结之时才看到完整的轮廓。哀情书写,拨动和回响着时代心音,也映现着时代的希冀。

《寻找前世之旅》中,"我"解开了柳颜的三世情劫,回到现世,满心欢喜地告诉柳颜,阿保机不会再带她走,那个叫"忆"的魂灵回到他该去的地方。

"出乎我的意料,她不喜反悲,道:'我不管什么三世情劫,我只知道阿保机不在我身边的日子,即使只有短短的两天,我就快崩溃了,我想他,我想见他!'"

在师父唤出的魂灵面前,柳颜倾诉道:"忆,我想你,这两天你不在我身边,我很寂寞,真的很寂寞,我真的很想你,我不管你是不是灵,也不管什么三世情劫,别离开我……"[9]

现代人的"寂寞"是真实的,悲哀是真实的,荒诞的穿越故事因此具有某种真实性。

《两世花》文字充溢着浓重的悲哀情调,一是有关历史人物的政治悲情,如周瑜在孙权的猜忌中死去,鲁肃因坚持联刘抗曹,抗颜孙权而受到冷遇,在孤独中死去,此外如诸葛瑾的死、陆逊的死等等,二是情爱的曲折、艰难和无望的悲哀,如孙尚香之爱甘宁,茹之爱周瑜,"我"之爱陆逊。小说的主线自然是"我"与陆逊的情爱,两人之间隔着孙权和茹,虽彼此牵挂、情深意长,却只能自我作茧,各自煎熬。小说结尾,"我"在死前,与茹有一场关于来世的对话:

"茹,没有来世。"我平静地说。

"有的,会有来世的",她坚持着,"我们会在来世相见"。

"有我也不要",我低声说,"我不如你,虽然也会幸福,但总觉得活着还是苦难多。我宁愿不要来世"。

"不是你所说的那样的,来世没有苦难,没有悲伤,来世是一个很好很好的地方,是一个有永恒的非常平静的地方……"[10]

在任何时候,对苦难的诉说都不是为了苦难本身,对悲哀的倾诉也不是为了无可挽回的过往。《两世花》在哀情的书写中,隐含着希冀的底色。联系到这篇小说的开头,作者说道:"在我活在这个时代的二十年以来,没有出现过任何让我感动的歌、让我背诵的诗、让我爱的人。""我"的穿越之旅,是一次寻爱之旅,爱情的面目,却又只能按照我们这个时代的式样描摹,难道说,我们这个时代的情爱,已经到了需要用悲哀的调子书写希望的时候?"我"与陆逊的非正常爱恋,难道已经成为我们这个时代情爱存在的仅有的形式?《两世花》的故事,确实令人感慨。

《步步惊心》的正式出版在2006年,5年后即2011年再版,经由网络热,后成畅销书和常销书,它的魅力很大程度上来自哀情书写。"我"与雍正的爱恋,受到政治的残酷播弄,最后成阴阳两隔的生死恋,八阿哥、十阿哥、十三阿哥、十四阿哥,在政治的威压下一个个黯然魂销,其中最动人的还是他们对"我"的痴恋和不舍。爱情战胜阴谋,然而挽救不了自己。小说用这种方式解释雍正登基后对兄弟们的酷烈打压。小说最后一章,雍正皇帝胤禛得知若曦死讯,来到若曦贬谪地,此时,若曦骨灰被装在一个瓷罐里:

> 胤禛盯着若曦牌位,伸手去拿瓷罐,触手时的冰冷,让他立即又缩回了手,痛何如哉?半晌后才强抑着颤抖,轻轻抚摸着瓷罐,心头的那滴眼泪一点点荡开,啃噬着心,不觉得疼痛,只知道从此后,心不再完整,中间一片空了。①

这样的文字,即使不放在穿越文中,也是有力量的。对小说来说,形式的改变固然重要,情感的真诚才是小说感染力的真正保障。网络大众和读者对《步步惊心》的选择,本质上来自于对真诚情感的认同。从这个意义上说,好的穿越小说,以不同于传统小说的形式,在网络时代延续着文学的精神。

四、穿越文的评价

穿越热作为一种网络现象和文学现象,不容漠视,然而也不能给予无条件支持。这里,我们仅从时间意识方面作出简要评价,并提出阅读指导问题。

小说是一种时间的艺术,穿越文敏锐地捕捉到我们这个时代的时间意识,这个时间意识的核心就是没有时间。我们知道,物理世界对时间的度量必须有个尺度,这个尺度就是光速,真空环境下,光在一秒钟行进的速度是三十万公里,这是可见世界的极速,时间的长短,乃从这里取得最终的依据。我们身体变化的速度,细胞分裂和衰老的速度,远远低于光速,它们从与光速的比较中取得绝对的衡量标准,另一方面,身体的变化又在相互比较中呈现的,从这里产生出适应于身体变化的相对时间,比如新生儿-幼儿-童年-少年-青年-中年-老年,相对时间通过绝对时间得到标识。物理学家说道,如果我们衡量时间的速度足够快,我们就能与我们的童年相遇。这是物理世界的时间状况。还有另外一种时间意识,这就是我们生命体验的时间。在这个世界,对时间的度量取决于我们的生命记忆,其中必须有个起点,也就是参照系。我们得知道生命从什么地方开始,才能知道生命在如何行进,也才能展望出生命的前景。这个时间起点、生命起点的问题,也就是我们从哪里来,我们向何处去的问题。对这个问题的回答,是文学的任务,在今天,是小说的任务。穿越文的问题,我们这个时代的问题,首先表现在这里。

说穿越文的时间意识其实是没有时间,包含两方面意思。第一,在现世生活的层面,我们已经找不到生命的起点,因此才有"穿越"的需要。在我们生活的这个世界,支配性力量是技术与市场。所有的存在物,包括人本身,都在被资源化,也就是市场化;所有的资源,也都在通过技术的支持,争取自己的市场地位。在这样的世界图景中,没有人的位置,没有生命的位置。比如说,贺知章有首诗:"少小离家老大回,乡音无改鬓毛衰。儿童相见不相识,笑问客从何处来。"这首诗在今天写不出来了。为什么呢?"少小离家老大回",家还在,所以能回,今天,我们"离家"之家在哪里?土地被开发,老屋被拆迁,生命开始的这个地方,建起了工厂、住宅区、旅游景点、公园,人流如织的"家"中,充斥的是普通话,是南南北北的杂音,"乡音"在哪里?家如果不在,"离家"从何说起?来处如果不明,"从何处来"又从何说起?衡量生命时间的起点沦陷了,生命的时间也就无从说起了。这种状况弥散在我们生活的所有领域,因为从整体上说,我们现在所能得到的一切,都是由技术和市场提供的,我们生活的这个世界,正在被技术和市场的力量按照它们的需要打散、编排。当生命的记忆失去现实的依托,我们所有的人,都无家可归了。所以,在今天,当我们吟起李白的《静夜思》:"床前明月光,疑是地上霜。举头望明月,低头思故乡。"心中涌起的,不是对家的思念,而是失家的空茫与悲凉。穿越文所面对的,正是这样的世界。

第二,在人文历史的世界,同样找不到生命的起点。我们从《红楼梦》看到,时间从女娲补天开始。天崩地裂,女娲炼五色石补天,重理天地秩序。这个世界的起点在哪里,根在哪里?"青埂峰"遗石道明这一点,根为情根,遗石则为女娲的化身。《红楼梦》这部大书,因此贯注天地精神。我们从《西游记》看到,一块石头,天生地育千万年,霹雳一声,从中蹦出一个石胎,随风而长,化为石猴,目射两道金光,直冲斗牛,惊动玉皇大帝。这是《西游记》时间的起点。我们从《水浒传》看到,洪太尉揭开那块石头,天罡地煞顿时奔涌而出,这是天覆地载的叱咤之气,是《水浒传》时间的起点。今天,这人文历史世界,与我们的"家"一起沦陷了。我们什么时候与天地亲近过?我们什么时候,与花草树木建立起生命的联系?高楼在裁剪天空,围墙在分割大地,我们从小学、中学、大学,到工作,生活在被划定的、人造的世界里,那些被拼凑、制作的动漫形象、古装戏形象装点我们的视界,我们也是从它们那里照见自己的形象、想象自己的形象。在这样的生活世界里,我们找不到生命的起源,失去了时间。

没有时间意识的穿越小说,以一种空洞的书写刻画着我们这个时代的形象,它的形式与这个时代是相适应的。比如,它把自我编排为世界的中心,这个"自我"因为失去时间的衡量,只能是自我的假名;比如,它执著于个人的小小悲欢,这点悲欢,只能被虚幻的古装戏形象、动漫形象所映现;比如,它痴迷于情爱,却又只能在三角恋、多角恋、婚外恋等等飘浮的经历中咀嚼情爱的死火余温。

但是,我仍然要把穿越小说看作我们这个时代的文学,把穿越小说的主人公看作我们这个时代的"英雄"。在我看来,在穿越小说的"哀情"里,还保留着关于人、关于情爱的未曾完全消逝的记忆,在穿越小说"穿越"历史的寻找中,还残存着一种窥窦见日、我见犹怜的单纯。我们生活在没有时间意识的时代,因此需要穿越小说。

对穿越文的阅读指导,能不能循此反向而行?

这是需要我们共同探讨的问题。

(钱雯)

注释:

①本节叙述及资料,依据郭瑞佳《"穿越文"的前世与今生》一文。在目前可见的有关"穿越"热及其来龙去脉的介绍中,此文是清楚、透彻的一篇。特此致谢! 郭文见《出版广角》2011年第8期。

②桐华:《步步惊心》,第1页,湖南文艺出版社2011年版。

③锦瑟:《两世花》,第1页,华文出版社2007年版。

④桐华:《步步惊心》,第294页,湖南文艺出版社2011年版。

⑤桐华:《步步惊心》,第93页,湖南文艺出版社2011年版。

⑥锦瑟:《两世花》,第191页,华文出版社2007年版。

⑦锦瑟:《两世花》,第66页,华文出版社2007年版。

⑧桐华:《步步惊心》,第236~237页,湖南文艺出版社2011年版。

⑨Vivibear:《寻找前世之旅》,第43页,江苏文艺出版社2011年版。

⑩锦瑟:《两世花》,第231页,华文出版社2007年版。

⑪桐华:《步步惊心》,第270页,湖南文艺出版社2011年版。

《雁过留声》评论

反腐问题是一个政治问题、社会问题,当它映现到人心上,成为透视人心的一面镜子时,就具有小说学意义,转变为一个小说学问题。在《雁过留声》中,这个问题的核心是,陈竞明究竟出于什么心态,可以一面不动声色地收受贿赂,一面又重修昌德塔,在这个城市"画龙点睛"之处树立起反腐/腐败的标识?

公之于世的修塔倡议与论证无懈可击。古塔为明初所建,塔下压着两个被朱元璋"剥皮实草"的贪官魂魄,此时重修,除开发旅游以外,"很大程度上与廉政建设有关系,可以视为一个反腐败教育设施"。易址重修,聚城市欣欣向荣之气,为老百姓辟出健身、游玩之所,所以,修塔属公益项目,民心工程。陈竞明"口吐莲花",说服大小官员和献资修塔的房产商,修这座反腐塔、民心塔,导演了一出堂皇正剧。

但陈竞明心里明白,他是在为自己修一座断头之塔。刘贤平案发,贪腐线索向四面蔓延;作为更大的黑洞,他终究会被挖出。殷鉴在前,他的结局也似乎可以见到了,在这令人窒息的时刻,他为什么还要大肆声张、雷厉风行地修塔?要赶在断头之前,把自己的魂灵也压在几百年后的昌德塔下？

果真如此的话，我们所看到的就依然还是一出正剧，陈竞明不失为敢于担当之人。令人不安的是，胆大者如陈竞明，利用职权所干的这最后一件大事，却是对行政威权和反腐政治的有意识的"耍弄"，他所导演的，原来是一出"喜剧"。钱财已被收入囊中，权力已被私有化，后路也已安排好，他所不能满足的，是这被压抑的"荣耀"？在"雁过留声"的操作中，公权已完全丧失它的本性，甚至也不再是贪腐者聚敛钱财的工具，它像一架经陈竞明拨弄后自我运转的机器，搅动全城人的生活，转过来证明着陈竞明的存在和曾经存在。"有权不用过期作废"。陈竞明在这个修塔游戏中，"纯粹地"演示着他对权力形式的理解。这个理解真是"既深且透"，他所做的一切，都从中得到了解释。

"但是出了意外"。他被自己拨弄出来的"雁过留声"的场面吓住了，"那么多人那么隆重场面"，终于逼出了一个没有魂灵之人的胆怯，逼问着他对修塔的理解、对权力的理解的正当性。

我倾向于把陈竞明的胆怯理解为一个悬而未决的问题。现实情况是，比较于反腐制度的疏漏、思想防线的失守，贪腐者心灵的沦陷才真正惊心动魄。当腐败变成一个选项，意味着作出选择的心灵，已经失去了方向，而这，岂仅贪腐者所独有？或许，《雁过留声》所揭示的，是我们这个时代的病症，包括了你和我。

（钱雯）

悲情官场

有人提出"悲情政治"的说法，引起争议，用之于对《官味》的阐释，倒是适合的。

我国官场向来以立德修身为上，事功次之，所以孟子说："为政不难，不得罪于巨室。"这种犬儒式为官之道，所表达的是对德政的推重、对官场的蔑视，一种道德至上观。熊召政作《张居正》，塑造一位实行者形象。张居正一反千年官场常态，"重用循吏慎用清流"，用"好官"斥"好人"，为一意推行万历新政聚集了一群意在"立功"之人。注意于事功的实行者，不仅需要打破既有利益格局，尤需承受公共舆论所加诸的道德压力。张居正说："知我罪我，在所不计。"这个官场告白，包含着一种自觉意识到的巨大的政治悲情。

官场多悲情。位高权重如"首辅"者，体会可能更为尖锐和深刻，普通官员，只要不苟且为官，亦不免有此体验。一方面，官场正义之冷面无情，使个体身心难获安顿；另一方面，权力关系之盘根错节，使委曲求全者也难行周全。动机与结果的矛盾，道德与事功的冲突，使官场中人两面为难、两面焦灼，这份身心考验，及由此所产生的某种悲怆无奈之情，是超然如孟子及其子孙们所体验不到的。

《官味》写的是今天的官场，其政治基础、官民关系、官场制度与规则等等与张居正时代已有本质的不同，但在人的生存体验上，与古代官场又有秘响旁通之处。田晓堂升任副局长,真正进入权力核心圈,即面临道德与事功的选择。洁净工程对他便是这样一个考验。他主张方案一,与局长意见相左,为立身计,他应该坚持自己的意见,以保持自我道德上的真诚。但如此一来,他会与局长产生裂痕,工程也无法实施。经历痛苦的矛盾和挣扎,他选择了妥协。工程实施中出现质量问题,他希望惩处责任人,局长一面批示"认真整改",一面又要求放过责任人,这使田晓堂又一次面对"痛苦的抉择"。田晓堂的选择不必上升到谁是谁非上,铁的纪律和正义是局长、市长们也违背不了。小说的笔触深入到田晓堂的日常生活和内心世界,所着力考察的是一个自我道德保持者进入官场权力秩序的过程,其中的犹疑、委屈和以自我为敌的转向,一面在剥离出自我道德的空虚,一面在揭示着适应官场改造的尖利的困难。到便民服务中心的项目上,田晓堂已完成了某种转变,如小说所暗示的,透出了"官味"。这是一种复杂难言的意味,"超然"的道德评判者会斥之为"堕落",注重实行的官场中人也许会从中读出某种"悲情"。

人生的磨炼和改造无处不在,不限于官场。品味官场悲情,也是在品味人生的得失滋味。

(钱雯)

《行走的姿态》:"一篇好的故事"

一个不惮在一切方面与自己为敌的人,如鲁迅,也不免有思想和意识打盹的时候,其结果,是在朦胧中,看见"一篇好的故事":"这故事很美丽,幽雅,有趣。许多美的人和美的事,错综起来像一天云锦,而且万颗奔星似的飞动着,同时又展开去,以至于无穷。"

故事被包裹在像暗夜一般深邃的《野草》里,如火焰被包在冰里,美丽又不可亲近。当鲁迅伸手去捕捉时,"云锦也已皱蹙,凌乱,仿佛有谁掷一块大石下河水中,水波陡然起立,将整篇的影子撕成片片了"。

据文意,"好的故事"应是关于"好"的故事。此所谓"好",有古人"好好色,恶恶臭"中的意思,一面指好的"故事",一面又指对故事的喜好。后者尤关涉作者本心了。一种自然发动的情感,在鲁迅打盹的时候,不经意地流露出来。

《行走的姿态》像"一篇好的故事"。

这样说有两点理由。一是故事的基调,即所谓"大纽结",和平、美丽,如"一天云锦"。从表面看,李天所遭遇的应是人生中较大的挫折。持续多年的爱情被流言击中,妻子对爱失去信任,甚至以死相胁;盼望已久的升迁机会被错过,再见熟人的笑脸,虚假和轻视多于尊重和亲切。然而这一切不过是故事的"小纽结"。妻子的怀疑和伤心源于真爱,她在了解事情的真相后释然于怀,夫妻重回爱的轨道。未获升迁的背后是领导充分的肯定、关心和更高的期许,官场原来在按照理想的方式运转。点金之笔自然是李天心态的自觉,他从爱上理解婚姻,从想老百姓之所想上转移为官的立场、调整行为的准则、坚定

"替老百姓办事"的信念,真心行去,心地坦然,这才得到从妻子到领导真诚的理解和信任。古人推重不立巧智的"赤子之心",李天的认识和心态,庶几近之。"小纽结"溅起的波澜,消融在"错综"的美丽里。

理由之二,就像鲁迅在那篇文章里写到的一样,"好的故事"毕竟是故事,伸出手去,它可能就从指缝间溜走了。我们先是在群众代表袁大头那里听到杂音,后来又在李天为解决群众问题,向开发区企业老板要钱的会议上听到尖锐的反对声,老板们也是"群众"。比较起来,这两件事写得比爱与信任更真实,循此也可以展开一篇与此篇相反对的故事。这使我联想,这篇小说的出现,是因为作者在打盹,还是现实打了个盹呢?

现实如果像童话就好了,那样的话,人的好恶之心,尽可以现实地呈现,"行走的姿态",也可以像"赤子"一样真正自然起来。可惜鲁迅把这个"影子"撕破了,李天走起来因此有点跛脚。

(钱雯)

小说中的官场

《酒精含量》以当下关注度高的酒驾事件为题材,写官场进退,百姓情怀。事情简单,推动事件进程的人事纠葛却很复杂,人事评判和阅读感受也因此变得复杂和困难起来。应了一句话:小说是关于复杂性的艺术。

在现实生活中,每个人都有是非对错的标准。通常情况是,掌握的信息量越少,越容易作出明确的判断,其与实际情况距离也越远。老百姓与官场的意见差异,很多时候不是是非对错标准的差异,而是信息量上的差异。官场小说如果不是为鼓动流俗见解,追求单纯的点击率,就应该尽可能地深入官场,以一种"了解的同情",写出官场的平衡与纠结,尤其写出官场进退背后复杂的心态。这是小说中的官场,二元价值判断在这里常常是失效的。作为官场小说,《酒精含量》的价值,首先表现在这里。

蔡常林因酒驾被查,激起官场波澜,也搅动一老一小两位普通交警的生活,原因盖在于他是"出场和出镜频率都很高"的官场中人。市委萧书记"打击酒驾"的话音未落,蔡常林撞到枪口上,对他进行严厉处罚势在必行,也具有广泛的宣传效应。新来的霍支队长坚决执行书记指示,亲自监督和指导处理、宣传过程。这样一个单纯的事件,是非曲直很清楚,几句话就说完了,但从小说角度,以上所说不过是引子。小说笔力集中在三个方面:一是蔡常林另有委屈,萧书记另有考虑,二是小警察在处理中遭遇道德困境,进退两难,三是老警察为生活所累,想徇私情,借此结交蔡常林,求得帮助。一件事引出三个方向的纠葛,简单的事变得不简单起来。

蔡常林自然是小说主角,是各个方向出发和汇聚点,故事的复杂性其实就是为了展开这个人物的复杂性。牧垒县下岗工人对他的信任和感情是远远的呼应,酒驾为赶去处理下岗工人问题,已有身不由己的成分。对贫家子弟小警察读书时的无名捐助及入岗的支持在眼前被提起,构成对蔡常林的近景刻画。老警察的困难还被蔡常林放在心上,复入官场后给了老警察一个惊喜。这个典型的、违法的酒驾者,有着这样始终如一的百姓情怀,怎么可以简单地说他是好人或者坏人呢?

官场中人是一个特殊群体,他们有力量上的强势,又是百姓舆论中的少数。作为公共人物,他们的问题与成绩都容易被放大,官场小说也因此容易流向扁平人物塑造。《酒精含量》避开了这个误区,因为它不仅写官场,而且还写人,写出了身在官场的人的本性、困难与无奈,写出了官场成见下人的复杂心态,写出了对人的关照。面对人的存在,什么标准都用不上了。

对小说家来说,官场不过是小说的一个题材领域,人才是小说的对象。

(钱雯)

叙事的力量

"慢慢地,常平县的群众就有了议论,人们议论的时候还带着一种愠怒和鄙弃。"——《常平迷迷阵》最后这一句话,是给我印象最深的一句话。两万两千多字的小说,力量集中在这句话上。公众舆论的翻云覆雨、虚伪、虚空与冷酷,小说家逼人的冷静和心底的波澜,尽显于这一句话中。一篇叙事性作品,前前后后的曲折,能自然而有力地结出这一句话,它在艺术上就是成功的。

覃达是在和谁战斗呢?无赖、恶棍扁中仁及其统领的黑恶势力?失足接受一次贿赂因此受到的赤裸裸的要挟?常平的贪腐及恶劣的治安状况?是,又不是。他的最大的敌人,是他在常平人中的"口碑",是他无法摆脱又借以确认自身的公众舆论。为树立和维护"清官"形象,他在城建局长和县委副书记任上,"一直住在城建局宿舍一栋破旧的楼房里",妻儿老小,受尽生活的委屈。在受贿之后,为了"缝合"清官形象,他在扁中仁长达七八年的威胁下忍气吞声,一次次不情愿地充任扁中仁攫取社会财富的黑手和嚣张为恶的保护伞,并为此受尽精神煎熬。他不是为扁中仁活着,而是不敢碰触"为官清廉"的口碑和招牌。在政府宾馆三楼奋勇的一跳,释放了他全部的委屈和不甘:走错一步,为什么就不能回头?覃达的故事告诉我们,当"清正廉洁"变成身在官场的招牌,其森然威压不啻于古代的贞节牌坊。

然而,个人被公众"口碑"所左右,生难安,死亦难安。覃达为公众活着,因为珍惜这个公众形象,他才决绝地选择死亡来洗刷自身。可是,公众为他死亡的价值提供了"担保"吗?那个给予他"口碑"的公众,在他死亡的时候,站在生命的哪一边?在这里,我们看到的,不仅仅是覃达"口碑"的倒掉,而且是"口碑"制造者对他生命的"鄙弃"。这真是令人伤感并感到凄凉。从来都是公众的"意见"支配着我们的生活,但当我们寻找责任者的时候,"又可以说'从无其人'"。所以,公众"口碑"没有真诚,没有对生命的尊重。

老父老母亲理解他的善良和小心,妻子邹敏体谅他的苦衷,那个"没有多少文化的农村姑娘"金卉,原来是他至亲的人。70万元受贿款,取之不义,用之有情,仿佛一次性买断了他在"口碑"下的生命。覃达的故事是个悲剧。其中悲剧性问题是,我们的社会生态,把官分出"清"、"浊",可曾把为官者当作"人"?官场中人,什么时候脱去为官的枷锁,不需用死亡来证明自己的真诚?

覃达孤独地死去了,还有人继续穿行在公众的"迷迷阵"中。

(钱雯)

后 记

终于可以动笔写后记了。

早在2008年,我们教研室全体同仁就动议编写一本辅助教材类的书,以配合文学理论课程的教学。产生这种想法,主要基于两点考虑:一是这些年来,理论课的教学时数越减越少,少得使教师很难在有限的教学时间内将对理论的讲解和对作品的精细分析结合起来,让学生较好地理解和掌握文学理论的基本概念、基础知识。而对于中文专业的学生来说,文学理论的基本素养实则是其应该具备的看家本领之一。或者说,是其应该具备的专业技能的重要前提条件。二是通行的文学理论教材,大多注重理论的系统性、现代化,又多将古今融合、中西交汇作为追求的目标,却不同程度地存在着对一些中国古代文论思想或术语、西方的文论观点或概念的阐发语焉不详、模糊不清的现象。这很容易导致学生学习兴趣淡漠、对一些理论原理生吞活剥、运用理论分析文学作品和文学现象的能力得不到有效提升。因此,我们将自己要编写的书定位为辅助教材,目的是帮助学生学习、掌握文学理论知识,提升理论素养。

为达目标,我们不强求理论的高深前沿,而力求切合文学实际;不主张遣词达意雅洁、学术化,而力求以轻松活泼的方式言说文学理论的基本原理及其在文学实践中的体现;我们不是在编逻辑严密、系统完整的理论教材,而是以早学了一些年,多读了一些书,对文学和文学理论有浓厚兴趣的学习者的身份向年轻学子讲述自己对文学理论、文学作品和文学现象的认识和理解。

从动议至全部文稿完成,跨越了五个年头。这本辅助教材之所以如此难产,原因是多方面的。教学任务的繁重、科研指标的压力,还有许多说不清道不明的杂务的干扰,延缓了书稿的完成速度。时间分分秒秒流逝,但我们凝聚全教研室力量,为提高教学质量、夯实学生文学理论基础尽一点绵薄之力的愿望和决心没有随风而逝,在世风学风日渐浮躁、基础理论逐渐被边缘化的今天反而更加强烈和坚定。这也是我们虽越来越忙,却终于完成这部书稿的强大动力。

这也是我们教研室一次愉快的合作。本书上编各章节撰写分工如下:

第一章第一、二、三节何懿,第四节常娟;第二章第一节邵君秋,第二节何懿;第三章

第一节何懿,第二节常娟;第四章苏婷;第五章苏婷;第六章陈海燕;第七章第一节齐晓坤、苏婷,第二、三节齐晓坤;第八章王玲玲。

本书下编文章作者署名均见于文末。

美好的愿望、坚定的决心、真诚的付出并不表明我们对文学理论、文学作品的理解无懈可击。学术研究无疆界、理论探寻无止境。真诚希望学界同行、青年学子对我们的不对、不足之处提出宝贵意见。衷心感谢安徽大学出版社为本书的出版提供的支持和责任编辑卢坡为本书付出的辛劳。

编　者

2012 年 5 月 23 日